社会主义核心价值观的元价值及其释宪功能

王 炎 著

东南大学出版社
·南京·

图书在版编目(CIP)数据

社会主义核心价值观的元价值及其释宪功能/王炎著.—南京：东南大学出版社,2021.11
ISBN 978-7-5641-9700-1

Ⅰ.①社… Ⅱ.①王… Ⅲ.①社会主义核心价值观—研究—中国 Ⅳ.①D616

中国版本图书馆 CIP 数据核字(2021)第 196787 号

社会主义核心价值观的元价值及其释宪功能
Shehui Zhuyi Hexin Jiazhiguan De Yuanjiazhi Jiqi Shixian Gongneng

著　者	王　炎
出版发行	东南大学出版社
社　址	南京市四牌楼2号　邮编:210096
网　址	http://www.seupress.com
经　销	全国各地新华书店
印　刷	兴化印刷有限责任公司
开　本	700mm×1000mm　1/16
印　张	16.5
字　数	315千字
版　次	2021年11月第1版
印　次	2021年11月第1次印刷
书　号	ISBN 978-7-5641-9700-1
定　价	58.00元

本社图书若有印装质量问题，请直接与营销部联系，电话:025-83791830。

东南大学法学博士文库

总　序

博士,古时为学官名,他们精通经义,教授生徒;如今则属学位名,位于学位序列的最高一级,占据国民教育体系的最顶端。古今分别虽然悬殊,但就学识渊博、学问精专而言,则是相通的。如今,一个人若能取得博士学位,无疑标志着他由学习阶段进入了学术阶段,真正具备了独立的思考能力、敏锐的洞察意识、严谨的批判精神。如此人才,对提升国家的理论自信,塑就国民的文化自信,深化科教强国战略而言,是决然不可或缺的。因此,博士的培养一直是国家教育资源的重要倾注所在。而伫立其间的法学博士,在当下"法治是治国之重器"的战略论断下更显得意义非凡,这也是当下法学博士所应担当的时代重任之所在。基于当今宏大的历史使命,东南大学法学院与众多高校一起,共同肩负起了法学博士的培养之责。

东南大学位于六朝古都南京,承续江左文枢余脉。其法学学科肇始于1928年国立中央大学,1995年,东南大学复建法律系,2006年9月19日成立法学院。二十多年的春华秋实,十余载的开拓进取……回首往事,感慨万千,筚路蓝缕,虽苦犹甜;放眼今朝,备受鼓舞,展望未来,生机无限。如今的东南大学法学院年轻而朝气蓬勃,朴实而气象万千。在不断的奋进中,法学院已初步形成了与学校"双一流建设"要求相匹配的学科优势与特色。在研究生培养上也是全面开花,陆续获批法律硕士专业学位授权点、法学一级学科硕士学位授权点。2016年正式获批的法学一级学科博士授权点被列为江苏省重点学科,更是开启了法学院法学博士培养的新篇章。早在2008年,东南大学法学院就在马克思主义学科点独立招收法学博士研究生。十载虽短,但也足以检验出一所高校法学院的博士培养水平,足以沉淀出一所法学院博士生群体的学术品性。

南京作为中国特大城市,背枕钟山,毗邻长江,得天之独厚,自古便享繁华。如此这般的熙攘喧嚣，对于学术所需要的静谧，实在是一种反差。这就需要博士生们耐下性子，沉下心来，于喧闹之中觅得清净，于浮华之中自我积淀。可喜的是，我们的博士生做到了，博士学位论文的最终出版便是最好的证明。当然，这依然是不够的。因为，博士学位论文作为每位博士的学术开端，不免显得稚嫩与不足，需要博士们对其展开进一步的查漏补缺、推敲打磨，借此实现学术素养的再次升华。

思想在于交流，学术在于批判。博士学位论文的完善、学术素养的升华，最好的方式便是直面同行学人的质疑和批评。基于以上考虑，我们决定推出"东南大学法学博士文库"。一方面，为博士们对外展示自己的智识成果提供一个平台，为学界的理论研究输出一点智慧结晶，以飨读者；另一方面，我们也希望通过博士学位论文的付梓出版，对博士们的学术积淀情况进行一番检验。因此，学界同仁们的指教与斧正于我们弥足而珍贵。不仅对博士本人的学术成长，而且对法学院博士生培养工作的拔升，均受益匪浅。

我们也深知，学术沉淀非一日之功，学术新人的培育非一时之力。我们只是希望借助"东南大学法学博士文库"这一起点，以良好的初心为优秀作品的雕琢、为学术新人的首秀提供一方平台，如此便足矣。

是为序。

东南大学副校长　周佑勇
2018 年 5 月 17 日

目 录

绪言 …………………………………………… 1

第一章　社会主义核心价值观的法哲学基础 …………………………… 4

第一节　域外国家核心价值的法理逻辑…… 4
一、域外国家"核心价值"的法理之争 ………………………………… 4
二、英美式:个人至上的自由主义…… 6
三、法德式:社会本位的共和主义…… 9
四、东亚式:国家至上的集体主义 … 13

第二节　中国核心价值观的文化传承 …… 18
一、"内圣外王"的尊严观……………… 18
二、"为民而王"的民本观……………… 20
三、"尽其在我"的群己观……………… 22
四、"均和以安"的和谐观……………… 24

第三节　马克思主义价值理论的中国继受 ……………………………… 26
一、马克思主义理论的价值取向 …… 26
二、马克思主义理论的价值立场 …… 29
三、马克思主义理论的价值目标 …… 32

第四节　中国核心价值观的近现代发展…… 35
一、民主主义革命时期的主导性价值（1840年—1949年）………………… 35
二、社会主义"核心价值"的探索（1949年—2006年）………………… 38

三、"社会主义核心价值观"的提炼与
　　升华(2006年—2018年)……… 45
本章小结 ………………………………… 52

第二章　社会主义核心价值观的规范结构与法治化进路……… **53**

第一节　社会主义核心价值观的宪法
　　　　渊源………………………… 53
　　一、社会主义核心价值观的入宪
　　　　经过………………………… 53
　　二、社会主义核心价值观与宪法的
　　　　基本价值的内在统一………… 56
　　三、社会主义核心价值观与宪法精神
　　　　文明建设的内在联系………… 62

第二节　社会主义核心价值观的宪法条文
　　　　结构与属性………………… 66
　　一、"核心价值观"在宪法文本中的
　　　　显性规范及其属性…………… 67
　　二、"核心价值观"在宪法文本中的
　　　　隐性规范及其属性…………… 70

第三节　社会主义核心价值观的法治化
　　　　进路………………………… 72
　　一、域外国家核心价值融入法治的
　　　　宪法路径……………………… 72
　　二、社会主义核心价值观融入法治
　　　　建设的实施进路……………… 77
本章小结 ………………………………… 84

第三章 社会主义核心价值观的价值结构与元价值预设 ………… **85**

第一节 多元价值的体系化建构与元价值预设 ………… 85
一、社会主义核心价值观的多元一体结构 ………… 85
二、多元价值体系化的理论意义与实践困境 ………… 92
三、西方"核心价值"的实践启示 … 101
四、元价值的理论预设与现实意义 ………… 104

第二节 "和谐"作为元价值的考证因素 ………… 109
一、规范解读——宪法条文中的"和谐演绎" ………… 110
二、文化沉淀——传统文化中的"和谐思想" ………… 112
三、体系解析——法价值体系的"和谐构造" ………… 113
四、释义脉络——文义解释中的"和谐内涵" ………… 117
五、经验整合——司法裁判中的"和谐取向" ………… 118

第三节 "和谐"作为元价值的作用机理 ………… 119
一、"和谐"的统合价值——生存驱动的共生关系 ………… 119
二、"和谐"的人本价值——仁爱驱动的伦理秩序 ………… 121

三、"和谐"的安定价值——安宁
驱动的稳定秩序 …………… 123
四、"和谐"的衡量价值——中和
驱动的内力衡平 …………… 124
五、"和谐"的调和价值——均和
驱动的外力协调 …………… 125
本章小结 ……………………………… 127

第四章 社会主义核心价值观中元价值对价值秩序的导控功能 ………… **129**

第一节 价值多元化的和谐导控：情与法
的交融 ………………………… 130
一、价值分立的整合路径——
建构解释 …………………… 130
二、价值冲突的调和路径——
权利衡平 …………………… 132
三、价值共存的导向路径——
依宪说理 …………………… 135
第二节 元价值与国家层面价值目标的
关系 ……………………………… 139
一、"富强"是"和谐"的物质条件
………………………………… 139
二、"民主"是"和谐"的政治基础
………………………………… 141
三、"文明"是"和谐"的精神依托
………………………………… 144
第三节 元价值与社会层面价值取向的
关系 ……………………………… 149
一、和谐的自由观 …………… 149

二、和谐的平等观 ………… 151
　　三、和谐的公正观 ………… 156
　　四、和谐的法治观 ………… 161
第四节　元价值与个人层面价值准则的
　　　　关系 ……………………… 166
　　一、"和谐"要求爱国为根的国际
　　　　交流观 ………………… 166
　　二、"和谐"要求敬业为先的职业
　　　　道德观 ………………… 169
　　三、"和谐"要求诚信为本的商业
　　　　交往观 ………………… 172
　　四、"和谐"要求友善为上的人际
　　　　伦理观 ………………… 174
本章小结 ……………………………… 176

第五章　社会主义核心价值观中元价值对
　　　　规范冲突的协调功能 ………… **177**
第一节　法制统一性的和谐建构：法与法的
　　　　统和 ……………………… 178
　　一、在控制与实施之间的和谐 …… 178
　　二、在求同与存异之间的和谐 …… 181
　　三、在稳定与变化之间的和谐 …… 184
第二节　上位法优于下位法原则 ………… 186
　　一、从规范来源说到效力控制说的
　　　　和谐导控 ……………… 186
　　二、不同效力规范的冲突认定 …… 193
　　三、上位法优先原则的适用例外
　　　　 ………………………… 198
　　四、下位法的合法性审查与处理
　　　　 ………………………… 201

第三节 特别法优于一般法原则………… 202
　一、特别法与一般法关系的和谐样态 ………… 202
　二、特别法与一般法的识别标准 ………… 208
　三、《立法法》中特别法优先适用的条件 ………… 214
　四、特别法优先的适用例外 ……… 219

第四节 法不溯及既往原则………… 221
　一、法不溯及既往原则的和谐内涵 ………… 221
　二、法不溯及既往原则的产生与发展 ………… 224
　三、溯及法律的识别标准与具体类型 ………… 226
　四、法不溯及既往原则的适用 …… 227

第五节 新法优于旧法原则………… 229
　一、新法优先与法不溯及既往的和谐分殊 ………… 229
　二、新法的识别与优先适用的条件 ………… 230
　三、新法优先原则的限制与例外 ………… 233
　四、新旧法的过渡条款 ………… 234
本章小结………… 234

结语 ………… **236**

参考文献 ………… **238**

绪　　言

社会主义核心价值观融入法治建设,首先要融入宪法。宪法的基本价值是社会主义核心价值观的规范表达,经由宪法的确认,社会主义核心价值观进入法律体系,获得规范上的意义;社会主义核心价值观是宪法的基本价值的高度凝练,经由社会主义核心价值观的升华,宪法价值与共同体生活形成双向互动,巩固了根本法的正当性基础。社会主义核心价值观融入法治建设,必须处理好法外价值与法律体系的融合问题。社会主义核心价值观中的十二个价值是一个辩证统一的整体,其中任何一个价值逸脱整体而单独进入法律体系,都有可能破坏法的安定性。社会主义核心价值观不应被视为法外价值入法入规的绿色通道,而应被定位为法外价值融入法律体系的筛查要素。基于上述判断,社会主义核心价值观的"融入"须先完成三种"解释立场"的转化:一是从道德哲学向法律哲学的转化,二是从政治决断向宪法规范的转化,三是从建构主义向超验主义的转化。

从道德哲学向法律哲学的转化。重在将核心价值观思想来源中关于"善与恶"的判别立场,从伦理意义上的"黑白之争"转向现实关系中的"义利权衡"。通过考察域外国家核心价值理念对现实规范的影响、中国优秀传统文化对家国事业的关切、马克思主义价值理论对人自由全面发展的倡导以及中国核心价值观在近现代变迁中对实践要求的回应,进而凝合出一种"个人—共同体—个体"的新集体主义价值诠释立场。

从政治决断向宪法规范的转化。社会主义核心价值观与宪法之间有着深厚的渊源,两者密不可分。不能体现核心价值观的宪法是冰冷的条文,不经宪法表达的核心价值观是空洞的口号。社会主义核心价值观入宪是对宪法价值体系的高度凝聚,是对"核心价值观"入宪实践的经验总结与理论升华,是宪法精神文明建设不断回应现实生活的道德困境、不断关注"人的自由全面发展"的必然结果。宪法文本使社会主义核心价值观抽象的政治表达具体化,赋予了核心价值观在"法治语境"下的规范意义,使部门法可以经由合宪性解释与核心价值观的德性内涵建立规范联系。

从建构主义向超验主义的转化。社会主义核心价值观呈现出的是一种多元一体的价值结构,所谓"多元"是指其在表述上包含了个人、社会、国家三个层面的纵向分布与多元价值平等共存的横向陈列;所谓"一体"是指其在纵向上可以经由某种共同善,实现个人、社会、国家之间的价值勾连,在横向上十二个价值之间可以通过内部的自我调和、自我完善而成为一种超验的价值共同体。社会主义核心价值观多元一体的结构特征,决定了其理论定位应是一种超验主义的价值引导,是一种可以独立于法律体系而存在的"客观价值秩序"。它始于人理性的道德启蒙,又止于人知性的道德需求,是人在共同体道德生活中类特性的反向觉醒。申言之,社会主义核心价值观的超验性有别于深藏在自由主义宽容原则背后的虚无主义,前者认为人有自省的能力,可以在多元交互的过程中通过相互理解达成一种"止于至善"的共同追求。它既承认建构主义中纯粹理性居于统治地位的合理性,但又否定纯粹理性对实践理性的支配作用;它既承认经验主义的实践理性可以孕育出一种符合共同体生活需要的道德规则,但又否定这种道德规则的终局性。在纯粹理性与实践理性的调和中,康德把良善意志、灵魂不朽和上帝存在作为道德公设的认知逻辑,不能当然推出道德理性与行为德性的必然联系。只有通过人格化的"天"与致良知的"人"之间的双向耦合,才能实现"天理"与"人情"在"道德情理"上的交融。在中国人的文化观念中,"天"是有人格化意志的超验体,能感知世间的"仁",因此,作为伦理欲求的法外价值应当有合理的入法进路,也应当被包含在核心价值观的整体释义当中,并通过多元价值的整全不断趋近某种"天人合一"的善端。

第一种解释立场展现了一种文化基因中的"情",第二种解释立场确立了一种规范结构中的"法",而第三种解释立场则为"情"与"法"的交融提供了一种"天人合一"的"理"。但是,在法释义学的运用中,核心价值观"理一分殊"的价值结构,还须预设一种"元价值"进行整全。从"和谐"在宪法文本中的深度体现、传统文化中的根本地位、法律体系中的原生构造、释义脉络中的语用条件以及司法实践中的经验总结来看,社会主义核心价值观中的元价值当属"和谐"。

"和谐"要实现对法内外价值秩序的协调,应遵循一定的整全路径。建构解释,将蕴含现实情感的实体性概念导入抽象的价值法则之中,通过人作为类存物的共性来建立法内价值与法外价值之间的解释性联系。个案权利,将价值作为一种"最佳化命令",为权利的实现提供方向性的指引。当一个法外价值与一个法内价值发生冲突时,两个相互冲突的价值基于某种共同善,从而在其可接受的"不完整意义"上指向一对相互支持的权利。这种支持使法外价值和法内价值可以在权利的表达上实现相融。宪法作为串联法律规范与道德规范的天然媒介,为上述两种法内外价值的融合提供了一条规范的证成路径。在此三条路径的导控下,某个蕴含"人情"的法外价值可以经由元价值的导控,重塑其自身的价值内涵,获得进入法律体系的正当性依据,进而实现法内外价值秩序的协调。此亦即社会主义核心价值观在价值秩序导控中的释宪功能。

除此之外,法律体系在规范层面有一套特定的适用规则,这套规则要符合社会主义核心价值观的价值法则。通过上位法与下位法在"控制与实施之间的和谐"导出了效力控制说,进而论证了上位法与下位法之间如何实现和谐的统一。通过特别法与一般法在"求同与存异之间的和谐"导出了特别法与一般法的关系样态,进而论证了特别法与一般法之间如何实现和谐的统一。通过新法与旧法在"稳定与变化之间的和谐"导出了法不溯及既往原则的和谐内涵,以及新法优于旧法原则与法不溯及既往原则之间的区别,进而论证了新法与旧法之间如何实现和谐的统一。此即社会主义核心价值观在规范冲突协调中的释宪功能。

法律规范的统一是协调价值冲突的前提,只有先处理好规范的选择问题,才能继续处理价值释义的融合问题。可以说,社会主义核心价值观中元价值的两种释宪功能,分别从价值秩序与规范秩序的层面,为社会主义核心价值观融入法治建设确立了一个基本的秩序规则。

第一章　社会主义核心价值观的法哲学基础

习近平总书记指出:"我们提出的社会主义核心价值观,把涉及国家、社会、公民的价值要求融为一体,既体现了社会主义本质要求,继承了中华优秀传统文化,也吸收了世界文明有益成果,体现了时代精神。"[1]多数学者也认为,中华优秀传统文化、外国文化中的积极成分、马克思主义经典著作以及中国特色社会主义的实践要求,共同构成了社会主义核心价值观的来源。因此,本章将从域外国家核心价值的法理逻辑、中国核心价值观的文化传承、马克思主义价值理论的中国继受以及中国核心价值观的近现代发展等四个部分展开论述。

第一节　域外国家核心价值的法理逻辑

一、域外国家"核心价值"的法理之争

在西方,关于"核心价值"或者"根本性价值"的问题,一直是古今法哲学界争论的重要命题。当然,古今法哲学家们相对统一的观点是:"核心价值"是指在人类诉求的价值群中具有核心和主导地位的单一价值,而且正义是人类诉求的最高价值。但是,"正义是一张普罗米修斯的脸"。因此,自古希腊以来,关于正义的观念五花八门,难以统一。柏拉图"和谐优位"的正义观认

---

[1]　习近平:《习近平谈治国理政》,外文出版社2014版,第170页。

为,"正义是理想国的总原则,存在于社会有机体各个部分之间的和谐关系之中"[1]。亚里士多德"平等优位"的正义观认为,"所谓'公正',它的真实意义在于'平等'。如果要说'平等的公正',就得以城邦整个利益以及全体公民的共同善业为依据"[2]。"凡自然而平等的人,既然人人具有同等价值,应当分配给同等的权利"[3]。洛克"自由优位"的正义观认为,"法律的目的不是废除和限制自由,而是保护和扩大自由。这是因为在一切能接受法律支配的人类状态中,哪里没有法律,哪里就没有自由"[4]。霍布斯"安全优位"的正义观主张,"自然法形成的终极原因在于人们对自身安全的关注,人们形成国家的根本原因仍然是为了保全自己和对外防御;人们允许主权者制定国法也是为了取得和平、保全自己的生命"[5]。"保护生命、财产和契约的安全,构成了法律有序化的最为重要的任务"[6]。罗尔斯"正当优于善"的正义观认为,"在作为公平的正义中,正当的概念是优先于善的概念的"[7]。"处于原初状态中的人所能达到的唯一相互理解就是:每个人都应当具有与其他人的同样自由一致的最大的平等的自由。他们不可能通过赋予一个价值标准(它确定什么是一个目的论的正义原则要最大限度地追求的目标)以某种权威地位而使他们的自由处于危险之中"[8]。

在法哲学史上,这些观点的交锋意味着:正义是人类永恒的价值,具有普遍性,但是不同时期、不同文化圈和不同国家的人们,对正义的理解和诉求也是有差异的。下文将具体讨论不同的"核心价值"理念对制度建构、社会形态、个人权利以及道德观念的影响。

---

[1] 参见汪进元:《基本权利的保护范围:构成、限制及其合宪性》,法律出版社2013年版,第66页。
[2] [古希腊]亚里士多德:《政治学》,吴寿彭译,商务印书馆1965年版,第153页。
[3] 同[2],第167页。
[4] [英]洛克:《政府论(下篇)》,叶启芳、瞿菊农译,商务印书馆1964年版,第36页。
[5] 参见[英]霍布斯:《利维坦》,黎思复、黎廷弼译,商务印书馆1985年版,第128-132页、第164页。
[6] 参见[美]博登海默:《法理学:法律哲学与法律方法》,邓正来译,中国政法大学出版社2004年版,第266-267页。
[7] [美]罗尔斯:《正义论》,何怀宏、何包钢、廖申白译,中国社会科学出版社1988年版,第30页。
[8] 同[7],第327页。

二、英美式:个人至上的自由主义

"自由主义,作为一种思潮或一种文化现象,萌生于古希腊早期智者学派的人本主义精神和日耳曼民族的个人主义传统以及罗马法的私权理念,后经文艺复兴运动、罗马法的复兴和宗教改革运动,尤其是法国大革命和苏格兰启蒙运动等,逐渐形成了一套完整的学说体系。"[1]尽管经历了漫长的发展历程,但是与其他思想流派相比,自由主义的基本内涵却仍然十分难以界定。这种困境,一方面体现在,不同的研究者基于各自的解释立场、政治派别与社会思潮,似乎都可以描绘出完全不同的自由主义画面;另一方面则体现在,自由主义作为西方占主导地位的意识形态,一直是各种理论与学说批判的起点,因此也在不同程度上渗透到了各个理论构建的原生环节,进而使自由主义的原始底色在思想流派的争鸣中不断变化。但是,在产生这些理论分野的过程中,对个人与社会、国家关系的定位,往往影响着理论最终所形成的价值取向。英美式自由主义的核心理念是个人至上,将自由主义中的个人主义原则推向了极致。需要说明的是,这里的"个人主义"有别于文义理解上的个人主义的概念,并非指向对"以自我为中心、自私自利、罔顾他人与社会利益"等行为进行评价的用语,而是哈耶克一再强调的"真正个人主义的本质特征":首先,它主要是一种旨在理解那些决定人类社会生活的力量的社会理论;其次,它是一套源于这种社会观的政治行为规范。[2]

具体而言,在制度建构方面,英国式的自由主义强调"演进理性主义",与之对立的是法国式自由主义强调的"构建理性主义"[3]。英美式的自由主义主张,人的理性是有限的,只有在累计性进化的框架内,个人的理性才能得到发展并成功地发挥作用,文明乃是经由不断的试错,日益积累而艰难获得的结果;法德式的自由主义主张,理性具有至上的地位,凭借个人理性,个人足以知道并能根据社会成员的偏好而考虑到建构社会制度所必须了解的境况

---

[1] 汪进元:《宪法认同的文化分析》,《中国法学》2005年第1期,第28页。

[2] [英]哈耶克:《个人主义与经济秩序》,贾湛、文跃然等译,北京经济学院出版社1989年版,第6页。

[3] 李强:《自由主义》,吉林出版集团有限责任公司2007年版,第116页。

的所有细节,相信所有社会制度应当是经过审慎思考而设计的产物。[1] 这种理论上的分歧,从表面上看是因为英美式的自由主义认为,社会发展过程中存在着大量个人理性所不能及的因素,一种自发有序的结构是人不断尝试各种可能并自行调适的结果。正如哈耶克所指出的:"那种认为人经由审慎思考而建构起了文明的观念,乃源出于一种荒谬的唯智主义;这种唯智主义视人的理性为某种外在于自然的东西,而且是那种能独立于经验就获致知识及推理的能力。"[2]但是,从深层次看,可以归结为两种价值理念对"自由"的理解不同。"一派认为自由的本质是具有自发性质的,并且是在没有高压政策下自发产生的;另一学派,极权主义的民主主义则相反,信奉自由主义,认为如果不是为了追求集团的绝对目标,是为了达到其他成就的目的的话,那么,自由是不会实现的。"[3]英美式的自由主义强调的是一种"不完全意识的发展",法德式的自由主义强调的是"周全的规划"。而英美式的自由主义之所以反对这种先验性的设计,是因为在其看来,如果将一种有意识的理性设计作为制度产生的前提条件,那么必然会排除掉一部分在设计者看来"缺乏理性"的制度,即使这种制度是经由长时间的试错而自发形成的。在这种情况下,赞同或依赖这部分"被排除的制度"的人,无异于被迫屈服于某种"理性的专断",而后来形成的秩序为了迎合这种理性的设计而存在,往往也会受到理性指导的影响,这时制度的形成依靠的就不再是英美式自由主义者所倡导的自生自发性。因此,在真正的个人主义者看来,社会设计理论预设的理性目标中所蕴含的"指导性",会导致个人心智的发展被某种专断力量所控制,从而破坏社会各种自生自发的秩序,最终走向国家主义。

在社会结构方面,英美式的自由主义始终把个人作为解释社会政治现象与行为规范的出发点,认为"我们在理解社会现象时没有任何其他方法,只有通过对那些作用于其他人并且由其预期行为所引导的个人活动的理解来理解社会现象"[4]。这种解释进路所塑造的社会价值观就是:"个体的存在先

---

[1] 参见汪进元:《宪法认同的文化分析》,《中国法学》2005年第1期,第28—29页。
[2] [英]哈耶克:《自由秩序原理》,邓正来译,生活·读书·新知三联书店1997年版,第21页。
[3] [以]塔尔蒙:《极权主义民主的起源》,孙传钊译,吉林人民出版社2011年版,第2—3页。
[4] [英]哈耶克:《个人主义与经济秩序》,贾湛、文跃然等译,北京经济学院出版社1989年版,第6页。

于集体的存在，个体的性质决定集体的性质，个人的利益高于集体利益，任何集体最终都是为了服务于个人利益而发展起来的。"[1]所以，在社会结构上，英美式个人至上的自由主义更偏向于机械主义的哲学观，把社会看作原子式的个人的"联合体"，否定社会"有机共同体"的概念，认为社会和国家存在的唯一目的就是保障个体的某种权利或利益，而所谓的"共同利益"也只是该联合体成员个人利益的总和。

在权利配置方面，这种个人主义观强调个人享有的自然权利，认为自然法则主要是依据绝对的个人意志所衍生出的一系列"权利"，并竭力阐释一套基于"个人优先原则"的行为规范体系。霍布斯认为，"著作家们一般称之为自然权利的，就是每一个人按照自己所愿意的方式运用自己的力量保全自己的天性——也就是保全自己的生命——的自由。因此，这种自由就是用他自己的判断和理性认为最适合的手段去做任何事情的自由"[2]。可以说，"霍布斯并不像大传统那样把'自然法'即一个客观的秩序作为起点，而是把'自然权利'作为起点"[3]。这一理论坚定地认为，个人是本源，社会、国家是派生的，颠覆了亚里士多德"城邦先于个人"的成见。洛克通过个人主义原则导出了自由主义的结论，并提出有限政府的构想，用天赋的权利划定了政府权力的禁区，用"各个个人的同意"回答了政府权威正当性的问题。美国更是在此基础上发展出了宪政主义，主张以宪法体系约束国家权力与规定公民权利。

在道德塑造方面，个人至上的自由主义更倾向于保持一个中立且宽容的立场。在这种立场下，道德行为被看作个体的选择，道德意识是个体的感知，强调赋予个体道德选择的机会。为了产生这样的机会，个人至上的自由主义者做了两个方面的工作：一是从外部否定整体利益或整体目标具有道德力量，认为对道德一致性的过分追求会导致专断主义，使人沦为实现某种整体目标的工具，强调通过个体的道德选择来孕育社会的道德责任感；二是从内

---

[1] [英]波普:《开放社会及其敌人》,杜汝楫、戴雅民译,山西高校联合出版社1992年版,第105-106页。

[2] [英]霍布斯:《利维坦》,黎思复、黎廷弼译,商务印书馆1985年版,第97页。

[3] Strauss. *The Political Philosophy of Hobbes*: *Its basis and Its Genesis*. University of Chicago Press, 1952, pp.12.

部否定道德善恶的客观性,认为"道德上的善恶的区别不可能是由理性造成的"[1],"任何人的欲望的对象就他本人说来,他都称为善,而憎恶或嫌恶的对象则称为恶"[2],"善仅仅与人们的需要相联系,不同的人因为不同需要就会有不同的善的观念"[3],"世界上不存在绝对的善或恶,善恶仅仅是个人的判断而已"[4]。这种"外部的否定"可以排除个人进行道德选择时受到的干扰与限制,进而提高个人的尊严、权利、利益等要素在政治生活中的权重;而这种"内部的否定"可以更好地诠释个人道德的平等性,强调用道德的效用来理解个人的行为,进而对一些"未伤害他人的自私行动"抱以宽容的态度。

三、法德式:社会本位的共和主义

共和主义是西方一种古老的政治传统,其理论源头可以追溯到古希腊的柏拉图,后经亚里士多德、西塞罗、马基雅维利、哈林顿、卢梭等共和主义思想家的发展,成为西方政治哲学中一个重要的思想流派。从学说的建构上看,共和主义的理论发展除了有其自身的价值传承,更离不开其对自由主义的批判与反思。因此,即使当代的共和主义在与自由主义相互影响的过程中,逐步分为"公民共和主义"与"古典共和主义"两个派别,但在核心内涵、价值诉求与政治立场等方面,共和主义依旧与自由主义有着本质的差别。由于不同民族的文化传统、历史进程和现实条件不同,这种本质的差别又映射到国家核心价值的形成过程中,进而分化出一种异于英美式自由主义的理念模型,即法德式社会本位的共和主义。有学者就认为,"西方文化也可被分解为以英美国家为代表的个人本位主义亚文化和以法德国家为代表的社会本位主义亚文化等等"[5]。以德国为例,德国"法治国"实际上是以往以自然法为基础的自由主义与以治安国为工具的绝对主义之间斗争和妥协的结果,并且

---

[1] [英]休谟:《人性论(下册)》,关文运译,郑之骧校,商务印书馆1980年版,第498页。
[2] [英]霍布斯:《利维坦》,黎思复、黎廷弼译,商务印书馆1985年版,第37页。
[3] 李强:《自由主义》,吉林出版集团有限责任公司2007年版,第80页。
[4] 同[3],第152页。
[5] 汪进元:《宪法认同的文化分析》,《中国法学》2005年第1期,第28页。

最终以绝对主义吸收了自然法、扬弃"治安国"、接受"法治国"而告终,因此,德国"法治国"被深深打上了国家主义的烙印。[1] 法国学者施皮兹认为:"盎格鲁-美利坚的政治文化倾向于认为任何私人的东西都是合法的,任何公共的东西都是需要辩护和证成的;反之,法国的政治文化则倾向于另一种思考方式:任何私人的东西都是先天不合法的,而且被怀疑容易导致支配,而任何来自于国家的东西则容易被看作有利于普遍利益,并且本身被赋予一种先天的合法性。"[2] 因此,法德式社会本位的共和主义与英美式个人至上的自由主义相比,在理念模型的表达上也别具一格。总体上看,在社会本位的共和主义观中,社会共同的需求被看成个体联系的纽带或行动的目标,社会是公民孕育美德的场所,个人利益要服从于社会公益,并在公共生活中获得个体精神的超越与价值的重塑。

具体而言,在制度建构方面,在共和主义者看来,任何的制度安排都应当是理性设计的结果,国家与政府有能力通过理性的思考建构出一套符合社会公益的治理体系。社会本位的共和主义,"以卢梭的'公意'理论为基础,后经费希特、黑格尔的发展,主张'理性至高无上',国家是通过人的理性建构的产物,认为社会组织是个人价值和尊严实现的基本单位,社会组织的利益高于个人利益"[3]。正是在这种建构理性的基础上,法德式共和主义在制度设计上体现出和英美式自由主义较大的差异,前者相信社会可以被某种普遍接受的原则或计划改造,人们可以经由某种价值引领去实现统治者所预设的目标,而后者更加重视社会自发形成的秩序,强调渐进式的改良。根据这种制度建构上的差异,就不难解释,为什么光荣革命出现在英国,而法国经历的是一场大革命的洗礼。并且,在共和主义者看来,这种引领性的价值,只能是全体人民的共同利益。"以群众为统治者而能照顾到全邦人民公益的,人们称它为'共和政体'。"[4] 因此,"共和政体必然要把国家权力型塑成一种能够

---

[1] 参见李猛:《除魔的世界与禁欲者的守护神:韦伯社会理论中的"英国法"问题》,载李猛编:《韦伯:法律与价值》,上海人民出版社2001年版,第154-163页。

[2] [法]施皮兹:《共和国的黄昏?》,应奇译;载应奇、刘训练编《共和的黄昏:自由主义、社群主义和共和主义》,吉林出版集团有限责任公司2007年版,第412页。

[3] 汪进元、戴激涛:《西方宪政的文化底蕴》,《武汉大学学报(社会科学版)》2003年第6期,第758页。

[4] [古希腊]亚里士多德:《政治学》,吴寿彭译,商务印书馆1965年版,第132-133页。

为所有人共享的、能够保障各阶级各阶层利益的共同架构,以使共和政体能够获得稳定的秩序而得以存续和巩固"[1]。综上,法德式社会本位的共和主义,在制度建构上,更强调"公益理性"的指导作用,进而外生出相应的权力体系去调控社会的发展,致力于实现公共利益与个人利益的一致性。

在社会结构方面,法德式的共和主义奉行"有机体理论",认为社会是一个共同体,人与人之间通过共同信仰、共同利益、共同道德等超个人的因素联系到一起,共同体的利益大于个体利益的总和。据此,在人与社会的关系上,法德式的共和主义主张社会(共同体)优于个人,认为社会或整体是理解政治现象与行为规范的逻辑起点,只有理解了社会的特征与性质,才可能理解个人的特征与性质。对此,法国社会学家涂尔干有一个经典的表述:"人是社会的动物,个人的特征、个人的行为在很大程度上是由他所处的社会环境决定的;一个社会不仅是由一些追求个人利益的个人构成的,而且,在这些个人之上,有某种共同的信仰、道德、文化、宗教,这些构成一个社会的'集体意识'。"[2]另外,在个人与国家的关系上,在法德式的共和主义者看来,"国家不仅是实现个人权利和公共福利的工具,而且具有自身的公共意志和公共善"[3]。综上,在法德式的共和主义者那里,人是"有羁束"的个体,个体的行为要受到传统与共同体的束缚,国家是一个具有良善价值的政治共同体,个人只有参与到共同体的生活之中,将公共利益置于个人利益之上,才能实现真正的自由。

在权利配置方面,法德式社会本位的共和主义在秉承传统共和主义正义观的同时,更强调社会权利的优先性,认为共同体的自由是实现个人自由的前提,只有实现公共利益,个人利益才能得到保障。"我们的立法不是为城邦任何一个阶级的特殊幸福,而是为了造成全国作为一个整体的幸福。它运用说服或强制,使全体公民彼此协调和谐,使他们把各自能向集体提供的利益让大家分享。"[4]在社会本位的内核驱动下,个体不再是"无羁束的自我",个人权利的实现需要受到共同体的约束,并服从公共利益的安排;政府的目

---

[1] 周叶中、戴激涛:《共和主义之宪政解读》,人民出版社2005年版,第16页。
[2] 参见李强:《自由主义》,吉林出版集团有限责任公司2007年版,第157页。
[3] 参见许纪霖:《现代中国的家国天下与自我认同》,《复旦学报(社会科学版)》2015年第5期,第52页。
[4] [古希腊]柏拉图:《理想国》,郭斌和、张竹明译,商务印书馆1986年版,第279页。

的也不再是自由主义者所理解的"仅仅在于保护个人利益的存在",而是为了促进"集体共同的良善生活"。并且,不同于自由主义的自由观所强调的"无干涉的自由",共和主义的自由观更强调的是"无支配的自由"。"在共和主义者看来,只要国家存在,就总会有干涉,问题在于这种干涉是好的还是坏的"[1],在必要的时候,政府可以基于社会公益的考虑,对个体或社会进行一些"好的干涉"。综上,无论从权利的内在功能,抑或对权利所进行的外在干涉来看,共和主义的权利观都倡导存在一种"共同的善业",来作为权利保护或限制的补强理由。

在道德塑造方面,法德式的共和主义基于公共利益的优先性与公民自治的自由,认为"共和国的公民美德维系着共和国的前途"[2],道德选择不应当是纯粹个人意志的产物,"公民不能私有其身"[3],要接受共同体道德价值的引导。"共和主义理论并不采取人们现成的偏好并试图去满足他们,不管这种偏好可能是什么。它转而寻求培养那些对自治体的共同善来说是必要的品质。"[4]因此,在共和主义者看来,国家与社会应当在核心价值层面对个体的价值判断进行刚性的约束或柔性的指导,通过对价值观的导控来激发公民对共同善业的追求,培育公民在公共事务中向善的倾向,进而促进公民美德的完善,并通过公民美德所孕育的自省自律实现个人利益与公共利益的一致性。在这种良性循环的视野里,公民美德,从宏观上看,就是强调公民克己奉公的精神,从微观上看,就是指为了社会利益放弃个人私欲和利益的品德。因此,在共和主义者的世界里,这种公民美德是共和主义的生命线,是共和理念的精神支撑,也是共和政体存续的政治基础与重要保障。并且,也正是由于共和主义者所提倡的公民美德,或者说实现共同善业的品质,指向的目标是公共利益与公共生活,所以,与自由主义在道德选择上保持完全"中立主义"的立场不同,"共和主义强调社会的善和共同的善,对个人生活的善则持一种中立的态度"[5]。

---

[1] 姚大志:《共和主义的自由观:无支配的自由》,《社会科学》2018年第5期,第110页。

[2] 周叶中、戴激涛:《共和主义之宪政解读》,人民出版社2005年版,第126页。

[3] [古希腊]亚里士多德:《政治学》,吴寿彭译,商务印书馆1965年版,第407页。

[4] Sandel. *Democracy's Discontent*:*America in Search of A Public Philosophy*. Harvard University Press,1996,pp.25.

[5] 姚大志:《佩蒂特与当代共和主义》,《江苏行政学院学报》2015年第4期,第10页。

四、东亚式:国家至上的集体主义

集体主义,是一个与个人主义相对的概念。如果说个人主义是自由主义的逻辑起点,那么集体主义就是共和主义的理论基础。但是,由于民族文化、历史进程以及社会发展的差异,不同文化圈对"集体"的理解也不尽相同。近代以来,虽然东亚文化在一定程度上受到西方文化的冲击,但是从根源上看依旧保留着传统儒家文化的底色。"在亚洲尤其是东南亚地区,由于受儒家文明的影响,强调家庭伦理,崇拜等级与秩序,崇尚集体主义与爱国主义是共同的核心价值。"[1]东亚文化在这种"双核"的驱动之下,往往把"集体"看作"家国天下"的集成与具化,进而表现出一种国家至上的集体主义理念。例如,1991年新加坡政府发布的《共同价值观白皮书》正式确定了新加坡人的"五大核心价值观",即"国家至上,社会为先;家庭为根,社会为本;关怀扶持,同舟共济;求同存异,协商共识;种族和谐,宗教宽容"[2]。"在建设社会核心价值观的过程中,韩国政府注重塑造具有传统文化、现代公民美德与爱国主义精神的'身土不二'的公民。"[3]"在日本人的核心价值体系中,'忠诚意识'和'集团意识'是核心要素。"[4]由此可见,东亚国家的核心价值在理念表达上,讲求国家至上的集体主义,具体表现为:兴国安邦与民惟邦本相协调的权力结构,止于至善与天下为公相促进的理想制度,国社一体与家国同构相统一的社会形态,以及正心修身与治平天下相结合的道德追求。

在制度构建方面,与西方国家强调"理性"或"经验性"不同,东亚式国家至上的集体主义重视以"伦理"与"德性"作为制度设计的基础。然而,这种差别的产生很大程度上是源于东西方文化中国家观念不同。在国家观念上,西方国家强调的是权,国家代表着一种主权,制度则是驾驭这种力量的工具;儒家文化强调的是道,国家代表着一种天道,制度则是承载这种理想的媒介。

---

[1] 张伟:《国外加强社会核心价值观建设的做法及启示》,《当代世界与社会主义》2011年第2期,第158页。

[2] 参见苏振芳:《当代国外思想政治教育比较》,社会科学文献出版社2009年版,第453页。

[3] 刘康、韩建旭:《国外培育核心价值观的实践及其启示:以美国、韩国和新加坡为例》,《探索》2015年第4期,第176页。

[4] 李志明、杨思涛:《日本核心价值体系的构建》,《学习时报》2015年6月22日第002版。

"天下代表了至真至美至善的最高价值,这一价值要在人间实现,必须通过宗法家族和王朝国家的制度肉身,它们是由将伦理与政治合为一体的名教、典章、制度和风俗组成,天下价值不远人,就在人间的礼法秩序与日常生活之中。离开了家国的肉身,天道将沦为无所依傍的孤魂。"[1]所以,东亚国家在制度安排上,常常体现出某种对"道"的追求,而"伦理"与"德性"便是这种"道"在世俗中的体现。例如,日本《刑法典》第 200 条关于杀害尊亲属加重刑罚的规定,就体现了对尊亲属的尊重和报恩这种道义上的立法目的;日本《民法典》第 900 条的"但书"规定,非婚生子女对于被继承遗产只能继承相当于婚生子女法定继承部分的一半,体现了立法者尊重和保护婚姻的目的。[2] 韩国儒学的特征在于,其"不仅重视纯粹的道德性,而且还积极追求实现这种道德性的现实制度和力量"[3]。新加坡在应对社会问题,抑或维护执政党执政的社会基础时,特别强调文化价值的作用,从 20 世纪 80 年代起的儒家伦理课程改革,到 90 年代的以儒家文化为核心的"共同价值观""亚洲价值观",再到"新加坡 21 世纪远景规划",这一系列的举措都体现了儒家文化中"德治"的作用。[4] 并且,这种蕴含着道德说服力的制度,可以使国家的一些干预行为或增加公民义务的措施的合理性与正当性获得依据。具体来看,国家至上的集体主义往往先通过德性的感化,培育民众心中对"至善"的追求,再通过伦理的教化,把这种"至善"引申到对家庭、对社会、对国家的责任与义务上来,突出人的"伦理角色",塑造一种集体本位或团体主义的人性观,进而使一些蕴含道德理想的制度可以与民众内心的责任感相契合。当达到这种政通人和的境界之后,民众就会从"为实现公共利益被迫放弃个人利益",转向"为践行道德理想自愿接受国家干预",从而实现天下为公的政治理想。因此,在制度构建上,西方政治大体上是基于一种功利主义或功能主义的立场,倾向于用权利或理性换取对民意的统治;东亚政治则强调,在施行仁政的同时,通过伦理与德性的引导教化人心,进而达到"民心所向、天下归

---

[1] 许纪霖:《现代中国的家国天下与自我认同》,《复旦学报(社会科学版)》2015 年第 5 期,第 47 页。
[2] 参见杨登峰:《法律冲突与适用规则》,法律出版社 2017 年版,第 238 页。
[3] 邢丽菊:《韩国儒学思想史》,人民出版社 2015 年版,第 461 页。
[4] 谢小飞:《儒家文化与东亚国家政党政治——以日本、韩国和新加坡为例》,山东大学 2018 年博士学位论文,第 154 页。

心"的和谐境地。

在社会结构方面,国家至上的集体主义以忠孝伦理为支撑,在底层关系上型构出一套家国同构、国社一体的社会形态。这种家国同构社会形态的深层逻辑是,希望国家的政治秩序一方面如家庭血缘关系一般和谐稳定,另一方面又如家长制一般国家享有绝对权威。"君子之事亲孝,故忠可移于君。事兄悌,故顺可移于长。居家理,故治可移于官。"[1]这种"移孝作忠"的家庭血缘关系的植入,让民众对执政者充满了道德上的期待与情感上的依赖,也让执政者更加注重维系自身的道德形象;家长式的绝对权威,在授予政治精英足够统治力的同时,也赋予了他们巨大的责任。这种道德与情感兼备、能力与责任共存的治理模式,在人民与国家之间产生了强大的精神纽带。因此,在东亚政治文化中,"父母官"的称谓,以及把国家喻为"母亲"的情感寄托,也屡见不鲜。例如,在日本,"人们期待各等级结构的首脑人物对其下属表现出慈父般的风范,无微不至地关心他们的个人生活"[2];在新加坡,"新加坡人民行动党始终主导着新加坡的发展方向,但依'好家长'角色,则要求执政党保持责任感和实质上的廉洁高效"[3]。所以,在西方文化中,国家始终是一个"利维坦式"的实体存在,具有陌生性与侵略性,英美式的自由主义强调用个人权利来对抗国家理性,法德式的共和主义强调用共同的善业或社会的公益来达到国家理性与个人理性的一致。然而,在东亚文化中,国家是理性与德性的结合体,是如"严父"或"慈母"一般的亲密存在,需要服从,但无需防备,个人对国家政权不仅有理性的服从,更有感性的认同,而国家为了维持这种和谐稳定的"家庭"局面,也会不断地自觉回应子民的诉求。但是,这种被寄予道德厚望与责任重担的政体,往往也会表现出对子民"家长式"的过度保护,这种保护在社会上的反映就是:社会活力被严格地限制在国家意志可以掌控的范围之内,社会很难自发形成某种秩序或习惯,社会文化生活成为国家意志的延伸,公共理性的生成空间受到压制。于是,国家意志代替

---

[1] (清)阮元校刻:《十三经注疏》,中华书局1980年版,第2558页。
[2] [美]赖肖尔:《当代日本人——传统与变革》,陈文寿译,商务印书馆1992年版,第132-133页。
[3] 谢小飞:《儒家文化与东亚国家政党政治——以日本、韩国和新加坡为例》,山东大学2018年博士学位论文,第140页。

了公共理性,社会被进一步虚化,国社一体的社会结构就此产生。综上,在东亚式国家至上的集体主义者看来,人与人的关系、人与家的关系、人与国的关系,都是一个和谐的整体,都是在同一伦理秩序与德性架构下衍生出来的,具有很强的生命力与感召力,但是这种家国同构的伦理观念与道德期待,往往会导致"国社一体"的政治局面,进而抑制公共理性的形成,造成个人与社会之间的关系的弱化。

在权利配置方面,国家至上的集体主义更强调的是公共利益与个人利益的内部协调,而非外在一致。正如上文谈及的英美式个人至上的自由主义与法德式社会本位的共和主义,两种理念模型虽然在公共利益与个人利益的优先性上有所不同,但二者在公共利益与个人利益的关系上都有着相同的追求,即尽可能达到公共利益与个人利益的一致性。只是在个人至上的自由主义者看来,"他追求自己的利益,往往使他能比在出于本意的情况下更有效地促进社会的利益"[1]。在社会本位的共和主义者看来,个人的欲望必须接受理性的控制,这种理性的力量来源于政府"好的干涉",否则对个人利益的盲目追求会导致社会失序,进而损害公共利益。但是,两种理念模型却始终面临一个问题,即公共利益与个人利益的对立。导致这种对立的根本原因在于,无论是英美式个人至上的自由主义还是法德式社会本位的共和主义,在创立之初都是基于某种程度上对统治者的不信任。斯金纳的共和主义自由观就认为,"公民要求进入公共领域,并不是出于他们对政治自由的渴望,而是出于他们对那些支配他们生命和财产的权力人的不信任。"[2]自由主义的代表人物洛克则认为,"国家只是契约的一方,同样也受到契约的约束,政府若滥用威权侵犯人民的生命自由财产,则已经失去了人民付托的本意,人民可以收回此权,另建新政府。"[3]然而,在东亚的政治传统中,由于受到中国儒家思想的影响较深,个人与国家之间权力交付的基础并非完全遵循西方的契约制,更多的时候体现的是一种信托制。正如钱穆先生所言:"中国社会民

---

[1] [英]斯密:《国民财富的性质和原因研究(下卷)》,郭大力、王亚南译,商务印书馆1974年版,第27页。

[2] 刘诚:《现代社会中的国家与公民——共和主义宪法理论为视角》,法律出版社2006年版,第24页。

[3] 李颖:《个人主义思想的历史源流》;载韦冬编:《比较与争锋:集体主义与个人主义的理论、问题与实践》,中国人民大学出版社2015年版,第88-89页。

众对政府常抱一种信托与期待的态度,而非对立与监视的态度。若我们说西方政权是契约的,则中国政权乃是信托的。"[1]在这种信托制之内,公共利益与个人利益的关系便从"对立状态的寻求一致"转向"统一状态的内部协调"。因此,在国家至上的集体主义那里,"权""能"是分职的,"权"在民众,"能"在政府,人民通过权利来调控政府的服务能力。政府的权力与人民的权利并不是一种紧张对立的关系,更多的时候政府权力被当成一种保护与实现人民权利的手段;政府权力的边界不是"政府能做什么"的主权问题,而是"政府应做什么"的职责问题;人民行使权利的理据也不再是获得对抗政府的能力,而是具备与政府协商的能力。

在道德塑造方面,国家至上的集体主义强调一种利他的义务式责任观,认为道德是一种自觉,个人只有在实现人生价值的过程中,才能达到道德的完善,道德的至高境界就是将个人的德行同天下的兴亡联系起来。这种道德的自觉起源于孟子"性善论"的预设,正因为人性本善,所以人可以通过本我的自省来达到善端的展开,最终实现理想的自我。"内在善端的成熟过程,首先表现为理性的自觉。"[2]承担集体责任与获得集体认同,则是对善行的一种外在考验,是达到理想人格的后天涵养。比较来看,在道德的塑造上,英美式的自由主义强调对个人权利的尊重,道德是在各种利己行为的自由博弈中,自发形成的理性合意;法德式的共和主义强调对公共利益的尊崇,道德是在共同体价值的引领下对个人私欲的克制,是为了共同的善业而进行的理性选择;东亚式的集体主义强调个人对集体利益的作用,道德是在各种利他行为中所获得的集体认同,并且随着集体外延的扩大,个人的价值也从家到国、从国到天下不断升华,最后在"平天下"的理想信念中,将个人的善行一以贯之地转化为一种自觉的义务。中国传统文化思想认为,"个人、家庭、国家、天下,都有一个共同的任务,就是发扬人类最高的文化,表现人类最高的道德。所以中国人的国家观念是一种'道德的'国家,或是'文化的'国家,必然要达到'天下的'国家"[3]。这里的"天下"是一种超现实的价值认同,是一种至善的善,是人类最高可能的理想生活,为了达到这种至真至美的善,就要把个

---

[1] 钱穆:《国史新论》,九州出版社2012年版,第110页。
[2] 杨国荣:《善的历程——儒家价值体系研究》,华东师范大学出版社2009年版,第91页。
[3] 钱穆:《中国历史精神》,九州出版社2012年版,第25页。

人之爱与家庭之爱从私欲中解脱出来,推及国家与全人类。所以,儒家思想影响下的东亚国家,想要塑造的道德观,从来不是来自外部世界对个人的束缚,也不是出于利己主义的精致让步,更不是为了享受公共利益的理性妥协,而是一种无我的精神状态:一种将履行利他义务与实现人生价值相结合的自觉,一种践行以天下为己任的自强,一种追求人身与天道和谐的自省。例如,在新加坡,"儒家思想几乎成为林文庆一生言行的指南和动力,他从中觉悟到'个人不应只为自己而活,儒教吩咐他为他的家庭,为他的国家,为他的民族以及整个人类的幸福而生存'。他深受这种逐步推进的利他主义精神所感动,因此他一生的努力与贡献,不限于一家、一族、一国"[1]。综上,东亚式的集体主义所塑造的道德观,不仅是致力于维护民众履行利他责任的自觉,而且鼓励民众将这种道德的自觉逐级推进,实现"家国天下"的终极关怀。

第二节 中国核心价值观的文化传承

一、"内圣外王"的尊严观

"内圣外王"是中国传统文化的一种尊严观,建立在自我认同与集体认同的内在关系之上,体现了个体价值与集体价值的统一,代表着历代政治精英自我塑造的担当与兼济天下的理想。"内圣外王"一词最早见于道家的《庄子·天下》篇,该篇载:"天下大乱,贤圣不明,道德不一,天下多得一察焉以自好。……判天地之美,析万物之理,察古人之全,寡能备于天地之美,称神明之容。是故内圣外王之道,暗而不明,郁而不发,天下之人各为其所欲焉以自为方。"虽然"内圣外王"的范畴出自道家的概括,但其思想的传承与精神的发扬多是依靠儒家的诠释。牟宗三先生也曾说:"'内圣外王'一语虽出自《庄子·天下》篇,然以之表象儒家之心愿实最为恰当。"[2]从儒家的理想来

---

[1] [新加坡]李元瑾:《林文庆的思想——中西文化的汇流与矛盾》,亚洲研究学会1991年版,第119页。

[2] 牟宗三:《心体与性体》,上海古籍出版社1999年版,第4页。

看,"'内圣'是指个体生命上达天德,体认到了生命的终极意义与最高价值;'外王'是指个人在社会上成就了'博施广济'的事功,为民众带来了巨大的福利"[1]。荀子说:"圣也者,尽伦者也;王也者,尽制者也。两尽者,足以为天下极矣。"可以说,"内圣"追求的是主观内在的道德修养与精神境界,是"仁爱"对个体内部的一种净化;"外王"追求的是客观外在的政治事功与礼法制度,是"仁爱"对外部世界的一种教化。对"内圣外王"本义的解释,在儒家思想内部是相对统一的,但是在"内圣"与"外王"关系的理解上,儒学家之间则出现了不同程度的分歧。这种分歧大体上可分为两类:心性儒学的观点认为,内圣通外王,内圣和外王之间是因果体用的关系,内圣是外王的基础,外王是内圣的结果,宋代理学基本持这一观点;政治儒学的观点认为,内圣和外王之间没有必然的因果关系,内圣和外王是平行并列的结构,两者都有自己独立的标准,公羊学基本上持这一观点。支持政治儒学的学者普遍认为,"心性儒学将外王看作内圣的末与用,实际上是取消了或者说化解了外王儒学,使外王儒学只有其名而无其实"[2]。林毓生也曾指出:"这种不从外在的制度加以规范,而要求政治人物从内在的心灵上自我改造以致使政治终究要变成道德的方法是一种极为不易、几乎不可能实现的、一厢情愿的空想。"[3]政治儒学对人性的悲观态度,其深层的逻辑是:人有堕落的可能,人性的完善只有在制度中才能实现,所以要成就事功,就要不断地建制(尽制),用臻于完善的制度来实现治理的目的。但是,这种对制度的崇拜,往往会走向一个极端:使人沦为制度的奴隶,迷信一切问题都源于制度的缺陷,进而陷入废制与改制的循环之中。特别是近代以来,西学盛行,一度出现全盘西化的倾向,甚至认为移植西方的制度就可以实现富国强民,一切社会问题都习惯性地到西方政治中寻找解决的依据,一切学术的探讨仿佛只要有西方的经典理论支撑就可致绝对的真理。但是,任何制度的创立都有其对应的人事基础,用权者的价值判断往往决定着制度实施的效果。正

---

[1] 蒋庆:《儒学的时代价值》,四川人民出版社2009年版,第26页。
[2] 蒋庆:《公羊学引论:儒家的政治智慧与历史信仰》,福建教育出版社2014年版,第32—33页。
[3] 林毓生:《中国传统的创造性转化》,生活·读书·新知三联书店1988年版,第111页。

如德沃金所言,"法官说什么,法律也常常变成了什么"[1]。那么问题就来了,用权者的价值判断如何导控呢?这正是心性儒学研究的内圣之学,是人心对外在制度的一种续造。制度是一把双刃剑,可以爱人,也可以害人,只有爱人的人才能实施爱人的制度,所以只有制度迁就人事,没有人事迁就制度。也正因人事是制度的基础,内圣必须通外王,内圣之学就是希望通过一个至高的价值引领去弥补制度设计的天然缺陷,而非用道德方法代替制度安排。"宋代理学虽以'内圣'之学(讨论心、性、气之类)显其特色,但并没有离开儒学的大传统,仍然以重建一个合理的人间秩序为其最主要的目的,即变'天下无道'为'天下有道'。"[2]因此,"内圣外王"始于内圣所确立的核心价值,旨在通过核心价值调和制度的两极,趋利避害,中正致和,进而开出真正的外王之花。

二、"为民而王"的民本观

"民本"即"以民为本",出自《尚书·五子之歌》的"民惟邦本,本固邦宁"。民本的中心思想可以分为两个层面:第一,人民是国家的根本与基础,人民的利益是国家与社会的价值主体;第二,这种根基的稳定是国家安宁和谐的前提条件,权力的合法性来自人民的拥护。前者回答的是价值判断的问题,即协调利害冲突的判断标准;后者回答的是政治合法性的问题,即建构统治合法性的政治标准。根据这两个标准,民本思想分别确立了"民有"和"民享"两个概念,"民有"即人民为国家的主体,"民享"即人民是政治的目的。孟子所说的"民为贵,社稷次之,君为轻"是民有精神的集中体现。董子所说的"天之生民,非为王也;而天立王,以为民也。故其德足以安乐民者,天予之;其恶足以贼害民者,天夺之"是民享精神的最高诠释。综合来看,儒家所奉行的民本观,可以概括为一种"为民而王"的政治思想。但是,任何政治思想都要有保障其落地的机制,如何督促君主践行这种民本思想,就是儒生需要解决的另一个问题。传统的儒家思想出于政治秩序上对君权的依赖,并没

---

[1] [美]德沃金:《法律帝国》,李常青译,中国大百科全书出版社1996年版,第2页。
[2] 余英时:《朱熹的历史世界——宋代士大夫政治文化的研究》,生活·读书·新知三联书店2011年版,第873页。

有提出把这种制约王道的权力直接赋予人民,而是引入了天道的概念。简单来说,整体思路就是先将君王与天道联系在一起,把现世的君王看作天选之子,通过尊君获得君王的认可后,再把民意当作天意的体现,即"天视自我民视,天听自我民听",进而实现民意对君权的制约。这种通过天威压制君威的理论建构,深刻反映了和谐思想在制度设计上的作用。一方面,通过巩固君王统治的合法性来获得政治话语权;另一方面,通过君王获得合法性的理据——天意,来制约君权的恣意。并且,将民意转化为天意之所以可行,是因为在统治者与儒生看来,这种转化避免了民意与君权的直接冲突,也就是说如果依据民意要反抗君王的统治,则必须先证明君王违反了天意。但是,天意与民意之间只是在形式上画了等号,在证成上个体或局部的民意很难完成向天意的过渡。这样一来无疑增加了系统的稳定性,因为只有在这种稳定性严重超过系统承载能力时,才会爆发大规模的动乱,进而完成"替天行道"的改朝换代。这种替天行道的力量,也就是孟子所说的"贼仁者谓之贼,贼义者谓之残,残贼之人,谓之一夫。闻诛一夫纣矣,未闻弑君也"。由此看出,儒家思想不仅没有剥夺人民的力量,而且包含着强大到足以颠覆君权的民权,只是在和谐思想的指导下,加入了"天意"这种理性的控制,让"民意"不会因利益团体的操纵而异化,进而沦为争权夺势的工具。可惜的是,在古代中国,这种民本思想虽然设定了民权,但是却没有发展出民主,究其原因,可谓是"民治"这一维的缺失。金耀基先生指出:"中国自孔孟以迄黄梨洲、谭嗣同,一直都有一极强的民本思想贯串[穿]着。任何一位大儒,都几乎是民本思想的鼓吹者,'天下非一人之天下,天下人之天下也'肯定了民有的观念;'民之所好好之,民之所恶恶之'肯定了民享的思想,……但是,中国的民本思想毕竟与民主思想不同,民本思想虽有民有、民享的观念,但总未走上民治的一步。"[1]所谓"民治"就是"人民自治的机制",是民主的核心内容,注重的是一种民主制度的构建。"中国古代政治思想在价值法则方面倡导以人为本,在政治法则方面倡导人民主权,这是没有疑问的。问题在于,缺乏相应的程序法则。"[2]正是这种程序构建的缺失,民本思想中所蕴含的民权,更多的时

---

[1] 金耀基:《从传统到现代》,中国人民大学出版社1999年版,第21页。
[2] 夏勇:《民本与民权——中国权利话语的历史基础》,《中国社会科学》2004年第5期,第10页。

候是作为一种起义的非制度力量存在,这就不难解释为什么在古代王朝的更替往往伴随着一场腥风血雨的暴乱。所以,不能说中国传统里没有赋予人民主权的构想,只能说赋予人民主权的构想没有制度化。以古观今,古代儒生用和谐思想在君主专制的时代,提出了一套制约君权的理念,优点在于把民意的最大公约数转化成了天意,缺点在于没有设计出一套程序化的制度。从扬长避短的范式来看,我们不应当抛弃传统思想里的精华,"为民而王"的民本观中蕴含的"天意"共识的缓冲带应该继续保留,并辅之以现代协商民主的制度优势,进而提炼出全面、真实、理性的民意,让"和而不同"与"理性妥协"的和谐思想在当代再开出圣治之光。

三、"尽其在我"的群己观

中国传统文化中"尽其在我"的群己观,强调的是义务本位,己(我、个人)与群(他人、社会)之间的关系是通过义务与责任进行理解的。"所谓'尽其在我',是指在人伦关系中只要求己(我、个人)应对群(他人、社会)尽义务履责任,而不要求群(他人、社会)对己(我、个人)尽义务履责任,用孔子的话来说就是'躬自厚而薄责于人'。"[1]比较来看,这种义务本位的群己观与西方国家权利本位的人际观主要有以下区别:第一,从个人层面来看,权利本位强调的是个人与生俱来的自然权利,个人被认为是自我绝对的精神领袖,个人意志是独立于外界的自由理性的产物;义务本位强调的是个人在未出生前就存在需要承担的责任,个体没有一个清晰明朗的自我边界,个人意志是国家意志与社会意志在个体上的反映。第二,从人与人的关系来看,权利本位强调的是人与人之间的权属关系,人际交往中提倡泾渭分明的权利边界,在产生权利交集时,倾向于精确划定个人之间的权利归属;义务本位强调的是人与人之间的共生关系,人际交往中提倡互利共赢的责任共担,把利他当作一种义务,在产生权利交集时,倾向于用"义"来调和"利"的冲突,不同程度的"情义"往往对应不同程度的"利益"的让步,即"君子喻于义,小人喻于

---

[1] 蒋庆:《政治儒学:当代儒学的转向、特质与发展(修订本)》,福建教育出版社2014年版,第174页。

利"。第三,从人与社会的关系来看,权利本位强调个人权利的优先性,在不同程度上呼吁个人应尽的社会责任,更多的还是源于对个人权利保护方式的理解不同,制度与规则的落脚点仍然是个人权利;义务本位强调个人首先应承担相应的社会责任,个人的行为始终和一种"大义"联系在一起,"社会公共利益被抽象为'义'或'天理',个人利益被抽象为'利'或'人欲'"[1],集体利益高于个人利益只是践行这种"大义"或履行社会责任的必然结果,制度和规则的出发点就是灭除个人不合理的私欲与维护个人对"大义"的集体认同。对比可见,这种义务本位的群己观的形成机理在于:在群己关系中,中国人更在意"义"的维护或发展,认为"责任先行"的"义理"往往蕴含着比"斤斤计较"的"利益"更高的价值与回报。例如,"如果双方一起出去吃饭,就会由衷地或仪式性地争着付款结账;如果双方一起乘车,就会由一方先付全部的车资,下一次再由对方替两人付出车资;如果一方托了另一方代购东西,想清还时,另一方也必须仪式性地表示:'算了!'"[2]。在这种情境中,如果双方都具备道德自觉,那么"各方轮流请一次""帮对方垫付后再收钱"的交互方式,实际上也起到了诸如"AA制"的效果,没有任何一方有利益的损失,但却促进了双方之间的"义"——情义。也正是因为有了这种"责任先行"的风险,所以中国社会在道德上特别讲求"礼尚往来"的自觉。

更进一步看,"尽其在我"的群己观在"义理"的内在逻辑中,还会衍生出一种"各尽其责"的名分观,即个人会因其"义理"的指向而被定位在某一种身份上,这种身份在与"义理"结合后,成为一种抽象的名分。"中国社会里的个人,乃与其家庭、社会、国家、天下重重结合相配而始成为此一人。人必在群中始有'道',必与人相配成伦始见'理'。离开对方与大群,亦不见有此人。因此'个人'必配合进'对方'与'大群',而一切道与理,则表显[现]在个人各自的身分[份]上。"[3]例如,"君君,臣臣,父父,子子",对应的就有"君不君,臣不臣,父不父,子不子",就是指只有尽相应的义务,才能有其相应的名分;"所谓'十义',是《礼记》提出的十项'人义',即对'五伦'相互义务

---

[1] 刘晓虹:《从群体原则到整体主义——中国传统价值体系中的群己观探析》,《文史哲》2002年第4期,第116页。

[2] [美]孙隆基:《中国文化的深层结构》,中信出版社2015年版,第130页。

[3] 钱穆:《中国历史精神》,九州出版社2012年版,第146页。

的具体规定"[1]。

综上,这种义务本位的群己观可以减少权利纷争所带来的结构性动荡,而由"义理"衍生的"各尽其责"的名分观又可以增加系统整体的稳定性,在构建和谐社会的当下,实乃社会治理中应对"权利滥觞"之良方。

四、"均和以安"的和谐观

"均""和""安"都是中国传统文化中的重要价值,"均"主要指均衡,"和"主要指中和,"安"主要指安宁,三者的关系主要体现为孔子所说的"有国有家者,不患寡而患不均,不患贫而患不安。盖均无贫,和无寡,安无倾",这里概括为一种"均和以安"的治理思想。后人在解读这句话时,经常批判孔子犯了一种平均主义倾向的错误,但是往往忽略了孔子这句话的深层逻辑。这句话出自《论语·季氏篇》,当时的背景是"季氏将伐颛臾",孔子劝诫自己的学生,人心所向在于内施仁政,而不在于外部掠夺,师出无名,是不义之举。所以,"均和以安"是"修己以安百姓"在治术上的一种延伸,"安"是目的,"均"与"和"是手段。既然"均和以安"是为达到人心所向而实施的一种治理方式,那么"均"与"和"就必然要考虑能使"远人来服"的最大效果,基于这种"均""和"考虑的治理就一定不会是机械式的常态化的调整,而是灵活式的特殊化的促使不同禀赋、不同背景的人都能归服的方式。为了让处于不同情况的人都能信服,基于"均"与"和"的治理就不会采取对资源进行平均分配的方式,因为如果这样,不仅会打击多劳多得者的积极性,而且会助长不劳而获者的惰性,国家与社会的发展就会因此失去活力。所以,"均"与"和"作为一种外力调控,应对的是"寡"与"贫"的这种极端情况[2]。具体而言,在初始状态下,个体原始的差异对应着不同的获得资源的能力,这时因为初始差异所导致的资源差距其实并不明显,或并不普遍。随着时间的推移,个体的

---

[1] 蒋庆:《政治儒学:当代儒学的转向、特质与发展(修订本)》,福建教育出版社2014年版,第176页。

[2] 还有一种情况就是,在总体生活资料"寡"与"贫"的条件下,为了社会的安宁,把大家的生活水平维持在差距不大的状态,但"均"与"和"也始终是针对"寡"与"贫",只是"寡""贫"的范围不同。下文讨论的主要还是社会在发展的过程中,"均""和""安"的调控作用。

差异产生了积聚效应,进入了一个积聚状态,这时就会出现掌握资源越多的人越容易获得更多资源的情况,与之相对的,资源极度匮乏的人在总体资源有限的情况下,就可能面临无法获得资源或所获得资源无法满足基本生存的状况,出于"安"的目的,就要通过"均"与"和"进行再分配,以保障在资源争夺过程中处于劣势的人能满足基本的生存需求。但是,如果体制出现了一些不合理、不合法的情况,使资源的流动不再是因为个体差异或积聚效应,而是出现一种固化的状态,在这种固化状态下就会出现资源的过度集中,一旦资源的总量出现了增长的瓶颈,这时"均"与"和"的手段就失灵了,于是原来靠"均"与"和"得到安定的人就由于无法获得生存的保障进而聚集起来,用起义的方式,以期通过暴力打破固化,恢复到初始状态或积聚状态。由此可见,"均和以安"并不是一种平均主义的做法,而是一种蕴含着和谐思想的治理理念。"均"与"和"在"安"的目的指导下,从来只是进行着一种"度"的调配,而从未干涉阶级的正常流动,古话说的"富不过三代","穷则变,变则通,通则久",就是指在解决基本生存与发展问题之后,国家与社会自有一套阶级流动的法则。所以,现在部分人把平等理解成一种结果,认为"同工不同劳但同酬"这种去除差异的结果就是平等,进而把平等与平均等同起来。其实,平等是什么?平等是一种状态,是一种个体的差异没有受到体制性障碍或积聚效应影响之前,所体现出来的"个体差异并不会产生普遍明显资源差距"的状态,为了回到这种状态,平等的价值目标就是创造一种保障个人生存与发展的平等条件,例如实质平等、地位平等以及权利平等,只有这样才能防止体制性障碍或资源性屏障,留给"均"与"和"调整积聚状态的机会,让积聚状态与初始状态能够实现正常的流动,进而促进社会的整体和谐。"诚如许多人权宣言所显示的那样,自由与平等两个概念彼此深切结合,成为打破身份等级制社会、确立近代立宪主义的推动力,在现代宪法中,依然被理解为密切联系、相互依存的原理。"[1]

综上,"均和以安"并不是一种分配结果上的平均主义,而是一种和谐的治理理念,是在"安"的目标下对"寡"与"贫"的动态调整。

---

[1] [日]芦部信喜:《宪法》,高桥和之增订,林来梵、凌维慈、龙绚丽译,北京大学出版社2006年版,第110页。

第三节 马克思主义价值理论的中国继受

人的自由全面发展是马克思主义价值理论的核心理念。在《共产党宣言》中,马克思恩格斯指出,"代替那存在着阶级和阶级对立的资产阶级旧社会的,将是这样一个联合体,在那里,每个人的自由发展是一切人的自由发展的条件"[1]。在《资本论》中,马克思更是将未来的理想社会形式定义为"一个更高级的、以每一个个人的全面而自由的发展为基本原则的社会形式"[2]。可以说,对人的主体性存在的强调,正是马克思哲学发展出"价值论"的基础。"马克思主张'从主体方面去理解'世界,而'价值'这一概念恰恰反映出人的主体地位。"[3]但是,马克思主义价值理论中的"人"不是抽象的人,也不同于以个人自由为核心的个人自由主义当中的"人",而是一种具体的、社会的、超越的"人",是一种要走向"自由人联合体"的人。而这三种意义上的"人"分别引申出马克思价值理论的三种和谐观,具体如下文所述。

一、马克思主义理论的价值取向

"具体的人"是生活在一定时间空间内真实的人。对现实的人的关心,是马克思主义对抽象权利的超越,是构建和谐社会的基础。在马克思主义看来,抽象的个人权利在满足了人对权力幻想的同时,也掩盖了人在现实中实现权利的能力。在《德意志意识形态》中,马克思恩格斯直接指出:"当人们还不能使自己的吃喝住穿在质和量方面得到充分保证的时候,人们就根本不能获得解放。"[4]在马克思主义看来,社会的物质生产,是人生存和发展的基

---

[1]《马克思恩格斯选集(第一卷)》,人民出版社2012年版,第422页。
[2]参见《马克思恩格斯选集(第二卷)》,人民出版社2012年版,第267页。
[3]李德顺:《价值论——一种主体性的研究(第3版)》,中国人民大学出版社2013年版,第20页。
[4]同[1],第154页。

础,脱离了物质谈精神,是一种唯心主义的表现。因此,在马克思主义的价值理论中,在物质生活与生产方面首要的价值观是"富强",而不是"安贫"。在《1844年经济学哲学手稿》中,马克思表述了自己的观点:"无神论、共产主义决不是人所创造的对象世界的消逝、舍弃和丧失,即决不是人的采取对象形式的本质力量的消逝、舍弃和丧失,决不是返回到非自然的、不发达的简单状态去的贫困。恰恰相反,它们倒是人的本质的或作为某种现实东西的人的本质的现实的生成,对人来说的真正的实现。"[1]在《德意志意识形态》中,马克思、恩格斯更是明确地指出:"在极端贫困的情况下,必须重新开始争取必需品的斗争,全部陈腐污浊的东西又要死灰复燃。"[2]所以,马克思主义并不否认财产对人的实现的意义,他所抛弃的并不是全部私有财产,而是财产的私有性质。只有这样理解,才能领悟到邓小平同志反复强调的"贫穷不是社会主义"之内涵。

但是,这里"富强"的价值除了指代社会整体财富总量的不断增长,更重要的意义在于全体人民,特别是"最少受惠者",对财富积累的分享,即高水平的"共同富裕"。可以说,对物质生活的强调源于马克思主义对无产阶级利益的深切忧虑。"正是因为对处于社会'最不利者'地位的被剥削被压迫阶级的经济解放的深层关注,在马克思的经济学—哲学或者说哲学—经济学话语体系中,经济批判不仅与政治批判一样,是其政治经济学批判范式的重要组成部分,而且是更为重要的组成部分。"[3]因此,马克思主义所关注的人就不是少数的人或部分的人,而是在社会关系中的"每一个普通人"。正如恩格斯所说:"我们的目的是要建立社会主义制度,这种制度将给所有的人提供健康而有益的工作,给所有的人提供充裕的物质生活和闲暇时间,给所有的人提供真正的充分的自由。"[4]基于此,在生产资料的占有上,马克思主义强调的是在"生产资料的共同占有的基础上"的"个人所有制";在生活资料的获取上,马克思主义强调每一个共同体成员,无论妇女或男子,都享有平等地参与

---

[1]《马克思恩格斯全集(第三卷)》,人民出版社2002年版,第331页。
[2] 参见《马克思恩格斯选集(第一卷)》,人民出版社2012年版,第166页。
[3] 李金和:《马克思主义价值理论与和谐社会价值观建设》,知识产权出版社2016年版,第137页。
[4]《马克思恩格斯全集(第二十八卷)》,人民出版社2018年版,第652页。

社会生产劳动的权利[1]。须提请注意的是,虽然马克思主义十分重视物质生活与生产,但是马克思主义看到的不是"为物而生产"的"人",而是现实中的"人",是有血有肉的"人",是有主体性的"人"。因此,马克思主义的"共有"不是直接的、片面的占有或拥有,而是由有主体性的"人"通过生产资料的共同占有来创造自己的现实生活。正如马克思所说的,"任何一个存在物只有当它用自己的双脚站立的时候,才认为自己是独立的,而且只有当它依靠自己而存在的时候,它才是用自己的双脚站立的。靠别人恩典为生的人,把自己看成一个从属的存在物。但是,如果我不仅靠别人维持我的生活,而且别人还创造了我的生活,别人还是我的生活的泉源,那么我就完全靠别人的恩典为生;如果我的生活不是我自己的创造,那么我的生活就必定在自身之外有这样一个根源"[2]。所以,马克思主义否定的并不是资本主义社会所生产出来的产品与生产力,而是资本主义社会将生产者与生产资料强制隔离所导致的人的主体性的缺失,以及由这种缺失所导致的对"人的全面自由发展"的限制。

综上可以看出,马克思主义在承认物质生产和物质生活对"人"的重要意义的同时,更加重视的是"最不利者"现实生活状况的改变,而在改变的方式上,强调的是"人"的主体性,以及作为主体存在的"人"通过对生产资料的共同占有这一中介来实现其现实的所有权。对比来看,马克思主义在"具体的人"这一尺度上的和谐观,与中国传统"均和以安"的和谐观,存在着一定程度上的契合,都是针对"贫"与"寡"的不利情况,也都赋予了人在自我实现上的能动性。但是,"均和以安"注重的是以社会安定性为主导的价值取向,而马克思主义更加注重人的主体性与全面性,旨在强调"现实中的每一个人"通过生产资料的共同占有主动创造现实生活的能力,体现的是一种实现每一个普通人的自由全面发展的价值取向。也正因此,马克思主义和谐的价值取向,不是从个人的需要上来看待价值的,而是从"每一个普通人的实现"上来理解价值的含义,其型构出的和谐社会是一个真实、全面的"自由人联合体"。

---

[1] "只要妇女仍然被排除于社会的生产劳动之外而只限于从事家庭的私人劳动,那么妇女的解放,妇女同男子的平等,现在和将来都是不可能的。"(参见《马克思恩格斯全集(第二十八卷)》,人民出版社2018年,第190页。)

[2] 《马克思恩格斯全集(第三卷)》,人民出版社2002年版,第309页。

二、马克思主义理论的价值立场

马克思主义的"人"不是孤立的个体,而是在一定社会关系中的人,是在社会共同体中的人。马克思始终强调,"只有在共同体中,个人才能获得全面发展其才能的手段,也就是说,只有在共同体中才可能有个人自由。……在真正的共同体条件下,各个人在自己的联合中并通过这种联合获得自己的自由"[1]。因此,相较于个人主义或整体主义将个人与社会看作两种既成的、相互分立的东西[2],马克思主义认为个人与社会的关系是在实践中形成的,是一种相互依存、相互决定、相互生成的关系。可以说,马克思主义对个人与社会关系中这种辩证统一性的认识,是理解社会矛盾的重要进路,也是构建和谐社会的理论基础。

讨论人与社会的关系,要先从人与人的关系着手。马克思主义强调要从"人的实现"角度来理解人与人之间的合作共生关系。在人与人的关系上,马克思先是认可了社会化大生产与商品经济对于人的独立性的意义。"他们只有以一定的方式共同活动和互相交换其活动,才能进行生产。为了进行生产,人们相互之间便发生一定的联系和关系;只有在这些社会联系和社会关系的范围内,才会有他们对自然界的影响,才会有生产。"[3]"在社会中进行生产的个人,——因而,这些个人的一定社会性质的生产,当然是出发点。被斯密和李嘉图当做出发点的单个的孤立的猎人和渔夫,属于18世纪的缺乏想象力的虚构。这是鲁滨逊一类的故事,……同样,卢梭的通过契约来建立天生独立的主体之间的关系和联系的'社会契约',也不是以这种自然主义为基础的。这是假象,只是大大小小的鲁滨逊一类故事所造成的美学上的假象。"[4]由此可见,在马克思主义看来,一方面,人类为了促进自身的生存与

---

[1]《马克思恩格斯选集(第一卷)》,人民出版社2012年版,第199页。
[2]"个体原子主义和社会整体主义是两种对立的立场,但是却分享着同一种思维方式:将个人和社会看作两种既成的、相互分立的东西,把其中一方归约为另一方的抽象的实体性思维方式。"(参见吴向东:《重构现代性:当代社会主义价值观研究(修订版)》,北京师范大学出版社2009年版,第241页。)
[3] 同[1],第340页。
[4]《马克思恩格斯选集(第二卷)》,人民出版社2012年版,第683页。

发展,必然要形成一定的社会关系;另一方面,社会化大生产与商品经济交换交往的发达,又使这种社会关系摆脱了血缘与地缘关系的狭隘性,从而使在人与人之间建立一种普遍的社会联系成为可能。但是,这种"可能"也存在着"异化的可能",即"个人生产对社会需求的依赖和个人需求对社会生产的依赖,就集中表现为对货币的依赖,人与人之间的社会依赖关系就表现为物的依赖关系,人与人的普遍交往是通过物化的形式实现的"[1]。在马克思主义看来,当对商品和货币的追逐成为人的目的本身时,"人"就沦为以"纯粹的经济关系"表征的"物",而这种人的物化是导致人与人之间对立的根本原因。"人们扮演的经济角色不过是经济关系的人格化,人们是作为这种关系的承担者而彼此对立着的。"[2]资产阶级"使人和人之间除了赤裸裸的利害关系,除了冷酷无情的'现金交易',就再也没有任何别的联系了"[3]。至此,"自由竞争"中的"自由"就不再是人的自由,而是追逐商品与货币的"资本"的自由。正如马克思所说,"在资产阶级社会里,资本具有独立性和个性,而活动着的个人却没有独立性和个性"[4]。在这种资本人格化的"自由交往"中,人与人之间就自然地存在着一个用个人权利划定的边界,在此情境中,人与人的交往首先看到的是个体对他人所享有的权利,而不是个体对他人应尽的义务,人与人之间的关系也就难以达到和谐相处、和合共生的境地。因此,马克思强调从人的全面自由发展的角度来看待物质生产,进而使这种异化的物与物之间的关系回归到人与人之间的普遍联系。因为"人的物役"在赋予了人界定自我权利的万千姿态时,却把人的个性指向了同一个终点——利己主义,进而掩盖了真正的人性——在共同体中人与人之间差异的和谐。正如马克思所批判的,"如果把这种单纯物的联系理解为自然发生的、同个性的自然(与反思的知识和意志相反)不可分割的、而且是个性内在的联系,那是荒谬的"[5]。"本身被抽象化和固定化的自我,是作为抽象的利己主义者的人,他被提升到自己的纯粹抽象、被提升到思维的利己主义。"[6]

---

[1] 秦龙:《马克思从"共同体"视角看人的发展思想探析》,《求实》2007年第9期,第14页。
[2] 《马克思恩格斯选集(第二卷)》,人民出版社2012年版,第128页。
[3] 参见《马克思恩格斯选集(第一卷)》,人民出版社2012年版,第403页。
[4] 同[3],第415页。
[5] 《马克思恩格斯全集(第三十卷)》,人民出版社1995年版,第111-112页。
[6] 《马克思恩格斯全集(第三卷)》,人民出版社2002年版,第321页。

当我们破除了"人的物役"时,可以看到人与人之间真实的一种和谐关系。至此,人不再是被抽象权利包裹的傲慢个体,而是现实存在的社会中的人,是在人与人的互动中确认的真实自我。这种人与人之间的共生关系与中国传统文化中"尽其在我"的群己观在一定程度上存在契合,都强调对"利"的摒弃和对"义"的倡导,都旨在通过人与人之间和谐的相互作用(交往)来促进社会的发展。只是"尽其在我"的群己观中,由于人与人的关系从根本上还是人与人的依存关系,所以人对外界的义务是在出生之前就由宗法礼教确定好的,是历史传统的纵向连续,个人生来就伴随着"大群"所赋予的一种"名分",履行这种义务的目的是为了维护"大群"的整体利益与稳定秩序。马克思主义则强调,"个人的全面性不是想象的或设想的全面性,而是他的现实联系和观念联系的全面性"[1]。因此,在马克思主义看来,人与人交往的和谐准则是在现实的社会关系中规定的,"人是社会的存在物,人不是抽象的理性存在,人的本质是由特定的社会关系造成的,是特定的社会规定性"[2]。而建立人与人之间和谐交互关系的目的,是通过人与人之间在社会实践中的相互联系促进人的完善与发展。对比可见,马克思主义关于人与人之间共生关系的形成,既受到历史文化在社会关系中纵向延续的制约,又受到现实社会中人与人之间横向联系的影响;"尽其在我"的群己观最终的归宿是社会的发展,马克思主义最终的归宿是人的发展。因此,"尽其在我"群己观的逻辑理路是"社会—个人—社会",马克思主义的逻辑理路是"个人—共同体—个体"。

当我们理解了马克思主义中共同体对人的意义,以及"人的自由全面发展"的终极目标,就可以更好地诠释马克思主义关于人与社会的关系。因为马克思主义始终把"人的实现"作为最基本的价值,所以人与社会之间就形成了一种双向的生成关系。一方面,人的活动要受到一定社会历史条件的制约,人的行为的合理性要在特定的社会关系中寻找答案,"权利决不能超出社会的经济结构以及由经济结构制约的社会的文化发展"[3];另一方面,"人的

---

[1] 《马克思恩格斯全集(第三十卷)》,人民出版社1995年版,第541页。
[2] 吴向东:《重构现代性:当代社会主义价值观研究(修订版)》,北京师范大学出版社2009年版,第142页。
[3] 《马克思恩格斯选集(第三卷)》,人民出版社2012年版,第364页。

自由全面发展"是终极目的,如果一种社会关系限制了人的发展,人们可以通过自身的主观能动性改造这种社会关系,"正像社会本身生产作为人的人一样,社会也是由人生产的"〔1〕,"以一定的方式进行生产活动的一定的个人,发生一定的社会关系和政治关系。……社会结构和国家总是从一定的个人的生活过程中产生的"〔2〕。申言之,客观的社会关系不以任何个人的意志为转移,并在实践中决定着个人的发展方式与发展程度,但是,当一个国家的核心价值是"以人为本"时,就会关注既定的社会关系是否对人的发展产生不利影响,这时人的社会联系又在现实中决定着社会关系的变化。"人们是自己的观念、思想等等的生产者,但这里所说的人们是现实的、从事活动的人们,他们受自己的生产力和与之相适应的交往的一定发展——直到交往的最遥远的形态——所制约。"〔3〕"随着新生产力的获得,人们改变自己的生产方式,随着生产方式即谋生的方式的改变,人们也就会改变自己的一切社会关系。"〔4〕在这种双向生成的模式内,人与社会相互作用、相互生成,形成在实践基础上的辩证统一。

综上可知,马克思主义不仅纠偏了"义务本位"在应对权利滥觞时可能导致的权利吞噬,而且其关于"人与社会的辩证统一性"的价值立场,作为和谐社会化解各种内在矛盾的理论基础,也为个人利益与集体利益的协调统一提供了"现实的"实践进路。

三、马克思主义理论的价值目标

马克思和恩格斯一生都在从事关于"人"的事业,从对具体的每一个普通人的关心,到对人与人、人与社会的关系的重塑,都体现了一种人文主义或人道主义的关怀,这与马克思早期受法国启蒙运动的影响有很大的联系。因此,马克思主义所要达到的目标不只是"个人的完美",更是"全人类的幸福"。年轻时期的马克思曾直言不讳地表达了这种伟大的想法,"如果我们选

---

〔1〕《马克思恩格斯全集(第三卷)》,人民出版社2002年版,第301页。
〔2〕《马克思恩格斯选集(第一卷)》,人民出版社2012年版,第151页。
〔3〕同〔2〕,第152页。
〔4〕同〔2〕,第222页。

择了最能为人类而工作的职业,那么,重担就不能把我们压倒,因为这是为大家作出的牺牲;那时我们所享受的就不是可怜的、有限的、自私的乐趣,我们的幸福将属于千百万人,我们的事业将悄然无声地存在下去,但是它会永远发挥作用"[1]。在后来的《共产党宣言》中,马克思、恩格斯更是直接地指出:"过去一切的运动都是少数人的,或者为少数人谋利益的运动。无产阶级,现今社会的最下层,如果不炸毁构成官方社会的整个上层,就不能抬起头来,挺起胸来。"[2]可以说,正因为马克思主义在一开始就确立了"为人类的幸福而工作""为人类的解放而奋斗"的价值目标,才使得马克思主义由一种个人的思想变成跨地域、跨种族、跨时代的千百万人的信仰。正是基于信仰的支撑,马克思主义所塑造的"自由人联合体"成为一种超越的类存在物,这种人性对"自我异化"的超越,使"人"获得了历史的主体地位,进而成为推动社会发展、决定社会变革、创造世界历史的动力。因此,马克思主义的这种通过对"人"的超越性重塑所体现出的对"人类解放"的价值追求,是构建和谐社会的终极目标。

具体而言,在马克思主义看来,"一个种的整体特性、种的类特性就在于生命活动的性质,而自由的有意识的活动恰恰就是人的类特性"[3]。但是,人的类特性受到群体性与个体性的影响,也存在着异化的可能。在"自然共同体"中,人与人之间的关系体现为人对人的依赖关系,这时人的类特性就可能受制于血缘、统治或服从关系,进而被禁锢在他人所定义的某种群体性规定中;在"经济的社会形态"中,人与人之间的关系体现为以物的依赖性为基础的人的独立性,这时人的类特性受到了不以自身意志为转移的物与物关系的限制,进而使人的意识被抽空为对物的膜拜。因此,在这两种社会阶段中,由于受到神本位、权本位、物本位的影响,人都无法体察到人之所以为人的类特性。"只有当现实的个人把抽象的公民复归于自身,并且作为个人,在自己的经验生活、自己的个体劳动、自己的个体关系中间,成为类存在物的时候,只有当人认识到自身'固有的力量'是社会力量,并把这种力量组织起来因而不再把社会力量以政治力量的形式同自身分离的时候,只有到了那个时候,

---

[1]《马克思恩格斯全集(第一卷)》,人民出版社1995年版,第459页。
[2]《马克思恩格斯选集(第一卷)》,人民出版社2012年版,第411-412页。
[3]《马克思恩格斯全集(第三卷)》,人民出版社2002年版,第273页。

人的解放才能完成。"[1]在马克思主义看来,只有消除了由神本位、权本位、物本位制造出来的统治、压迫、剥削,并实现宗教解放、政治解放、经济解放后,人才能实现自我的解放,即"复归"。在这里,一方面,马克思主义把人的类特性看作人的本质,"任何解放都是使人的世界人的关系回归于人自身"[2];另一方面,马克思主义也看到了人的类特性会受到社会关系的蒙蔽,只有通过共产主义运动,才能使每一个普通人,特别是广大人民群众,破除被统治或被物化的状态,实现人的类特性的解放——"人类的自我解放"。"共产主义是私有财产即人的自我异化的积极的扬弃,因而是通过人并且为了人而对人的本质的真正占有;因此,它是人向自身、向社会的即合乎人性的人的复归,这种复归是完全的、自觉的和在以往发展的全部财富的范围内生成的。这种共产主义,作为完成了的自然主义=人道主义,而作为完成了的人道主义=自然主义。"[3]因此,神本位、权本位、物本位这些少数人制造出来的统治、压迫和剥削多数人的工具和手段,都是马克思主义在实现"人类解放"的过程中必须打破的桎梏和枷锁,换言之,马克思主义是在"人类解放"这一终极目标的指引下,自然推导出进行破除既定社会关系障碍的共产主义运动的必要性。"人是人的最高本质"是一个彻底革命的理论,它要求"必须推翻使人成为被侮辱、被奴役、被遗弃和被蔑视的东西的一切关系"[4]。从这个角度看,我们就理解了为什么"历史上从未出现过建立在笛卡尔思想之上的政府,用柏拉图思想武装起来的游击队,或者以黑格尔的理论为指导的工会组织"[5],而马克思主义对"人的自我异化"的超越——或者说"人类解放",却可以从一种思想变成一种世界范围内的运动与制度。

对比来看,马克思主义对"人类解放"这一终极目标的追求,与中国传统文化中"内圣外王""为民而王"的思想有一定程度上的契合。"内圣"讲求的是人向内所求的一种道德自省,即人的类特性中的一种善;"外王"讲求的是人向外所求的一种社会贡献,即实现广大人民的福祉。但是,"内圣外王"之

---

[1] 《马克思恩格斯全集(第三卷)》,人民出版社2002年版,第189页。
[2] 同[1],第189页。
[3] 同[1],第297页。
[4] 参见《马克思恩格斯选集(第一卷)》,人民出版社2012年版,第10页。
[5] [英]伊格尔顿:《马克思为什么是对的》,李杨、任文科、郑义译,新星出版社2011年版,第2页。

道与马克思主义的最大区别在于:"内圣外王"始终是在既定的社会关系中探求"修身、齐家、治国、平天下"的实现进路,没有看到这种社会关系对人的类特性的制约,其最后的结果仍然是将"外王"看作"内圣"的自然展开,而"内圣"又由于社会关系的局限性无法真正地成为建立人类最伟大事业(人的终极解放)的精神动力。阳明心学虽然体悟到了"人是人的最高本质",但是其良知依然未挣脱特定社会关系中的"天理",因而无法完全实现人的自由意识的全面解放。"为民而王"虽然已经涉及在既定社会关系中对人民尊严与生活的关爱,但是这里的"民"依旧是作为被统治的对象,而不是具有历史主体地位的"人",因而也不能在常态下孕育出推动社会稳定变革的力量。

综上可见,马克思主义将"人的自我异化"的超越——"人类解放",作为其价值理论的终极目标,不仅实现了人民的历史主体地位,促进了人的自由全面发展与社会关系的和谐,而且在此目标的指引下,产生了推动宗教解放、政治解放、经济解放的社会力量与制度设计。因此,马克思主义"超越的人"是构建和谐社会的价值目标。

第四节　中国核心价值观的近现代发展

一、民主主义革命时期的主导性价值(1840年—1949年)

(一)孙中山的去个人化自由观

20世纪初,孙中山领导的资产阶级革命推翻了清王朝封建君主专制统治,建立了资产阶级共和国,创制了宪制性的政治纲领文件。在这一时期,孙中山提出了"三民主义"理论,否定了传统的"家族本位"观念,抵制了西方的"个人本位"思想,形成了"国家与社会本位"法律观。尽管在启蒙思想的影响下,"天赋人权"理论与自由平等法治观念席卷了封闭落后的中华大地,并猛烈地攻击了封建帝国传统法制,但是孙中山并不赞同"天赋人权"视野下的个人权利观。首先,个体的生存与权利都是社会整体的生存与权利的一部分,个人无法脱离社会的存在而单独存在。其次,至高无上的个人权利意识导致社会与个人权利的关系本末倒置,破坏了国民权利与义务的平衡。所以孙中山认为"民生",即"人民的生活,社会的存在,国民的生计,群众的生命"才是政治社会的中心。[1] 民生主义强调人的社会性与互助性,前者认为社会整体的存在是个人生存的前提,每一个个体的权利和利益组成社会整体的权利和利益的集合,作为国民的个人要享有权利必须履行相应的社会义务。后者认为由于个人的微小,人类应该互助共帮,形成强大的利益共同体,此时的国家应该保证人类互助共存的实现。

在社会义务和国家本位的基础上,孙中山逐渐形成了去个人化自由观。"不自由,毋宁死"在当时的社会背景下,具有反抗外来侵略以获取国家独立与反对封建专制统治以追求个人自由的双重价值。按照主体类别差异,自由可分为国家社会自由与个人自由。去个人化自由观也就是国家社会自由观,包括两个方面的内容。一方面,主张限制或牺牲个人自由以实现国家的独立与自由。因为遭受帝国主义的压迫,中华民族丧失了主体独立地位,那么为了恢复国家自由、实现主权独立,就要凝聚个人自由力量以形成坚硬的强大共同体。如孙中山所言,"自由万不可用到个人上去,要用到国家上去,个人不可太过自由,国家要保完全自由。到了国家能够行动自由,中国便是强盛国家。照这样做去,便要大家牺牲自由"[2]。另一方面,限制个人自由是为了维持社会自由秩序。他认为个人自由是分散的和无序的,这种消极的个人自由容易破坏社会秩序,所以必须要受到限制和约束。孙中山的去个人化自由观的核心在于国家和社会的自由秩序优于个人自由,当个人的自由权利与国家社会利益发生冲突时,必须剥夺或限制个人的自由权利来保障国家社会整体的自由权利。在当时的中国现状下,这一自由观有利于实现国家民族独立、维护社会安宁秩序,但是个人自由与国家自由本应是相辅相成、互相融合的,个人自由的过度工具化矮化了人的本质,为后来国民党的专制统治埋下了灾难的种子。

(二)毛泽东的"新民主主义"理论

1939年12月,毛泽东第一次完整地阐述新民主主义理论,并系统比较了

---

[1] 参见《孙中山选集》,人民出版社1981年版,第765页。
[2] 参见武树臣:《中国传统法律文化》,北京大学出版社1994年版,第605页。

新三民主义与旧三民主义的异同。毛泽东指出，三民主义是抗日民族统一战线的政治基础，但是这种三民主义不是任何别的三民主义，而是新的三民主义，乃是孙中山先生在国民党第一次全国代表大会宣言中所重新解释的三民主义。[1] 按照孙中山先生的表述，即"民族主义，有两方面之意义：一则中国民族自求解放；二则中国境内各民族一律平等"；民权主义，非"为资产阶级所专有，适成为压迫平民之工具"，而"为一般平民所共有，非少数者所得而私也"；民生主义，其原则"一曰平均地权；二曰节制资本"。[2] 毛泽东还对中国资产阶级民主革命进行了科学划分，并对新民主主义革命与旧民主主义革命做了区分，即"现时中国的资产阶级民主主义的革命，已不是旧式的一般的资产阶级民主主义的革命，这种革命已经过时了，而是新式的特殊的资产阶级民主主义的革命。这种革命正在中国和一切殖民地半殖民地国家发展起来，我们称这种革命为新民主主义的革命"[3]。新民主主义革命时期，中国正遭受帝国主义的压迫和封建主义的剥削，正是在这种外患内忧的双重国情背景下，亟须新民主主义理论的指导，实现民族独立和民族解放的双重革命任务。

毛泽东在《新民主主义论》中系统阐释了新民主主义的政治、经济和文化纲领。新民主主义革命的政治目标是推翻帝国主义和封建主义，建立新民主主义共和国。经过长期的革命斗争实践和理论更新，新民主主义共和国确立了人民民主专政的国家政权组织形式。而民主集中制则作为国家政体，既保障了广泛的民主，又有利于集中力量办事。新民主主义的经济纲领主要是在保证国营经济作为国民经济领导力量的情况下，保障人民能够自由地发展私营经济，允许私人资本主义经济在不影响国计民生的条件下有序发展。新民主主义文化则是民族的、科学的和大众的，因为抗战时期以民族的、科学的和大众的文化作为内容的中华民族新文化，才是符合民主主义的。民族的新民主主义文化吸收了中华民族优秀的革命文化，反对帝国主义的压迫，捍卫中华民族的尊严，主张中华民族的独立；科学的新民主主义文化剔除了传统文化的糟粕，吸收民主性的精华，强调理论和实践的结合；大众的新民主主义文化关注人民的主体地位。总而言之，毛泽东的"新民主主义"理论主要揭示了

---

[1] 参见《毛泽东选集（第二卷）》，人民出版社1991年版，第687-688页。
[2] 《孙中山选集》，人民出版社1981年版，第591-593页。
[3] 同[1]，第647页。

民主的价值观,强调国家的独立与人民的解放。

综上所述,民主主义革命时期,面对内忧外患的时代背景,救亡图存是当时的首要价值诉求,国家的独立和民族的复兴是这个时期的主导性价值。

二、社会主义"核心价值"的探索(1949 年—2006 年)

(一)从新民主主义到社会主义的过渡时期

1949 年至 1956 年,从中华人民共和国成立到社会主义改造基本完成,这是新民主主义到社会主义过渡的时期。当时,国内的主要矛盾是工人阶级和资产阶级之间的矛盾。为此,中国共产党确立了过渡时期的总路线和总任务,即要在一个相当长的时期内,逐步实现国家的社会主义工业化,并逐步实现国家对农业、对手工业和对资本主义工商业的社会主义改造。1954 年 9 月 20 日,第一届全国人民代表大会第一次会议通过了《中华人民共和国宪法》,《中华人民共和国宪法》以根本大法的形式,把中国共产党在过渡时期的总路线作为国家在过渡时期的总任务确定了下来。由于当时的新中国刚刚成立,国家的经济发展还没有起步,各种生产资料都被资产阶级掌握,工人阶级的物质生产条件极为落后,所以必须实现国家的社会主义工业化,为国家的独立富强提供客观条件。而且,从 1953 年起开始执行的第一个五年计划可以知道,经济建设在整个国家生活中居于首要地位。综上,这段时期国家的核心价值观是"富强",即国家富强。

(二)全面建设社会主义时期

1956 年至 1966 年是社会主义建设在探索中前进的一段时期。1956 年,中共八大分析了国内外形势和国内主要矛盾的变化。由于社会主义改造已经取得决定性胜利,我国无产阶级同资产阶级之间的矛盾已经基本解决,国内的主要矛盾已经变为人民对于建立先进的工业国的要求同落后的农业国的现实之间的矛盾,变为人民对于经济文化迅速发展的需要同当前经济文化不能满足人民需要的状况之间的矛盾。所以,当时的主要任务就是要集中力量解决这个矛盾,把我国尽快地从落后的农业国变成先进的工业国,大力发展生产力,以满足人民的物质文化需要。于是,提出了第二个五年计划,通过了"鼓足干劲,力争上游,多快好省地建设社会主义"的社会主义建设总路线。但是,在计划经济体制下,计划成为分配和使用社会资源的唯一手段,公平便成为当时法律和政策的主要价值实存。"大跃进""人民公社"将法的公平价值推向了绝对平均主义的极端。[1] 这种对"公平"价值的偏执,不仅直接影响"富强"价值的实现,而且间接导致了后来"文化大革命"时期精神文明价值被过度政治化,致使国家的经济建设进入停滞状态。

(三) 1978 年至 2006 年期间

1. 以经济建设为中心

改革开放的前30年,虽然中国社会的价值观出现过一些变迁,但整体上呈现出的还是一种"精神高于物质"的价值倾向。可以说,改革开放前,中国社会的核心价值观始终被一种"神圣的理想主义"所笼罩,革命理想的精神指引成为那个时期人民生活的大部分内容。但是,由于当时的这种理想信念超越了生产力的发展水平,也超越了受物质基础制约的人的精神认知水平,所以这种理想信念非但没有丰富人民的精神文化生活,反而与一种准宗教的政治崇拜紧密结合,并被少数利益集团利用,成为发动"阶级斗争"、打压异己的"道德武器"。在这种不以"人的自由全面发展"为目标的阶级斗争中,提高人们物质生活水平的经济建设始终处于一个相对停滞的状态,人民关于物质生活的合理需求也被冠以"犯了走资派错误"的头衔。面对这种情形,邓小平尖锐地指出:"不重视物质利益,对少数先进分子可以,对广大群众不行,一段时间可以,长期不行。革命精神是非常宝贵的,没有革命精神就没有革命行动。但是,革命是在物质利益基础上产生的,如果只讲牺牲精神,不讲物质利益,那就是唯心论。"[2]"从一九五八年到一九七八年这二十年的经验告诉我们:贫穷不是社会主义,社会主义要消灭贫穷。不发展生产力,不提高人民的生活水平,不能说是符合社会主义要求的。"[3]

因此,自1978年底党的十一届三中全会提出"改革开放"以来,中国社会的核心价值就逐渐从"文明"转向"富强",人民的生活水平日益提高,社会生

---

[1] 参见汪进元:《法治的价值选择与价值的法制建构》,《法商研究》2001年第1期,第52页。
[2] 《邓小平文选(第二卷)》,人民出版社1994年版,第146页。
[3] 《邓小平文选(第三卷)》,人民出版社1993年版,第116页。

产力获得了极大的提高和释放。然而,随之出现的问题是物质价值观对精神价值观的压制。虽然邓小平很快意识到了这个问题,一再强调"物质文明与精神文明两手抓,两手都要硬",但对物质享受的追求就像潘多拉的盒子,一旦打开,就难以阻挡其异变的趋势。在改革开放的很长时间内,人们在获得物质解放的同时,精神生活却一度陷入空虚,工具理性取代了价值理性,整个社会弥漫着对商品、金钱、资本的盲目崇拜。这也致使"富强"的价值被过度扩张,从实现"人的自由全面发展"的物质基础异化成"奴役人的类特性"的物质膜拜。并且,在工具理性的控制下,人对物质的欲望不断上升,"公平"的正当价值诉求一度被经济发展的现实需求所掩盖,社会的贫富差距问题也日益严峻。

2. 邓小平的民主法制观

"民主"与"法治"是现代国家追求的重要价值,也是社会主义市场经济发展的基本保障。随着以经济建设为中心的战略决策和社会主义市场经济体制的确立,与其相适应的其他配套制度也被同步提升到了整体布局中的关键地位。如何真实地反映市场需求,如何切实地保障人民权益,如何有效地营造良好的市场环境,等等,都是经济建设过程中必须应对的问题。当然,这也为"民主"与"法治"的落地创造了良好的客观条件。

1978年底召开的党的十一届三中全会,确立了以邓小平为核心的中央领导集体。社会主义民主、法制思想是邓小平理论的重要内容,民主是社会主义的内在要求和本质属性,法制是实现社会主义现代化的基础和保障。邓小平指出,"没有民主就没有社会主义,就没有社会主义的现代化"[1]。社会主义民主是在无产阶级夺取政权后建立起来的,是人类历史上最广泛的民主类型。社会主义民主制度是无产阶级和人民群众当家做主的社会主义国家的制度。人民作为国家的主人,享有广泛的权利,不仅包括民主选举、民主管理和民主监督权利,而且包括人身、言论、宗教、出版、结社、游行、示威等各种具体的民主权利,社会主义国家要为人民行使民主权利提供政治保证和物质帮助。社会主义民主是民主和集中的统一,把民主和集中结合起来,既要集中力量办事,又要遵循民主原则,将社会主义民主融入社会主义现代化建设的

---

[1]《邓小平文选(第二卷)》,人民出版社1994年版,第168页。

全部过程中,调动人民群众的积极性,加快社会主义现代化建设进程。

社会主义法制是无产阶级和广大人民按照自己的意志,通过国家政权制定或认可建立起来的法律制度或执法原则,包括立法、执法、守法和法律监督等方面的有机统一。[1] 社会主义法制要求严格依法行使国家权力,进行国家管理。社会主义法制跳出了传统的国家机器的束缚,废除了封建法律制度,建立在社会主义公有制经济基础之上,服务于社会主义经济。邓小平指出,社会主义法制的根本任务在于"打击敌人、惩罚犯罪、保护人民、保障四化",社会主义法制的基本要求是"有法可依、有法必依、执法必严、违法必究"。[2] 在社会主义法制的调控下,社会主义现代化建设得以有序推进,并且随着国家经济、政治、文化的民主化建设的发展,社会主义法制建设也得到不断完善。

但是,和西方国家的"民主"与"法治"在理性表达上的价值对立不同,社会主义民主与社会主义法制是辩证统一的关系,两者密不可分,相辅相成。社会主义民主是社会主义法制的内容和基础,社会主义法制是社会主义民主的体现和保障。[3] 邓小平同志强调,发展社会主义民主需要加强社会主义法制建设,只有将社会主义民主的相关内容制度化、法律化,才能保证社会主义民主的实现。也就是说,社会主义法制是社会主义民主的基本保障,具体表现如下:首先,国家以法律的形式确认了作为国家主人的人民享有的各种民主权利及其范围,并保障这些民主权利的实现;其次,法律规定了实现民主的程序和机制,即通过人民代表大会制度和民主集中制来满足人民参与国家事务管理的民主权利;最后,法律规定了实现人民民主权利的条件和措施,包括权利义务的一致性,遵守宪法和法律,禁止侵害国家、集体和他人的合法权益,以及按照合法途径实现自己的权利。同时,邓小平指出,社会主义法制的建设也离不开社会主义民主。第一,社会主义法制建设的开始源于社会主义民主的产生和发展,因为只有在无产阶级掌握了国家政权,实现了人民当家

---

[1] 参见中共中央文献研究室编:《邓小平同志论民主与法制》,法律出版社1990年版,第86页。
[2] 参见翟泰丰、鲁平、张维庆主编:《邓小平著作思想生平大事典》,山西人民出版社1993年版,第446页。
[3] 同[2]。

做主以后,才能将自己的意志上升为国家法律,社会主义法制才能得以建立。第二,社会主义民主原则融入社会主义法制的内容之中,不仅社会主义民主是社会主义国家的基本制度,而且社会主义法制只有体现社会主义民主的基本原则和精神,才能引导社会主义法制走向正确的方向。第三,只有发扬社会主义民主,才能健全社会主义法制。社会主义法制的有效实施,需要得到广大人民群众的遵守和执行。而要想获得人民群众的拥护,就要不断发扬社会主义民主。第四,社会主义民主的发展进程制约和影响着社会主义法制的优化和完善。历史发展趋势告诉我们,实行民主制度的国家,法制化程度往往较高;而不实行民主制度的国家,法制建设较弱,人权保障不足。自新中国成立以来,随着社会主义民主制度的建立和发展,社会主义法制也在不断地进步和完善。

在邓小平民主法制思想的基础上,在1997年9月召开的党的十五大中,江泽民明确提出依法治国的基本方略,将"建设社会主义法制国家"改为"建设社会主义法治国家",突出了对"法治"的追求。"法治"不同于"法制",前者追求的不仅是有法可依或依法办事,而且要求在法的运行过程中体现法的实质价值。1999年,第九届全国人大二次会议通过的《宪法修正案》将"中华人民共和国实行依法治国,建设社会主义法治国家"增加到宪法文本中。此次修宪更是彰显了法治的精神,体现了"法治"价值的地位。

3. 江泽民的"三个代表"重要思想

随着经济建设与改革开放的不断深入,物质价值观与精神价值观失衡的情势也愈发严重,对物质生活的过度迷恋与对革命理想信念的遗忘,甚至已经开始渗透到部分党员同志与地方领导干部的身上,思想作风和行为贪腐问题愈演愈烈,对中国共产党的执政地位与执政基础造成了相当恶劣的影响。为此,在思想建设、价值引导与行为指南上急需理论的供给,"三个代表"重要思想顺应时代的发展应运而生。

2000年2月,江泽民同志在广东考察工作时提出了"三个代表"重要思想,即中国共产党始终代表中国先进生产力的发展要求、中国先进文化的前进方向、中国最广大人民的根本利益。面对国内外严峻的形势,加强党的建设关系到国家的兴旺发达与人民的幸福安康。江泽民指出:"在迈向新世纪的征途上,要解决好诸多复杂矛盾和困难,经受住新的考验和锻炼,继续推进社会主义伟大事业,都要求我们党必须始终坚持'三个代表',进一步提高领导水平和执政水平。"[1]并且,还要结合理论与实践,把"三个代表"重要思想贯彻到社会主义现代化建设的各个领域,保证我党更好地领导人民推进中国特色社会主义伟大事业。中国共产党始终代表先进生产力的发展要求,所以国家和社会的根本任务就是解放和发展生产力,党和国家制定政策方针的目的也是为了促进生产力的发展,增强国家经济实力。中国共产党始终代表先进文化的前进方向,所以党组织和党员干部始终要坚持马克思主义思想指导地位,传承和弘扬中华优秀文化,吸收和借鉴外来优秀文明成果,发展中国特色社会主义文化。中国共产党始终代表最广大人民的根本利益,所以党的一切工作都是以人民为中心,为人民服务,把人民的利益放在首要地位。

因此,这一时期的核心价值,在强调"富强"价值的同时,也强调通过"民主"的价值来保持党在执政理念与文化建设上的先进性。

4. 胡锦涛的科学发展观

经济建设过程中,工具理性对发展效率的过度追求,导致了人与自然、人与社会、人与自身的关系陷入一种高度紧张的状态,严重阻碍了马克思主义价值理论中"人的自由全面发展"这一和谐目标的实现。因此,为了应对社会发展过程中的各种矛盾,党的十六大在价值选择问题上,没有再沿用"效率优先、兼顾公平"的表述,而是使用了"公平正义"的表述,凸显了"人是人的最高本质"的价值追求。与此相对应的,胡锦涛结合中国特色社会主义初级阶段的基本国情,顺应时代的需要,提出了科学发展观。科学发展观的第一要义是发展,核心是以人为本,基本要求是全面协调可持续,根本方法是统筹兼顾。

首先,发展才是硬道理,发展是解决中国所有现实问题的关键,因为生产力的发展是人类社会发展的最终决定力量。由于我国的基本国情是正处于并将长期处于社会主义初级阶段,我国的社会主要矛盾仍然是人民日益增长的物质文化需要同落后的社会生产之间的矛盾,所以社会的根本任务就是发展生产力。发展的第一要务是经济发展,坚持以经济建设为中

---

[1]《江泽民文选(第三卷)》,人民出版社2006年版,第15页。

心,不断解放和发展生产力,为社会的全面进步和人的全面发展提供物质基础。[1]但是发展要遵循规律,要符合人类历史进程和自然趋势。要实现社会经济又好又快的发展,就需要调整经济结构,转变经济发展方式,树立科学健康的发展理念。其次,人是社会的主体,是社会发展的目的。人类一切政治、经济、文化等活动都是人类发展的手段和工具,只有人自身的生存和发展才是最根本的目的。"以人为本"的科学发展观包含两个方面的内涵:其一是发展过程中人的主体性地位,只要以人民群众为中心,才能持续地推动经济的发展,并服务于人民的物质文化需要。其二是发展的成果由人民共享,这意味着每个社会成员的基本需求应当相应地持续不断地得到满足,并且他们的生活水平应当相应地得到不断的提高。[2]这两层含义也可概括为"为了群众一切""一切为了群众"与"为了一切群众"。再次,全面协调可持续发展是科学发展观的基本要求。"全面"发展要求经济、政治、文化、社会与生态全面进步、一体发展,全面推动物质文明、政治文明、精神文明与生态文明协同发展。"协调"发展强调经济、社会与自然的协调平衡,解决的是经济结构的失衡、贫富差距的悬殊、生态环境的破坏与恶化等日益突出的问题。"可持续发展"追求的是人与自然的和谐发展,是构建社会主义和谐社会的基本要求。按照可持续发展理念,建设资源节约型与环境友好型社会,实现经济发展与生态良好的科学发展之路。最后,统筹兼顾则是科学发展观的方法论,统筹发展的全面性、协调性与可持续性,协调发展的各个方面。

因此,这一时期的核心价值观,在保持"富强"价值的同时,更加重视作为历史主体的"人"与外部世界的关系问题。在"以人为本"的和谐理念的指引下,"文明"价值、"公平"价值开始彰显出其十分重要的社会作用。

综上所述,从1978年底党的十一届三中全会到2006年期间,我国的核心价值观伴随着社会主义建设的实践经验的积累,经历了从一元到多元、从摸索到发展、从剧变到稳定的探索过程。在此过程中,我们可以得到的启示是:无论是对空洞的"精神至上"的拨乱反正,还是对世俗的"物质追求"的合

---

[1] 参见张伟胜主编:《科学发展观解读》,浙江大学出版社2008年版,第2页。
[2] 参见鲍宗豪、张华金等:《科学发展观论纲》,华东师范大学出版社2004年版,第95页。

理抑制,抑或强调"法治"与"民主"的辩证统一、"公平"与"文明"的价值复归,都体现了核心价值观探索过程中"和谐"的价值倾向,即一方面防止某一核心价值的单极扩张,另一方面强调不同核心价值的相互协调。这一思路的转变也为后来的社会主义"核心价值"的体系化,即社会主义核心价值体系的提出,奠定了理论与实践基础。

三、"社会主义核心价值观"的提炼与升华(2006年—2018年)

在经历了1978年到2006年的艰难探索阶段后,我国的核心价值观已逐渐明晰。但是,总体上看,探索阶段的核心价值观还处在一个比较"零散"的状态,如何整合、提炼与升华,成为一个放在中国人面前的新问题。

(一)社会主义核心价值观的提炼

2006年3月,胡锦涛明确提出了以"八荣八耻"为主要内容的社会主义荣辱观,为社会主义核心价值体系确定了基本框架和内容。2006年10月,党的十六届六中全会第一次明确提出了"建设社会主义核心价值体系"的重大命题和战略任务。会议通过的《中共中央关于构建社会主义和谐社会若干重大问题的决定》(以下简称《决定》)明确了社会主义和谐社会的若干重要命题。《决定》提出,要构建民主法治、公平正义、诚信友爱、充满活力、安定有序、人与自然和谐相处的社会主义和谐社会。《决定》指出,社会主义核心价值体系是建设和谐文化的根本,要坚持以社会主义核心价值体系引领社会思潮,尊重差异,包容多样,最大限度地形成社会思想共识,形成全民族奋发向上的精神力量和团结和睦的精神纽带。[1] 2007年,胡锦涛在"6·25"重要讲话中进一步强调,要大力建设社会主义核心价值体系,巩固全党全国人民团结奋斗的共同思想基础。2007年10月,党的十七大进一步指出,社会主义核心价值体系是社会主义意识形态的本质体现,要切实把社会主义核心价值体系融入国民教育和精神文明建设全过程,转化为人民的自觉追求。"积极探索用社会主义核心价值体系引领社会思潮的有效途径,主动做好意识形态

---

[1] 中共中央文献研究室编:《十六大以来重要文献选编(下)》,中央文献出版社2008年版,第661页。

工作,既尊重差异、包容多样,又有力抵制各种错误和腐朽思想的影响。"〔1〕2008年12月,胡锦涛在纪念中国科协成立五十周年大会上的讲话中指出,"社会主义核心价值体系是我国指导思想、共同理想、民族精神、道德观念的集中体现,是社会主义精神文明建设的基本内容。建设社会主义核心价值体系,形成全民族奋发向上的精神力量、团结和睦的精神纽带,是增强民族凝聚力和国家软实力的客观需要"。2011年10月,党的十七届六中全会通过的《中共中央关于深化文化体制改革推动社会主义文化大发展大繁荣若干重大问题的决定》进一步指出:"社会主义核心价值体系是兴国之魂,是社会主义先进文化的精髓,决定着中国特色社会主义发展方向。"社会主义核心价值体系的提出,是胡锦涛在新的历史条件下的一个重大理论创新和战略安排,为社会主义核心价值观的凝炼和提出奠定了基础。

2012年11月,党的十八大正式提出了社会主义核心价值观。胡锦涛在党的十八大上所做的报告中指出:"加强社会主义核心价值体系建设。……要深入开展社会主义核心价值体系学习教育,用社会主义核心价值体系引领社会思潮、凝聚社会共识。……倡导富强、民主、文明、和谐,倡导自由、平等、公正、法治,倡导爱国、敬业、诚信、友善,积极培育和践行社会主义核心价值观。"〔2〕社会主义核心价值观的正式提出,意味着社会主义核心价值体系从抽象的价值引领走向具体的价值共识,是中国核心价值观探索与确立过程中承前启后的一次理论突破。"社会主义核心价值观是社会主义核心价值体系的内核,体现着社会主义核心价值体系的根本性质和基本特征,反映着社会主义核心价值体系的丰富内涵和实践要求,是社会主义核心价值体系的高度凝练和集中表达。"〔3〕

(二) 社会主义核心价值观的升华

自党的十八大提出社会主义核心价值观以来,习近平总书记对培育与弘扬社会主义核心价值观给予了高度的重视,并在总结历史经验、洞察世界格

---

〔1〕 中共中央文献研究室编:《十七大以来重要文献选编(上)》,中央文献出版社2009年版,第26—27页。

〔2〕 《胡锦涛文选(第三卷)》,人民出版社2016年版,第638页。

〔3〕 韩振峰:《社会主义核心价值观体现社会主义的本质要求》,《光明日报》2015年5月7日第16版。

局、直面时代发展的基础上,对社会主义核心价值观的战略地位与精神内涵分别做出了重要部署与系统论述。

1. 核心价值观的战略升级

习近平总书记从提高文化软实力、强化社会凝聚力、推进国家治理能力等三个方面,对社会主义核心价值观的战略意义做出了重要定位。这一战略升级意味着培育与践行社会主义核心价值观已经成为国家重要的方针大政,是社会主义现代化建设的行动指南。

首先,在提高文化软实力方面,习近平总书记精辟地指出:"核心价值观是文化软实力的灵魂、文化软实力建设的重点。这是决定文化性质和方向的最深层次要素。一个国家的文化软实力,从根本上说,取决于其核心价值观的生命力、凝聚力、感召力。"[1]我国作为世界第二大经济体,在成为经济强国的同时,也要成为文化强国。文化强国的关键在于文化软实力的提升,"而提升文化软实力的核心就是要培育出在全球视野中具有竞争力的核心价值观"[2]。其次,在强化社会凝聚力方面,习近平总书记强调:"培育和弘扬核心价值观,有效整合社会意识,是社会系统得以正常运转、社会秩序得以有效维护的重要途径,也是国家治理体系和治理能力的重要方面。"[3]"我们要在全社会大力弘扬和践行社会主义核心价值观,使之像空气一样无处不在、无时不有,成为全体人民的共同价值追求,成为我们生而为中国人的独特精神支柱,成为百姓日用而不觉的行为准则。要号召全社会行动起来,通过教育引导、舆论宣传、文化熏陶、实践养成、制度保障等,使社会主义核心价值观内化为人们的精神追求、外化为人们的自觉行动。"[4]综上可见,一个社会系统能否正常运转,一个社会的秩序能否得到有效的维护,关键在于全社会是否能达成一种广泛的价值共识。社会主义核心价值观就是要培育人民对国家、对社会的认同感,使全国各族人民"同心同德、共同奋进",齐心协力地践行中国特色社会主义的伟大事业。最后,在推进国家治理能力方面,习近平总书

---

〔1〕 习近平:《习近平谈治国理政》,外文出版社2014年版,第163页。

〔2〕 陆卫明、曹芳、吕菲:《论习近平对社会主义核心价值观的新阐析》,《西安交通大学学报(社会科学版)》2015年第5期,第100页。

〔3〕 同〔1〕。

〔4〕 中共中央文献研究室编:《十八大以来重要文献选编(中)》,中央文献出版社2016年版,第134页。

记指出:"推进国家治理体系和治理能力现代化,必须解决好价值体系问题。……我们要大力培育和弘扬社会主义核心价值体系和核心价值观,加快构建充分反映中国特色、民族特性、时代特征的价值体系,努力抢占价值体系的制高点。"[1]2014年2月,习近平总书记在十八届中央政治局第十三次集体学习时强调:"要把社会主义核心价值观的要求转化为具有刚性约束力的法律规定,用法律来推动核心价值观建设。各种社会管理要承担起倡导社会主义核心价值观的责任,注重在日常管理中体现价值导向,使符合核心价值观的行为得到鼓励、违背核心价值观的行为受到制约。"[2]社会主义核心价值观作为"兴国之魂",是推进国家治理体系与治理能力现代化重要的价值导向,将社会主义核心价值观与国家治理体系相结合,标志着社会主义核心价值观从一般的政治决断走向具体的治理要求(包括立法要求)。综上,通过对社会主义核心价值观功能的重新定位,使其在价值内涵上具备了更为明确的实践导向,更好地体现了社会主义现代化建设的发展要求。

2. 核心价值观的理论升华

习近平总书记从文化传承、文明交流、时代发展的角度对社会主义核心价值观的精神内涵做出了系统的理论阐释。这一理论升级意味着培育与践行社会主义核心价值观已经成为国家重要的发展理念,是社会主义现代化建设的精神动力。

首先,在文化传承上,2012年11月29日在参观《复兴之路》展览时,习近平就指出:"近代以后,中华民族遭受的苦难之重、付出的牺牲之大,在世界历史上都是罕见的。但是,中国人民从不屈服,不断奋起抗争,终于掌握了自己的命运,开始了建设自己国家的伟大进程,充分展示了以爱国主义为核心的伟大民族精神。"[3]2013年3月1日在中央党校建校80周年庆祝大会暨2013年春季学期开学典礼上,习近平进一步强调:"中国传统文化博大精深,学习和掌握其中的各种思想精华,对树立正确的世界观、人生观、价值观很有

---

[1]　中共中央宣传部编:《习近平总书记系列重要讲话读本》,学习出版社2014版,第49-50页。

[2]　中共中央文献研究室编:《习近平关于全面深化改革论述摘编》,中央文献出版社2014年版,第90页。

[3]　中共中央文献研究室编:《十八大以来重要文献选编(上)》,中央文献出版社2014年版,第83页。

益处。"[1]2014年2月24日在十八届中央政治局第十三次集体学习时,习近平直接指出:"培育和弘扬社会主义核心价值观必须立足中华优秀传统文化。牢固的核心价值观,都有其固有的根本。抛弃传统、丢掉根本,就等于割断了自己的精神命脉。……要认真汲取中华优秀传统文化的思想精华和道德精髓,大力弘扬以爱国主义为核心的民族精神和以改革创新为核心的时代精神,深入挖掘和阐发中华优秀传统文化讲仁爱、重民本、守诚信、崇正义、尚和合、求大同的时代价值,使中华优秀传统文化成为涵养社会主义核心价值观的重要源泉。"[2]2016年,在庆祝中国共产党成立95周年大会上,习近平对"文化自信"进行了重要阐述,指出"全党要坚定道路自信、理论自信、制度自信、文化自信"[3]。2017年10月18日,在《决胜全面建成小康社会 夺取新时代中国特色社会主义伟大胜利——在中国共产党第十九次全国代表大会上的报告》中,习近平立足新时代,从全面建成小康社会、实现中华民族伟大复兴的整体战略视角指出:"明确中国特色社会主义事业总体布局是'五位一体'、战略布局是'四个全面',强调坚定道路自信、理论自信、制度自信、文化自信。"[4]"文化自信是一个国家、一个民族发展中更基本、更深沉、更持久的力量。"[5]"没有高度的文化自信,没有文化的繁荣兴盛,就没有中华民族伟大复兴。"[6]综上可见,习近平总书记将文化自信提升到与道路自信、理论自信、制度自信同等重要的位置,深刻揭示了培育与弘扬社会主义核心价值观必须与中国优秀传统文化相结合,只有与根植在中国人民心中的文化基因相契合,社会主义核心价值观才能有持久的生命力、强大的感召力和有效的凝聚力。

其次,在文明交流上,2013年12月26日,习近平在纪念毛泽东同志诞辰120周年座谈会上的讲话中指出:"我们要虚心学习借鉴人类社会创造的一切文明成果,但我们不能数典忘祖,不能照抄照搬别国的发展模式,也绝不会

---

[1] 习近平:《习近平谈治国理政》,外文出版社2014年版,第405页。
[2] 同[1],第163-164页。
[3] 习近平:《习近平谈治国理政(第二卷)》,外文出版社2017年版,第36页。
[4] 习近平:《习近平谈治国理政(第三卷)》,外文出版社2020年版,第15页。
[5] 同[3],第18页。
[6] 同[3],第32页。

接受任何外国颐指气使的说教。"[1]2014年3月27日,习近平在巴黎联合国教科文组织总部发表演讲时指出:"文明因交流而多彩,文明因互鉴而丰富。文明交流互鉴,是推动人类文明进步和世界和平发展的重要动力。"[2]2015年9月,习近平在纽约联合国总部出席第七十届联合国大会一般性辩论时,发表重要讲话指出:"当今世界,各国相互依存、休戚与共。我们要继承和弘扬联合国宪章的宗旨和原则,构建以合作共赢为核心的新型国际关系,打造人类命运共同体。"[3]2017年1月,习近平在联合国日内瓦总部发表演讲时强调:"文明没有高下、优劣之分,只有特色、地域之别。文明差异不应该成为世界冲突的根源,而应该成为人类文明进步的动力。"[4]吸收人类文明的有益成果,体现了社会主义核心价值观作为我国文化软实力的核心,与世界文明和合共生的包容姿态;构建人类命运共同体,更是彰显了社会主义核心价值观对"睦邻友好""协和万邦""人间至善"的追求。因此,对社会主义核心价值观内涵的解读,不仅要借鉴世界文明中一切有益的积极成果,而且要看到蕴含在核心价值观中"天下大同"的终极理想与人道主义关怀。

最后,在时代发展上,从社会主义现代化建设新时期到中国特色社会主义新时代,社会主要矛盾发生了转换,社会主义核心价值观也随之被赋予了新的时代要求与历史使命。党的十九大报告指出,我国社会主要矛盾"已经转化为人民日益增长的美好生活需要和不平衡不充分的发展之间的矛盾",这不同于新时期"人民日益增长的物质文化需要同落后的社会生产之间的矛盾"。过去强调把蛋糕做大,将经济建设放在首位,追求的是富起来;现在强调做大蛋糕的同时着眼于分好蛋糕,主张效率和公平兼顾,以加强"五位一体"建设,促进各领域的均衡发展,主要表现为经济上更注重公平,政治上更追求自由,文化上更趋向多样,社会上更关注正义,生态上更关心自然。[5]因此,在政策导向上,要更鲜明地体现社会主义核心价值观对社会主义本质要求的回应,即在进一步发展生产力的基础上,实现"共同富裕",并建立一个

---

〔1〕 习近平:《习近平谈治国理政》,外文出版社2014年版,第30页。
〔2〕 同〔1〕,第258页。
〔3〕 习近平:《习近平谈治国理政(第二卷)》,外文出版社2017年版,第522页。
〔4〕 同〔3〕,第544页。
〔5〕 参见胡庆亮:《从社会主义现代化建设新时期到中国特色社会主义新时代》,《贵州大学学报(社会科学版)》2018年第5期,第9页。

公平、公正、民主、法治、文明的和谐社会,最终实现"人的自由全面发展"。[1]对此,习近平总书记有过深刻的论述。2013年12月30日,在十八届中央政治局第十二次集体学习时,习近平指出:"中国梦的宣传和阐释,要与当代中国价值观念紧密结合起来。中国梦意味着中国人民和中华民族的价值体认和价值追求,意味着全面建成小康社会、实现中华民族伟大复兴,意味着每一个人都能在为中国梦的奋斗中实现自己的梦想,意味着中华民族团结奋斗的最大公约数,意味着中华民族为人类和平与发展作出更大贡献的真诚意愿。"[2]2014年2月24日在十八届中央政治局第十三次集体学习时,习近平强调:"把培育和弘扬社会主义核心价值观作为凝魂聚气、强基固本的基础工程。"[3]2017年10月18日,在党的十九大报告中,习近平提出:"要以培养担当民族复兴大任的时代新人为着眼点,强化教育引导、实践养成、制度保障。"[4]由此可见,社会主义核心价值观是人的类存在本质的觉醒,是人的类特性、群体性与个体性的统一,是人的"类生命"意义的体认。因此,对于社会主义核心价值观的理解,不能偏离"科学社会主义"[5]的发展目标与轨道,无论在精神的培育上,还是物质的保障上,都要以实现马克思主义价值理论中"人的自我解放"为最终目的。

综上所述,在中国社会主义核心价值观的确立阶段,首先是通过社会主义核心价值体系对探索阶段的"核心价值"进行系统化的整合,进而使核心价值体系成为坚定共同理想、引领社会思潮、凝聚社会共识、维护共同道德的精神驱动;其次,通过社会主义核心价值体系的提炼,提出对中国特色社会主义建设发展方向更具实践指导意义的"社会主义核心价值观";最后,通过对社会主义核心价值观战略地位的升级与精神内涵的升华,明确了培育与践行社会主义核心价值观的具体要求,使社会主义核心价值观真正成为新时代回应社会主义本质要求、构建和谐社会、实现民族伟大复兴的价值引领。

---

[1] 参见郭建宁主编:《社会主义核心价值观基本内容释义》,人民出版社2014年版,第25页。
[2] 习近平:《习近平谈治国理政》,外文出版社2014年版,第161页。
[3] 同[2],第163页。
[4] 习近平:《习近平谈治国理政(第三卷)》,外文出版社2020年版,第33页。
[5] "科学社会主义既是一种人类认识真理的思想体系和社会发展的实践运动,也是一种符合历史发展规律的制度安排,更是一种合目的性的人类价值体系。"(参见吴向东:《社会主义核心价值观的意义自觉》,《光明日报》2013年9月14日第11版。)

本 章 小 结

综观第一章的内容,个人至上的自由主义强调人的自然权利,在极大程度上解放了人性,但是将价值的判断全部交由个人进行处理的方式,同样也会带来严重的道德危机。为了应对这种道德危机,社会本位的共和主义提出了通过"共同信仰、共同利益、共同道德"来实现人的理性自律,但是这一"理想"终究也只是将现实的人交由抽象的"个人理性"管理,而在特定的社会关系中,工具理性对价值理性的压制,又导致了道德理性与行为德性之间的断层。并且,由于英美式与法德式核心价值理念的逻辑起点都是为了防止国家或政府过度侵入私人领域,因此无论是自由主义还是社群主义都不具备在较大的范围内凝聚价值共识的能力。东亚式的集体主义虽然解决了个人与国家的关系问题,也使得德性可以在集权制度下实现全面的教化,但是这种"旧集体主义"终究难以摆脱对权本位的依赖。个人利益与集体利益的协调,也容易在这种社会关系中走向个人无条件地服从集体。马克思主义价值理论在倡导"人的自由全面发展"的价值目标下,通过对中国传统文化的扬弃,融合了上述三种模式的制度优势,开辟了一条"个人—共同体—个体"的实践进路。以马克思主义为指导的社会主义现代化建设,体现了这种核心价值理念在现实发展中的作用,为我们提供了丰富的研究样本。总之,第一章四个方面的内容,为我们提供了从哲理层面到实践经验的研究视角,使我们可以更加全面地认识域外积极成果的"积极之处",优秀传统文化的"优秀之处",马克思主义价值理论的"超越之处",以及中国特色社会主义事业的"本质所在",为下文社会主义核心价值观的内涵探究确立了基本的解释立场。

第二章 社会主义核心价值观的规范结构与法治化进路

第一节 社会主义核心价值观的宪法渊源

一、社会主义核心价值观的入宪经过

改革开放以来,我国的核心价值观逐渐形成,并以宪法修正案的形式,不断地在宪法中得到体现和确认。现行宪法即"八二宪法",其全面系统地规定了社会主义精神文明建设的内容,为宪法中核心价值观相关规定的丰富和完善奠定了良好的基础。

《宪法修正案(1988年)》将《宪法》第十一条增加规定:"国家允许私营经济在法律规定的范围内存在和发展。私营经济是社会主义公有制经济的补充。国家保护私营经济的合法的权利和利益,对私营经济实行引导、监督和管理。"肯定了私营经济的合法地位,私营企业具有了一定的经营自主权,在一定程度上激发了经济活力,体现了"富强"价值。将《宪法》第十条第四款修改为"任何组织或者个人不得侵占、买卖或者以其他形式非法转让土地。土地的使用权可以依照法律的规定转让",确立了我国新的土地使用制度,这一方面有利于促使人们节约土地资源和合理利用土地,另一方面有利于建立和完善包括房地产市场在内的社会主义市场体系,为国家、集体筹措建设资金开辟了新的财源,分别体现了"和谐"与"富强"的价值。

《宪法修正案(1993年)》将"坚持改革开放"写进《宪法》序言,体现了对"富强"价值的追求;将建设"高度文明、高度民主的社会主义国家",修改为

建设"富强、民主、文明的社会主义国家",明确了"富强"价值在国家奋斗目标中的重要意义。将《宪法》第十五条"国家在社会主义公有制基础上实行计划经济。国家通过计划的综合平衡和市场调节的辅助作用,保证国民经济按比例地协调发展","禁止任何组织或者个人扰乱社会经济秩序,破坏国家经济计划",修改为"国家实行社会主义市场经济","国家加强经济立法,完善宏观调控","国家依法禁止任何组织或者个人扰乱社会经济秩序"。这一修改确定了社会主义市场经济制度,体现了"富强"价值;明确了经济立法的保障功能,体现了"法治"价值。将《宪法》第十六条"国营企业在服从国家的统一领导和全面完成国家计划的前提下,在法律规定的范围内,有经营管理的自主权","国营企业依照法律规定,通过职工代表大会和其他形式,实行民主管理",修改为"国有企业在法律规定的范围内有权自主经营","国有企业依照法律规定,通过职工代表大会和其他形式,实行民主管理"。用"国有经济""国有企业"分别取代"国营经济""国营企业",把所有权与经营权分离,打破了传统的"大锅饭"模式,进而激发了社会主义市场经济的活力,促进了国民经济的发展,体现了"富强"价值;除此之外,增加了国有企业经济活动的自主权,也体现了对"富强"价值的追求。将《宪法》第十七条"集体经济组织在接受国家计划指导和遵守有关法律的前提下,有独立进行经济活动的自主权","集体经济组织依照法律规定实行民主管理,由它的全体劳动者选举和罢免管理人员,决定经营管理的重大问题",修改为"集体经济组织在遵守有关法律的前提下,有独立进行经济活动的自主权","集体经济组织实行民主管理,依照法律规定选举和罢免管理人员,决定经营管理的重大问题"。这一修改一方面提高了集体经济组织的自主权,体现了"富强"价值;另一方面,强调"依照法律规定",体现了"法治"价值。删去《宪法》第八条第一款"农村人民公社"的提法,确立"家庭联产承包为主的责任制"的法律地位,一方面调动了农民的积极性,另一方面回应了广大农民的心声,消除了怕变的忧虑,分别体现了"富强""民主""和谐"的价值。确认了"中国共产党领导的多党合作和政治协商制度将长期存在和发展",有利于巩固和发展爱国统一战线,体现了"和谐"的价值。将县级人大每届任期由三年改为五年,一方面有利于发挥县级政权在社会主义现代化建设中的作用,另一方面有利于统筹规划,体现了"和谐""平等"的价值。

《宪法修正案(1999年)》增加规定:"中华人民共和国实行依法治国,建设社会主义法治国家。"体现了"法治"的价值。确认了我国现阶段"坚持公有制为主体、多种所有制经济共同发展的基本经济制度"和"坚持按劳分配为主体、多种分配方式并存的分配制度",体现了"公正"的价值。取消了对个体经济、私营经济是社会主义公有制经济的"补充"的规定,确认"个体经济、私营经济是社会主义市场经济的重要组成部分",肯定了非公有制经济的重要地位和作用,体现了"平等"的价值。删去了"家庭联产承包为主的责任制"的提法,规定"农村集体经济组织实行家庭承包经营为基础、统分结合的双层经营体制",有利于农业的发展和农村的稳定,体现了"和谐"的价值。将《宪法》第二十八条中的"反革命活动"改为"危害国家安全的犯罪活动",表述更为科学,并使部门法的有关表述与之相一致,不仅体现了法制的和谐统一,也体现了"法治"价值的明确性。

《宪法修正案(2004年)》提出在"逐步实现工业、农业、国防和科学技术的现代化"之后增加"推动物质文明、政治文明和精神文明协调发展",在《宪法》序言关于爱国统一战线的组成中增加"社会主义事业的建设者",都体现了"和谐"的价值。将《宪法》第十条第三款"国家为了公共利益的需要,可以依照法律规定对土地实行征用",修改为"国家为了公共利益的需要,可以依照法律规定对土地实行征收或者征用并给予补偿",区分征收和征用,有利于保护集体土地所有者的合法利益[1],明确规定补偿,有利于降低征收或征用造成的社会不利影响,主要体现了"和谐""公正"的价值。将《宪法》第十一条第二款"国家保护个体经济、私营经济的合法的权利和利益。国家对个体经济、私营经济实行引导、监督和管理",修改为"国家保护个体经济、私营经济等非公有制经济的合法的权利和利益。国家鼓励、支持和引导非公有制经济的发展,并对非公有制经济依法实行监督和管理",非公有制经济宪法地位的确立,符合生产力发展的客观要求,体现了"富强"价值,强调"依法实行监督和管理"体现了"法治"的价值。将《宪法》第十三条"国家保护公民的合法的收入、储蓄、房屋和其他合法财产的所有权","国家依照法律规定保护公民的私有财产的继承权",修改为"公民的合法的私有财产不受侵犯","国家依

---

[1] 周叶中:《与时俱进 继往开来——谈我国现行宪法的第四次修改及其意义》,《思想理论教育导刊》2004年第4期,第15页。

照法律规定保护公民的私有财产权和继承权","国家为了公共利益的需要,可以依照法律规定对公民的私有财产实行征收或者征用并给予补偿"。对私有财产的全面保护,体现了"自由""和谐"的价值;为了公共利益征收或征用私有财产的补偿规定,体现了对公共利益与私人利益的平等保护。《宪法》第十四条增加"国家建立健全同经济发展水平相适应的社会保障制度",主要体现了"平等""和谐"的价值。《宪法》第三十三条增加"国家尊重和保障人权",在根本上体现了"和谐"的仁爱价值。将"戒严"改为"紧急状态",对"紧急状态"的明确,有利于提高国家与政府应对严重自然灾害、突发公共卫生事件、人为重大事故等情况的应急处突能力,体现了"和谐"的秩序价值。将《宪法》第九十八条"省、直辖市、县、市、市辖区的人民代表大会每届任期五年。乡、民族乡、镇的人民代表大会每届任期三年",修改为"地方各级人民代表大会每届任期五年",有利于统一协调各级的发展规划与人事安排,主要体现了"和谐""平等"的价值。《宪法》第四章章名"国旗、国徽、首都"修改为"国旗、国歌、国徽、首都",《宪法》第一百三十六条增加"中华人民共和国国歌是《义勇军进行曲》",体现了"爱国"的价值。

《宪法修正案(2018年)》中,社会主义核心价值观整体入宪。

综上所述,社会主义核心价值观的入宪不是一次偶然的、临时的政治决断,而是伴随我国社会主义现代化建设的发展不断完善的,在此期间不仅积累了丰富的经验,而且奠定了社会主义核心价值观坚实的宪法基础。

二、社会主义核心价值观与宪法的基本价值的内在统一

(一)社会主义核心价值观是宪法的基本价值的高度凝练

社会主义核心价值观整体入宪,是对分散在宪法文本中的宪法的基本价值的整合与发展,也是对蕴含在宪法条文中的宪法的基本价值的概括与提炼。宪法的基本价值,即在宪法价值体系中具有原生性的绝对价值,借由社会主义核心价值观的表达,成为一个具备体系性、明确性与稳定性的价值整体,进而提高了宪法价值规范的适用性。然而,社会主义核心价值观之所以能够与宪法价值体系实现天然的有机融合,关键在于社会主义核心价值观与

宪法的基本价值在形成机理与目标指向上具有高度的一致性。

1. 社会主义核心价值观与宪法的基本价值具有相同的共识基础

"社会主义核心价值观是凝聚'社会共识'的最大公约数。"[1]社会主义核心价值观集中反映了社会大多数成员对国家发展目标的共同期待、对社会价值导向的共同认可以及对公民道德准则的共同要求，其根源来自于对中国优秀传统文化的历史传承、马克思主义经典著作的理论指导、对外国文化积极成分的交流借鉴以及中国特色社会主义的实践要求。所以，社会主义核心价值观的形成不是静态的观念集成，而是个体不同的价值选择在共同理想、民族精神与时代精神的指引下，动态形成的价值共识。这种价值共识具有广泛的社会基础，是全国人民普遍接受的价值导向，是各方力量普遍遵循的价值秩序，是社会主义事业发展普遍认同的价值立场。宪法文本则是宪法的基本价值的规范展开，宪法的基本价值作为一种原生性的价值，并不是来自法制体系的内部推演，而是来自于宪法被创造或修改时共同体所共同确认的价值。"制宪的行为或者制宪的过程，就是把我们已经形成的一种国家和社会的共识规范化为一种宪法的内涵。也就是说，通过制宪行为把一种共同的价值转化成为具体的宪法规范，使它成为宪法解释的一个依据和基础。所以，我们看到的宪法文本实际上就是社会共识通过一个制宪者的行为，使得共同的价值转化成为具体的规范的内涵。"[2]"宪法规则又是社会价值的法律化，代表了一国法律关系某一领域的核心价值和秩序基础。"[3]因此，宪法的基本价值的来源也是凝聚"社会共识"过程中动态形成的价值体系。并且，"因为宪法超越了各种阶层、利益集团、党派等利益的狭隘性而由全体人民认同制定出来的，从而它获得了最广泛的民意认同，具有最广泛、最深厚的民主基础；即使以后对宪法进行修改，也是由社会多数人民选择的"[4]，进而使宪法的基本价值成为具有最普遍民意基础的社会共识的反映。

综上可见，社会主义核心价值观与宪法的基本价值都是社会大多数成员

---

[1] 郭建宁：《核心价值观：社会共识"最大公约数"》，《人民论坛》2014第24期，第24页。
[2] 韩大元：《宪法与社会共识：从宪法统治到宪法治理》，《交大法学》2012年第1期，第8页。
[3] 汪进元：《宪法个案解释基准的证成逻辑及其法律控制》，《中国法学》2016年第6期，第60页。
[4] 范进学：《宪法价值共识与宪法实施》，《法学论坛》2013年第1期，第11页。

共同价值的反映,具有最为广泛的共识基础,共识基础的同源性让二者在价值内涵上形成了一致。

2. 社会主义核心价值观与宪法的基本价值具有共同的改进目标

社会主义核心价值观自提出以来,就有着明确的价值导向,即实现社会主义法治建设的"良法改进"。2016年12月,习近平总书记在中共中央政治局第37次集体学习时明确指出:"法律法规要树立鲜明道德导向,弘扬美德义行,立法、执法、司法都要体现社会主义道德要求,都要把社会主义核心价值观贯穿其中,使社会主义法治成为良法善治。要把实践中广泛认同、较为成熟、操作性强的道德要求及时上升为法律规范,引导全社会崇德向善。"[1]正所谓良法是善治的基础,良法的重要特征就是能够彰显社会主义道德的基本要求。"无论是古典自然法学还是新自然法学,其实质都是主张法律与道德之间的必然联系,并以某些道德原则作为评价法律的良恶的标准。"[2]既然道德与良法之间存在如此紧密的联系,那么核心价值观与道德之间又存在怎样的关联呢?"核心价值观,其实就是一种德,既是个人的德,也是一种大德,就是国家的德、社会的德。国无德不兴,人无德不立。"[3]可见,社会主义核心价值观是社会主义道德要求的根本体现。所以,社会主义核心价值观的实践要求是检验良法的重要标准,通过社会主义核心价值观的导控,在法律法规的立改废释过程中体现出正确的道德导向,是社会主义核心价值观塑造良法的具体进路。"把社会主义核心价值观有机融入法治建设,就是要充分发挥以德治国中的德通过转化成依法治国中的法来发挥自身的治的功能,从而使得以德治国与依法治国在治国理政中既能各自发挥独特的规范和价值功能,用以德治国来引导依法治国健康发展,防止就法治论法治,同时又能够有机地将两者结合起来发挥治理合力,共同推进国家治理和社会治理的现代化。"[4]从宪法的基本价值的角度来看,宪法的基本价值所要维护的就是法律之所以能成为良法所必须具备的基本道德品质。"基本价值的效力依据建

---

〔1〕 习近平:《习近平谈治国理政(第二卷)》,外文出版社2017年版,第134页。

〔2〕 李桂林:《论良法的标准》,《法学评论》2000年第2期,第14页。

〔3〕 习近平:《习近平谈治国理政》,外文出版社2014年版,第168页。

〔4〕 莫纪宏:《法安天下 德润人心——把社会主义核心价值观融入法治建设》,《中国特色社会主义研究》2017年第5期,第20页。

立在得到人们赞同的'理性',法律共同体中具有不同动机的多数人的信仰、信任或认可的基础上。"[1]而这种多数人赞同的理性可以型构一套使社会自发有序运转的基本规则,即富勒所说的"义务的道德"[2]。宪法的原生价值通过对"义务的道德"的确认,获得普遍的社会认同,并形成维护共同体秩序的基础价值。"如果宪法符合人们持有的基本道德观念,人们就会认为宪法是正义的,将拥护宪法,并在宪法所确立的秩序受到威胁的时候,进行积极斗争。"[3]因此,宪法的基本价值源于基本的道德共识。

但是,宪法的基本价值能否统摄普通法的价值体系呢?答案是肯定的。首先,"道德是法律的基础,只有那些合乎道德、具有深厚道德基础的法律才能为更多人所自觉遵行"[4]。这意味着宪法的基本价值与普通法的基本价值具有同源性,都是以社会的基本道德要求作为规范建构的原生价值。其次,宪法是母法,一个国家法的价值首先要在宪法的基本价值里得到统一,然后再经由各种普通法不同的立法目的进行区别保护,这是维护法的秩序统一的基本要求。"宪法的根本法地位决定了宪法价值的自身限度,宪法价值对法的价值起指导作用。"[5]申言之,宪法与普通法之间保护方式、保护范围、保护强度的不同,并不会也不应当导致宪法价值与普通法价值在本质内涵上产生不同。"核心价值观首先在宪法里,然后由法律把宪法确认的核心价值观具体化。"[6]所以,宪法的基本价值在法律体系内是一以贯之的,这就意味着宪法自从创设以来,其基本价值就统摄着普通法的价值。而宪法的基本价值中,爱国、平等、友善、和谐等价值又为普通法的价值秩序提供了良法的导向。例如,我国宪法文本中有不少的道德宣誓条款,涵盖了爱国主义精神、集体主义精神、社会主义公德、劳动光荣职责、精神文明建设等方面的内容,这些蕴含在宪法文本中的道德规范,以根本法的效力向普通法辐射,形成了《反

---

[1] [德]魏德士:《法理学》,丁晓春、吴越译,法律出版社2005年版,第410页。
[2] "如果说愿望的道德是以人类所能达到的最高境界作为出发点的话,那么,义务的道德则是从最低点出发。它确立了使有序社会成为可能或者使有序社会得以达到其特定目标的那些基本规则。"([美]富勒:《法律的道德性》,郑戈译,商务印书馆2005年版,第8页。)
[3] 谢立斌:《宪法解释》,中国政法大学出版社2014年版,代序部分。
[4] 习近平:《习近平谈治国理政(第二卷)》,外文出版社2017年版,第117页。
[5] 陈雄:《宪法基本价值研究》,山东人民出版社2007年版,第34页。
[6] 胡锦光、蒋正翔、宋雅娟:《法治与核心价值观的关系》,《光明日报》2014年12月6日第10版。

家庭暴力法》《慈善法》《英雄烈士保护法》等一系列反映社会主义基本道德理念的法律。

综上可见,社会主义核心价值观与宪法的基本价值有着将基本道德融入法律体系的共同目标,基本道德规范的同向性让二者之间在价值外延上达到了统一。

(二)宪法实施是弘扬社会主义核心价值观的基本保障

宪法实施是宪法的基本价值实现的路径保障,宪法的价值信仰也是借由宪法实施的理性进路而成为社会大多数成员普遍接受的价值认同。可以说,"宪法价值共识实现与否的判断标准就是宪法的实施程度"[1]。那么,宪法实施与弘扬社会主义核心价值观之间又是怎样的关系呢?笔者认为,虽然弘扬社会主义核心价值观的方式有很多,包括加强宣传教育、加强组织领导、开展道德实践活动以及树立道德模范等等,但是这些培育与践行社会主义核心价值观的方式,都是从"善"到"至善"的过程,即追求更高的道德要求,对"善"的基础无法起到足够的保护作用。"宪法所表达的共识是社会最低限度的共识,因而是社会共同价值的基本表述方式,自然应成为社会主义核心价值体系的基础"[2],所以,宪法实施是弘扬社会主义核心价值观的基本保障。

具体而言,宪法实施是通过宪法文本的规范性、合宪性审查的制度性以及宪法解释的导控性来保障社会主义核心价值观能够实现其应有的引领作用。

首先,宪法文本是社会主义核心价值观发挥引领作用的规范载体。社会主义核心价值观是由十二个价值构成的价值群,这种结构方式增加了核心价值观的包容度与开放度,防止了核心价值观陷入一元价值的困境。但是,这种多元价值的模式也带来了相应的挑战。这种挑战就是各种价值都可以通过其抽象的内涵无限向外延伸,进而导致价值秩序的混乱。就像"人权","虽经个体普遍同意,但却因其广泛的包容性,而可以被任何个体诉求用来做正当性包装,甚至那些至为浅薄的欲求,也可堂而皇之将其主张为'不可侵犯之人权'"[3]。为了防止这种现象的产生,在社会主义核心价值观宪法适用

---

[1] 范进学:《宪法价值共识与宪法实施》,《法学论坛》2013年第1期,第15页。

[2] 李炳辉、周叶中:《论我国宪法与社会主义核心价值体系建设——寻找当代中国的共识基础》,《法学论坛》2012年第4期,第52页。

[3] 秦小建:《价值困境、核心价值与宪法价值共识——宪法回应价值困境的一个视角》,《法律科学(西北政法大学学报)》2014年第5期,第29页。

的过程中,就要通过对宪法文本的文义限制、体系限制以及制宪目的限制等法律方法,将各种价值的内涵规范在宪法共识之内,进而保障社会主义核心价值观的适用性。

其次,合宪性审查是社会主义核心价值观发挥引领作用的制度依托。"2018年宪法修改中,相关条文的充实与完善,为社会主义核心价值观入法入规之立法审查机制构建给予了正当化保障。"[1]也就是说,在原有的立法审查机制中,在合宪性审查的依据上增加了社会主义核心价值观的相关要求,并把社会主义核心价值观作为一种筛查因素对立法质量进行宪法价值上的评估。申言之,社会主义核心价值观与合宪性审查机制的融合,让社会主义核心价值观的"良法诉求"得到了制度上的保障,使社会主义核心价值观入法入规成为一种常态化与动态化的运行机制,保障了社会主义核心价值观的可持续性。

最后,宪法解释是社会主义核心价值观发挥引领作用的具体路径。根据德沃金的观点,"解释的关键不在于具体的、过时的条文,而在于抽象的原则"[2]。规则的冲突要在原则中寻找答案,对法律原则的解释可以为法律条文的适用提供价值导向。根据总原则涵摄子原则,上位原则涵摄下位原则,宪法原则可以为普通法的原则冲突提供一种合宪性的判断。而宪法原则又是宪法价值在文本中的规范表达。例如,《宪法》第五条规定,"中华人民共和国实行依法治国,建设社会主义法治国家",这个条文所表达的法治原则就是法治价值的体现。因此,当普通法的适用发生价值冲突时,蕴涵在宪法文本中的核心价值观的十二个价值[3],可以经由合宪性解释获得对普通法价

---

[1] 肖北庚:《社会主义核心价值观入法入规立法审查机制的构建》,《光明日报》2018年7月25日第11版。

[2] 梁西圣:《斯卡利亚的文本原意主义宪法解释论》,《法律方法》2018年第2期,第150页。

[3] 冯玉军教授认为:"社会主义核心价值观所提倡的大多数概念范畴、理念精神都已在宪法文本上体现了出来。如《宪法》序言第七段段末'把我国建设成为富强、民主、文明的社会主义国家',此外像自由、平等、公正、法治、爱国、敬业、诚信概念也都有宪法宣示,而和谐、友善更是落实宪法的题中应有之义。"(参见冯玉军:《习总书记为何强调"用法律推动核心价值观建设"》,《人民论坛》2017年第12期,第103页。)张翔教授也认为:"宪法第五条规定,中华人民共和国实行依法治国,建设社会主义法治国家。宪法在第二章明确了公民的基本权利和义务,对公民的自由、平等、公正等权利明确进行了保障。不难看出,核心价值观中的自由、平等、公正、法治等理念与宪法的规定高度契合。除此之外,富强、民主、文明、和谐等理念同样在宪法中有所体现。"(参见蒲晓磊:《核心价值观应是立法灵魂所在》,《法制日报》2016年7月19日第12版。)

值判断的引导功能,进而保证社会主义核心价值观的统摄性。

综上可知,宪法实施既是宪法基本价值实现的路径保障,也是社会主义核心价值观实现其引领作用的基本保障。因此,宪法基本价值与社会主义核心价值观的实现机理有着相同的路径依赖,都要通过宪法实施来实现自身的导向功能。

三、社会主义核心价值观与宪法精神文明建设的内在联系

习近平总书记指出:"核心价值观,承载着一个民族、一个国家的精神追求,体现着一个社会评判是非曲直的价值标准。"[1]"要持续深化社会主义思想道德建设,弘扬中华传统美德,弘扬时代新风,用社会主义核心价值观凝魂聚力,更好构筑中国精神、中国价值、中国力量,为中国特色社会主义事业提供源源不断的精神动力和道德滋养。"[2]由此可见,在价值导向上,社会主义核心价值观作为凝聚社会共识的价值引领,其本质上是一种精神力量,是彰显国家大德、重塑社会公德与培育个人道德的精神指引;在实践过程中,"社会主义核心价值观的培育与践行,实际上就是社会主义道德的培育与践行"[3];在制度保障上,社会主义核心价值观入宪,不是临时的政治决断,而是精神文明建设探索过程中,不断回应共同体生活的道德困境、不断关注"人的自由全面发展"的必然结果。

"八二宪法"以前的三部宪法,由于历史条件的限制,还没有集中地形成社会主义精神文明建设的概念。[4] 过往的精神文明建设实践主要是通过政治运动的方式推行的,带有很强的主观性、片面性与阶段性,很难形成常态化、制度化与有序化的实施进路。"八二宪法"第一次全面系统地规定了精神文明建设的相关内容,明确通过法制手段建设精神文明,并经过多次修改,形

---

[1] 习近平:《习近平谈治国理政》,外文出版社2014年版,第168页。
[2] 中共中央文献研究室编:《习近平关于社会主义文化建设论述摘编》,中央文献出版社2017年版,第146页。
[3] 江勇:《以社会主义核心价值观引领道德建设》,《光明日报》2017年4月21日第11版。
[4] 参见许崇德:《新宪法是建设社会主义精神文明的强大武器》,《法学研究》1983年第1期,第1页。

成了较为完备的社会主义精神文明宪法规范体系。首先,在序言中,规定了建设"文明"的社会主义国家的价值目标;其次,在总纲中,规定了国家发展社会主义的教育、科学、卫生、体育、文化等方面的具体建设领域,培养和扩大知识分子队伍,倡导"爱祖国、爱人民、爱劳动、爱科学、爱社会主义的公德",通过共产主义教育,来加强社会主义精神文明建设等的具体实施方式;最后,在公民基本权利与义务部分,规定了公民从事教育、科学、文艺等活动的基本权利及其国家保障义务,也将爱国、遵守劳动纪律、遵守公共秩序、尊重社会公德等思想道德建设要求作为公民的基本义务。党的十八大从坚持和发展中国特色社会主义,整合力量,凝聚共识的高度,提出了培育和践行社会主义核心价值观的战略任务,更是对宪法中精神文明建设论述的一次实践总结与理论升华。习近平总书记指出:"在推进依法治国过程中,必须大力弘扬社会主义核心价值观,弘扬中华传统美德,培育社会公德、职业道德、家庭美德、个人品德,提高全民族思想道德水平,为依法治国创造良好人文环境"[1]。特别是现行宪法第五次修正案中,"社会主义核心价值观"整体入宪,为精神文明建设提供了价值引领与发展方向,进一步推动了精神文明建设与社会主义核心价值观的协同发展。

我国新修宪法将"国家倡导社会主义核心价值观"增加进总纲第二十四条第二款中,与社会主义精神文明建设的具体实施途径位于同一条文中,相融相生,相得益彰。可以说,社会主义核心价值观入宪,为精神文明建设在政策协调与规范转化上提供了价值层面的精确引领;精神文明建设的法治实践为社会主义核心价值观的入宪积累了丰富的经验。总之,"社会主义核心价值观入宪是社会主义精神文明建设的内在需要"。[2]

首先,在价值融合方面,相较于以往将精神文明建设作为经济发展的一种补充,社会主义核心价值观更凸显了精神文明建设与物质文明建设的统一。改革开放以来,物质利益和物质价值被赋予了中国历史上从未有过的政治正当性和道德正当性,物质利益和物质价值成了人们追逐的重要对

---

[1] 中共中央文献研究室编:《习近平关于全面依法治国论述摘编》,中央文献出版社 2015 年版,第 31 页。

[2] 周叶中:《新中国宪法历程与社会主义核心价值观入宪》,《光明日报》2018 年 9 月 13 日第 05 版。

象和目标。[1] 但是,对物质价值的推崇,难免会导致工具理性对价值理性的压制,极易造成"人的物化与物役"。因此,以价值理性为主导的精神文明建设就成了遏制经济理性过度扩张的重要举措。不过从实践经验来看,由于精神文明建设与物质文明建设在实现目标上的重大差别,导致二者之间在政策协调上始终处于一种相对紧张的状态。产生这种紧张状态的原因是:物质文明建设由于能够直接兑现经济利益,往往更容易获得社会公众的认可;而精神文明建设与共同体价值判断之间,由于缺乏有效的沟通渠道,致使其长期难以摆脱道德干预的僵化形象。这种情况也导致了精神文明建设一直未能达到预期的社会效果。社会主义核心价值观在凝聚社会共识的基础上,为精神文明建设与共同体生活之间的对话构建了一个价值协商的空间,社会主义核心价值观的入宪更是为这个协商空间创制了一个共同的秩序平台。特别是社会主义核心价值观中,"富强"价值与其他价值的一体化融合,更是体现了精神文明建设与共同体生活的双向互动。"中国宪法中的精神文明建设并非单向的国家道德干预,而是在个体参与社会交往基础上形成的国家与公民的价值沟通机制。"[2]因此,社会主义核心价值观入宪,并整体写入精神文明建设的实施条款当中,是精神文明建设摆脱单向的国家道德教化、复归共同体生活的重要体现。

其次,在价值引领方面,社会主义核心价值观具化了精神文明建设的"文明"内涵,使精神文明建设在规范转化上有了更加明确的价值导向。改革开放以来,社会的价值观念逐渐从一元走向多元,人民在获得道德自主性的同时,也陷入了道德选择的迷茫。特别在信息爆炸时代,从网络空间到自媒体平台,各种道德观念充斥着人们的日常生活。这时即使是出于个体内心善念的选择,也会被社会的各种"知性"泛化,进而使道德的选择被置于一种更加"不确定"的状态。个人至上的自由主义强调免于干涉的消极自由,对经验主义的推崇天然排斥着任何先验性的东西,因此,在价值选择上,这种自由主义观对权力保持一种谨慎的态度,在他们看来,权力对任何一个价值的偏好都

---

[1] 参见廖小平:《改革开放以来价值观的变迁及其双重后果》,《科学社会主义》2013年第1期,第91页。

[2] 秦小建:《精神文明的宪法叙事:规范内涵与宪制结构》,《中国法学》2018年第4期,第23页。

有可能伤害其他的价值,安置权力最好的方式就是保持价值中立。但是,价值中立看似美好,却将对道德的选择交由个体的价值判断,这也导致了韦伯所预言的:"祛魅"之后现代社会必将遭遇"诸神之战"的道德困境。"这些现象,不过是不同制度的神和价值之间相互斗争的最普遍的例证。无论人们如何处理这个问题,对于法国人和德国人的价值,我也不知道如何去'科学地'做出判定。这里也有不同的神在无休止地相互争斗。"[1]因此,国家倡导的精神文明建设,如果在"文明"的内涵上无法与共同体的价值判断建立一种实然联系,那么国家的道德教化与公民的道德自主之间就缺乏一个明确的价值指引。其结果就是,由于"文明"难以在价值多元的道德困境中确保其正当性,个体的道德选择只好走向妥协、折中式的价值虚无主义。面对多元化的社会思潮与普遍性的道德滑坡现象,亟须培育和践行一种具有凝聚力的价值形态,实现公民个人精神世界的自我净化与自我完善。[2] 社会主义核心价值观是中国优秀传统文化与时代精神相结合的产物,可以为精神文明建设注入明确的价值内涵,使其在转化为社会规范的过程中具备更加鲜明的价值导向与道德说理的依据,进而促进精神文明建设更好地适应社会的现实需求。

最后,在价值实现方面,精神文明建设为社会主义核心价值观的落地提供了丰富的实践经验与方法进路。据学者观察,自精神文明建设融入法治建设以来,在各个领域颁布了大量的法律,将宪法的原则精神很好地转化为具体的立法要求,为宪法价值融入法律体系起到了十分重要的推进作用。在经济领域的立法中,为保护公平、自由、竞争、开放的市场经济,制定了《民法典》《商标法》《反不正当竞争法》等。在政治领域中的精神文明立法中,制定了《公务员法》《人民警察法》《法官法》《检察官法》《国家赔偿法》《行政复议法》《行政诉讼法》《行政处罚法》。这些法律强调政府依法行政,增加政府行为的公开程度,将政府及公职人员的行为置于公众的监督之下;强调执法者的政治素质和业务素质;督促政府及其公职人员保持清正廉洁、谨慎自律。1997年3月14日修订的《刑法》还加大了对贪污、行贿等腐败行为的打击力

---

〔1〕[德]韦伯:《学术与政治:韦伯的两篇演说》,冯克利译,生活·读书·新知三联书店1998年版,第40页。

〔2〕参见姜国峰:《社会主义核心价值观的流变、维度和践行》,《大连海事大学学报(社会科学版)》2018年第5期,第117页。

度。在科学文化领域,制定了《专利法》《著作权法》《义务教育法》《教师法》《教育法》《职业教育法》《科学技术进步法》《文物保护法》,以及惩治"黄赌毒"的有关法律。这些法律意在发展教育科学事业,确保教师的地位和公民的受教育权;鼓励发明创造出版,推动科技进步,保护文化遗产,繁荣文化事业,丰富我国人民的精神内涵和文学艺术修养,培养积极健康向上的文化情趣和艺术品位。此外,有关保护特殊群体的立法,也体现了精神文明的要求,如《未成年人保护法》《妇女权益保障法》《残疾人保障法》《老年人权益保障法》,弘扬了中华民族的传统美德,保护了不同群体利益的多样性,减轻了社会矛盾。[1] 由此可见,精神文明建设的立法实践,其本质上也是旨在推动社会主义核心价值观融入法治建设,在德法相济的治理理念上与社会主义核心价值观可谓一脉相承,其在立法、执法、司法、守法领域的实践经验与方法进路为社会主义核心价值观的法治化提供了宝贵的经验,也预示着"社会主义核心价值观入宪"是精神文明建设从"零星工程"走向"系统工程"的必然趋势。

综上所述,社会主义核心价值观的宪法地位,需要从精神文明建设的历史性与全局性角度进行分析。只有看到社会主义核心价值观与精神文明建设之间的内在联系与承接关系,才可以真正理解社会主义核心价值观入宪的必然性与紧迫性。

第二节 社会主义核心价值观的宪法条文结构与属性

从宪法规范上看,"国家倡导社会主义核心价值观"入宪,亦即将"倡导富强、民主、文明、和谐,倡导自由、平等、公正、法治,倡导爱国、敬业、诚信、友善"写入宪法规范的文本之中。实际上,社会主义核心价值观中的十二个价值在宪法中或显或隐地均有体现。一方面,《宪法》序言中的根本任务条款,相关章节中的基本原则条款与公民的基本义务条款揭示的富强、民主、文明、

---

〔1〕 参见郑贤君:《宪法与精神文明建设》,《法学杂志》1997年第3期,第3-4页。

法治、自由、平等、爱国等价值,属于宪法的明示价值;另一方面,从民族团结、多党合作、命运共同体、五爱公德、基本义务以及正义等条款中推定出来的和谐、公正、敬业、诚信、友善等价值,可视为宪法的推定价值。由此,社会主义核心价值观的十二个价值全部进入了宪法规范之中,规范与价值相互融合、相得益彰。下文将逐一阐释这"十二个价值"在规范文本中的体现及其属性。

一、"核心价值观"在宪法文本中的显性规范及其属性

在这部分的论述中,主要通过分析宪法文本中明确承认的核心价值条款,揭示宪法的明示价值群。

"富强"作为宪法的首要价值,位列核心价值观之首。"富强"在整部宪法中仅于序言中出现过一次,即"国家的根本任务是……把我国建设成为富强……的社会主义现代化强国,实现中华民族伟大复兴",说明了"富强"价值在我国根本任务中的重要地位。而"富强"的实现,主要依靠国家经济制度保障。关于"社会主义市场经济制度"与"物质文明建设"的条款形成的整体经济秩序,是实现"富强"的现实路径。

"民主"价值具有多重属性。"民主"不仅是《宪法》序言规定的根本任务之一,也出现在总纲和其他章节之中。"民主"作为政治制度的基石,《宪法》第一条第一款规定:"中华人民共和国是工人阶级领导的、以工农联盟为基础的人民民主专政的社会主义国家。""民主"价值具体表现在三个方面:首先,《宪法》第三条第一款规定,"中华人民共和国的国家机构实行民主集中制的原则",确立了国家机关和机构活动的民主集中制原则;其次,《宪法》第三条第二款规定,"全国人民代表大会和地方各级人民代表大会都由民主选举产生,对人民负责,受人民监督",民主选举机制保证了国家权力来源的合法性;最后,《宪法》第二条第三款规定的"人民依照法律规定,通过各种途径和形式,管理国家事务,管理经济和文化事业,管理社会事务",以及第十六条第二款规定的"国有企业依照法律规定,通过职工代表大会和其他形式,实行民主管理",保证了人民参与国家和社会治理的渠道和方式,体现了公民的参政权利。

"文明"价值包括物质文明、政治文明和精神文明三类。除了《宪法》序言中国家根本任务条款规定"推动物质文明、政治文明、精神文明、社会文明、

生态文明协调发展"外,《宪法》第二十四条第一款规定,"国家通过普及理想教育、道德教育、文化教育、纪律和法制教育,通过在城乡不同范围的群众中制定和执行各种守则、公约,加强社会主义精神文明的建设",为精神文明建设设置了具体内容,甚至第二十二条的文化建设也可纳入其中。

"法治"价值则更是建设法治国家的应有之义。由于宪法作为中国特色社会主义法律规范体系的基础规范和元结构,社会主义核心价值观进入宪法规范,就是社会主义核心价值观之"法治"价值的核心要义。并且,《宪法》第五条前两款分别规定了"中华人民共和国实行依法治国,建设社会主义法治国家"与"国家维护社会主义法制的统一和尊严",由以"法治"价值的宪法意涵更是表现得淋漓尽致。

"自由"价值首先出现在《宪法》序言中:"中国人民为国家独立、民族解放和民主自由进行了前仆后继的英勇奋斗。"此处的"民主"与"自由"同时出场,反映了它们价值地位大体相当。但是,在国家根本任务条款中却没有"自由"的进入,主要原因可能是现代社会中的"自由"更多的是指向公民个人层面的"自由",主要体现为在私人生活中不受公权力侵犯的权利。[1]"自由"价值更多的是在第二章"公民的基本权利和义务"部分得到具体表现。自由往往并非作为特权,而是作为一组分离的、有关各种具体自由的权利加以维护。[2]《宪法》确认的自由权包括政治自由、宗教自由、人身自由、言论自由与文化自由等方面,如第三十五条"中华人民共和国公民有言论、出版、集会、结社、游行、示威的自由",即政治自由条款;第三十六条"中华人民共和国公民有宗教信仰自由",即宗教自由条款;第三十七条"中华人民共和国公民的人身自由不受侵犯",即人身自由条款;第四十条"中华人民共和国公民的通信自由和通信秘密受法律的保护",即言论自由条款;第四十七条"中华人民共和国公民有进行科学研究、文学艺术创作和其他文化活动的自由",即文化自由条款。这些自由权利条款共同组成自由权利束,像一个七色光谱仪折射出自由权利的多重面向。当然,自由也是有限度的。《宪法》第五十一条规

---

[1] 参见郭道晖:《近代自由主义思想的中国先知——严复自由观的法理解读》,《中国法学》2006年第6期,第12页。

[2] 参见[美]德沃金:《至上的美德:平等的理论与实践》,冯克利译,江苏人民出版社2003年版,第139页。

定,"中华人民共和国公民在行使自由和权利的时候,不得损害国家的、社会的、集体的利益和其他公民的合法的自由和权利",就说明了自由不是绝对的,而是相对的。

"平等"价值同"自由"价值一样,为一个抽象的概念,需要落地到相应的权利中才能具体化。但是平等同时又是"公民的基本权利和约束国家行为的基本原则"[1],那么"平等"更多地表现为"资源和条件"的"平等",而不是"福利或结果"的"平等"。首先,"平等"权利在第二章"公民的基本权利和义务"部分有明确的表现。第三十三条第二款"中华人民共和国公民在法律面前一律平等"统领整体权利义务系统。也就是说,虽然有些权利条款并未明确"平等",但实际上均包含着"无差别"的对待。如第三十三条第三款,"任何公民享有宪法和法律规定的权利,同时必须履行宪法和法律规定的义务"条文中的"任何"就说明权利和义务的平等性。然后,"平等"作为一项国家行为原则,第四条第一款"中华人民共和国各民族一律平等。国家保障各少数民族的合法的权利和利益,维护和发展各民族的平等团结互助和谐关系。禁止对任何民族的歧视和压迫,禁止破坏民族团结和制造民族分裂的行为",反映了国家负有保障平等的义务,亦即"平等"价值对国家行为的约束。另外,平等也不是绝对的,而是有条件的、有差别的对待。如第四十八条第二款"国家保护妇女的权利和利益,实行男女同工同酬,培养和选拔妇女干部",第四十九条第一款"婚姻、家庭、母亲和儿童受国家的保护",就强调了国家对特殊主体的特殊保护。

"爱国"价值在《宪法》中有明确规定。宪法能够唤醒和指导人们心中模糊存在的爱国本能,而在把这种本能与思想、激情和日常习惯结合起来时,它就会成为一种自觉的和持久的感情。[2]《宪法》序言部分,"包括全体社会主义劳动者、社会主义事业的建设者、拥护社会主义的爱国者、拥护祖国统一和致力于中华民族伟大复兴的爱国者的广泛的爱国统一战线",就明确了爱国的主体。第二十四条第二款"……提倡爱祖国、爱人民、爱劳动、爱科学、爱社会主义的公德,在人民中进行爱国主义……的教育",强调了爱国主义的基

---

[1] 参见汪进元:《论宪法的平等保护原则》,《武汉大学学报(哲学社会科学版)》2004年第6期,第832页。

[2] 参见[美]托克维尔:《论美国的民主》,董果良译,商务印书馆2009年版,116页。

本要求。第五十四条"中华人民共和国公民有维护祖国的安全、荣誉和利益的义务,不得有危害祖国的安全、荣誉和利益的行为",与第五十五条的两款"保卫祖国、抵抗侵略是中华人民共和国每一个公民的神圣职责。依照法律服兵役和参加民兵组织是中华人民共和国公民的光荣义务",进一步规范了爱国行为的表现方式。

二、"核心价值观"在宪法文本中的隐性规范及其属性

在这部分的论述中,主要通过分析宪法文本中隐含承认的核心价值条款,揭示宪法的推定价值群。

"和谐"价值在《宪法》序言和正文中都有隐性留白。《宪法》序言关于国家根本任务条款中提到了"和谐",序言与正文中关于民族关系的条款都有"和谐"的表述,但这些只是初步描述了"和谐"的状态,更深层次的"和谐"价值隐藏在宪法的具体规范中。首先,序言中"中国坚持独立自主的对外政策,坚持互相尊重主权和领土完整、互不侵犯、互不干涉内政、平等互利、和平共处的五项原则,坚持和平发展道路,坚持互利共赢开放战略,发展同各国的外交关系和经济、文化交流,推动构建人类命运共同体",反映了"和谐"价值在国际合作中的存在,亦即国家之间的和谐观。其次,在处理民族关系上,序言中"在维护民族团结的斗争中,要反对大民族主义,主要是大汉族主义,也要反对地方民族主义。国家尽一切努力,促进全国各民族的共同繁荣",与正文第四条中"维护和发展各民族的平等团结互助和谐关系",确立了民族之间的和谐观。再次,序言中"中国共产党领导的多党合作和政治协商制度将长期存在和发展"关于政党关系的规定确立了政党之间的和谐观。最后,序言第七自然段关于社会文明与生态文明的表述与正文第九条第二款"国家保障自然资源的合理利用,保护珍贵的动物和植物。禁止任何组织或者个人用任何手段侵占或者破坏自然资源",第二十六条第一款"国家保护和改善生活环境和生态环境,防治污染和其他公害",规定了生态文明的国家保障义务,确立了人与自然之间的和谐观。

"公正"价值在国家权力的公正行使中得到有效推定。《宪法》第三章"国家机构"中关于国家机构的权力配置与权力运行的分工与制约保证了公

正价值的实现。如第一百二十七条对监察机关权力的独立行使及其与其他机关的配合制约关系的规定,第一百三十条、一百三十一条关于人民法院公开独立审判的规定,第一百三十六条关于检察权独立行使的规定,第一百四十条关于法、检、公权力配合制约运行的规定,组成了规范体系,有效保证了公平正义价值的实现。

"敬业"价值在宪法劳动条款中得到深刻反映。第四十二条通过4款规定确立了公民的劳动权利和义务、国家保障劳动条件、劳动职责和荣誉等内容。劳动作为敬业的前提,在履行劳动职责基础上,国家提倡敬业精神和义务劳动。第五十三条要求公民"遵守劳动纪律",为敬业提供了规范指引。也就是说,劳动纪律是实现敬业价值的规范保障,任何社会的劳动行为都要受到一定的规范约束,公民在合法行使劳动权的同时,也要履行相应的劳动义务。

"诚信"价值在宪法上的体现主要是个人的社会公德与经济往来中的信用行为。前者主要体现在《宪法》第二十四条关于精神文明建设的道德教育以及第五十三条关于公民遵守社会公德的义务中。后者主要体现在《宪法》第十五条第三款"禁止任何组织或者个人扰乱社会经济秩序"以及第二十八条关于"国家维护社会秩序,制裁破坏社会主义经济的活动"的条款中。除此之外,由于中国的传统文化历来强调"取信于民",政府的诚信对于公民诚信的培育具有十分积极的意义,因此"诚信"价值还可以体现在国家信用与政府信用方面。《宪法》第二十七条第二款"一切国家机关和国家工作人员必须依靠人民的支持,经常保持同人民的密切联系,倾听人民的意见和建议,接受人民的监督,努力为人民服务",确立了"阳光政府"的原则,保证国家诚信的实现。同条第三款"国家工作人员就职时应当依照法律规定公开进行宪法宣誓"要求公职人员忠于宪法,预设公权力在宪法法律范围内活动,也是一种信用担保的体现。第四十一条中规定的公民"批评和建议的权利"则是《宪法》前述"人民的监督权"的具体化,并且规定了国家机关及其工作人员失信行为所应承担的后果,其中同条第三款规定的"国家赔偿"揭示了恢复国家信用的方式。至此,个人层面的"诚信"价值延伸到社会、国家的标准得以建立:在国家机关工作人员做出侵犯公民权利的行为导致国家失信之时,国家只有主动依法惩治相关工作人员,并救济权利受损的公民,才不至于危及国家诚信,并进而恢复国家信用。[1]

"友善"价值本质上作为公民个人之间的相互关系,很难进入宪法规范中。但是《宪法》第二十四条中"爱社会主义的公德"与第五十三条中"尊重社会公德"关于公民道德建设的要求,可以推断出"友善"这一基本社会公德也能够进入宪法视域。另外,宪法关于公民权利行使的禁止性规范也可推定"友善"价值内涵。第三十八条中"中华人民共和国公民的人格尊严不受侵犯"与第五十一条中"中华人民共和国公民在行使自由和权利的时候,不得损害国家的、社会的、集体的利益和其他公民的合法的自由和权利",这些行为规范一旦遭到破坏,不仅逾越了法律系统,而且逾越了道德的边界,无法维持公民之间的友善关系。

第三节 社会主义核心价值观的法治化进路

一、域外国家核心价值融入法治的宪法路径

(一) 从政治口号到宪法规范

域外国家的核心价值大部分都形成于民族独立或民族解放运动的过程中,并通过政治口号的宣扬到政治文件的出台,最终进入宪法规范得到确认。在英国历史上,国王与贵族、城市平民之间存在着不断的斗争,从13世纪开始,国王与贵族之间的矛盾趋于激化。[2] 1215年,英国国王被迫签订《自由大宪章》,规定了臣民的自由财产和权利,限制君主的权力。《自由大宪章》是英国宪政之母,也是世界宪政史上重要的宪法性文件,开启了民主统治的先河,引导英国走上了民主的道路。经过1688年的"光荣革命",英国确立了君主立宪制,第二年英国议会颁布了《权利法案》。这一宪法性文件承认了议

---

[1] 参见刘振宇:《宪法视域中的社会主义核心价值观》,《学习与探索》2017年第8期,第98页。

[2] 参见张震、刘泽刚主编:《外国宪法》,中国人民大学出版社2014年版,第3页。

会至上原则,推动了自由民主宪政的发展步伐。

美国的建国史就是一部殖民地独立史,美国在建国之前,长期遭受英国的殖民统治。为了对抗英国的殖民掠夺和经济政策,争取民族独立,美国提出了自由平等的口号,发动了独立战争。1776年7月4日,第二届大陆会议发表了《独立宣言》,宣布"一切人生而平等,人们有生存、自由和追求幸福的权利"。《独立宣言》作为革命的纲领性文件,为夺取革命的胜利提供了精神指导,为人类社会传播了自由平等的精神。自此,自由平等的价值观念深入人心。革命胜利后,各州纷纷制定了宪法,1787年,联邦政府制定了《1787年联邦宪法》,确立了人民主权原则,保障了人民的生命、自由和财产。[1] 由于《1787年联邦宪法》并未规定公民的权利和自由,后来增加的修正案的前10条完善了相关内容,司法机关也通过宪法判例丰富了自由平等价值的内涵。

受到美国独立战争及其启蒙思想传播的影响,法国新兴地主阶级和农民阶级推翻封建专制统治的愿望日益强烈,于是在1789年7月,法国大革命爆发。为了推动革命走向高潮并取得广大群众的支持,国民议会提出了"自由、平等、博爱"的政治口号,并参照美国制定《独立宣言》的做法,由制宪会议于1789年8月通过了《人权宣言》。《人权宣言》宣布人们生来而且始终是自由平等的,谴责法国封建君主专制制度对人权的残害,传播了自由、民主、平等的思想。《人权宣言》不仅是法国历史上的第一部人权宣言,也是人类历史上第一部正式的人权宣言,具有极其重要的历史意义。该宣言出台以后,法国经历了多次政变,制定了多部宪法,至1958年《法兰西第五共和国宪法》的出笼,《人权宣言》确立的价值精神得到充分保障。

德国核心价值的变迁历程比较坎坷,主要围绕着德国在建立统一民族国家背景下的制宪史展开考察。1871年,随着普法战争的结束,德国完成了民族统一,建立了德意志帝国,与此同时制定了《德意志帝国宪法》。但是该部宪法主要是为了维护帝国统治,并没有体现民主价值,更没有规定公民的基本权利。1918年,随着一战的结束,德意志第二帝国灭亡。1919年的《魏玛宪法》确立了民主、平等价值,规定了公民享有的经济、社会、文化等权利,标

---

[1] 参见张千帆:《西方宪政体系(上册·美国宪法)》,中国政法大学出版社2004年版,第723页。

志着世界近代宪法史的开端。但是经过纳粹时期,《魏玛宪法》中规定的议会民主制遭受破坏。二战后,德国西部占领区成立了西德政权,1949年制定了《德意志联邦共和国基本法》。后来,东、西两德实现统一,修订和完善了《德意志联邦共和国基本法》,确立了人性尊严为首要宪法价值。

(二)美国式司法审查

宪法审查是指有权机关依照法定的程序审查裁决法律法规的合宪性、处理机关争议和选举争议等的活动。一般来讲,各国宪法审查制度的属性不同,宪法审查方式也有差异。例如美国采用普通法院审查制,称其为司法审查;德国采用宪法法院审查制,具有司法的性质,但称其为宪法审查;法国宪法委员会采用事前、非诉、立法性审查,称之为合宪性审查。

1803年,"马伯里诉麦迪逊案"确立了美国的司法审查制度。普通法院的审查内容包括联邦国会的制定法、联邦总统及政府的行政立法和执法行为、联邦独立管理机构的管理规则和行为、州议会的制定法、州长及州政府的行政立法和执法行为、州最高法院的宪法裁判、总统选举等,既包括实体性审查,也包括程序性审查。但是,涉及国防、外交等政治问题、没有具体案件和争议性的事件等,不予审查。在司法审查过程中,联邦最高法院依据宪法"平等保护""正当程序"等条款确立了三种审查标准,即严格审查标准、中度审查标准与宽松审查标准。

平等作为一项宪法原则和价值标准,要求立法机关和行政机关在制定法律、法规和政策等时必须严格遵循平等原则,相同情况相同对待,不同情况区别对待,既反对特权和歧视,也不能搞绝对的平均主义。[1] 美国联邦最高法院在司法实践中常常按照涉案主体的种族、民族、性别、年龄、经济状况等情况类型划为不同的审查标准。第一种情况是"嫌疑归类",适用严格审查标准,主要审查对象是种族歧视与民族不平等对待问题,审查内容是限制诸如生命、自由等宪法基本权利的案件,审查标准是权利的限制必须是为了极为重要的公共利益,并且要求限制的手段最小。如1967年的"洛文诉弗吉尼亚州案"中,弗吉尼亚州制定了一项禁止异族通婚的法律,联邦最高法院裁定,

---

[1] 参见汪进元:《基本权利的保护范围:构成、限制及其合宪性》,法律出版社2013年版,第100页。

禁止种族间通婚的法律违反了宪法平等保护原则。第二种情况是"准嫌疑归类",适用中度审查标准,主要审查性别不平等问题,要求性别分类对待是为了重要的公共利益,并且限制的手段与目的之间有实质的关联。如1973年的"弗朗蒂埃罗诉理查森案"中,一项法律要求女性军人获得家属补助的标准比男性军人高,最高法院否定了传统的合理性审查标准,认为随着女性社会地位的变化,性别歧视应该受到中度审查标准的保护。第三种情况是"一般分类",适用宽松审查标准,主要审查经济立法问题,只要经济立法目的合法,手段与目的之间合比例性,就符合审查标准。如1949年的"铁路快运代理行诉纽约州案"中,法院裁定纽约州法律禁止为销售他人产品而驱车广告的行为与允许为销售自有产品而驱车广告的行为是符合宪法的。对于以上各类情况之所以区别对待,是因为美国的三重审查基准内部蕴含着自由、平等的价值判断和价值冲突协调的基本规律,并且在宪法价值导向下处理基本权利的冲突与平衡问题。

(三) 德国式宪法法院

德国基本法规定了联邦宪法法院、各联邦法院及各州法院行使司法权,其中联邦宪法法院不仅是宪法机关,而且是独立的司法机关。联邦宪法法院的主要目的是维护基本法的权威,保障自由民主秩序,传承和发展基本价值观念。根据基本法和《德国联邦宪法法院法》的规定,宪法法院的审查范围主要包括机构争议、联邦争议、规范审查、宪法诉愿与宪法保护程序等相关案件。其中,规范审查与宪法诉愿两类案件数量较多,而且也是最重要的。

德国联邦宪法法院将比例原则作为宪法审查的实质标准。公民的基本权利不受非法限制,这是比例原则得以形成的逻辑起点,也是比例原则能成为宪法中的违宪审查原则的背景之一。比例原则作为公法上的一项重要原则,调整的是国家权力与公民个人权利之间的关系,指的是国家权力的行使要妥当、必要、均衡、合乎比例,不得对公民个人的权利造成侵犯。[1] 传统的"三阶"比例原则经过时代的发展和德国联邦宪法法院的实践,逐渐形成了包括目的正当性原则、妥当性原则、必要性原则和均衡性原则为内容的"四阶"

---

[1] 参见杨登杰:《执中行权的宪法比例原则 兼与美国多元审查基准比较》,《中外法学》2015年第2期。

比例原则。比例原则的四个子原则相互联系,层层递进,层层深入,在违宪审查实践中一般按照先后顺序采用四步检验法,只有每一步都符合标准才能得出合宪性的结论。[1] 德国学者斯特芬·德特贝克认为,比例原则的首要阶段应为目的审查,"法院首先应当查明国家活动的目的,然后再审查这种目的是否合法或违法……如果国家追求一个违法的目的,就会损害权利,这种国家活动也就不再具有合比例性"[2]。诚然,任何不追求正当目的的决定都是不合理的,只有目的是正当的,其行为才可能正当。妥当性原则强调的是行为手段与目的关联,指限制权利的手段是妥当的,有利于预期目的的实现。必要性原则又称为"最小侵害原则",指国家机关限制公民权利的手段是必要的,在诸多适合达到目的的手段中应该选择对公民权利限制最小的手段。均衡性原则强调对个人权益的侵害程度不能超过所保护的公共利益,权利义务的分配要合乎比例。

在德国,比例原则是在人性尊严原则的导控下形成的,基本权利保护的根源在于保护人性尊严。德国基本法第一条规定:"人的尊严不可侵犯。尊重和保护人的尊严是一切国家权力的义务。"德国将人性尊严作为宪法原则,正是因为人性尊严在法治国家中的地位。在公益考量之必要情形下限制基本权利时,不得任意行使国家权力,必须遵循一定的准则。而在确定公权力行使的限度和标准时,比例原则就油然而生了。黑塞提出"实际合宪性"理论,即在个人基本权利和体系功能的维持的利益间求取一个最佳的平衡点,让两者都能安排到"适当的位置上"[3],这实际上就是比例原则的衡量标准。

(四)法国式宪法委员会

法国宪法委员会,缘起于根据法国 1799 年宪法设立的元老院,1946 年《法兰西第四共和国宪法》将其更名为宪法委员会,现行宪法委员会是依据 1958 年《法兰西第五共和国宪法》设立的。与德国不同的是,法国的宪法委员会并不是司法机关,因为宪法委员会与司法机关在法国宪法中各属一章。

---

〔1〕 参见周维栋:《枪支入刑标准的合宪性审查》,《苏州大学学报(法学版)》2018 年第 3 期。

〔2〕 Steffen Detterbeck, Allgemeines Verwaltungsrecht: mit Verwaltungsprozessrecht, 10. Aufl., München: Beck, 67(2012).(转引自刘权:《目的正当性与比例原则的重构》,《中国法学》2014 年第 4 期。)

〔3〕 Hesse, Grundzuge des Verfassungsrechts der Bundesrepublik Deutschland 1980, S.131ff.

宪法委员会是履行宪法特定职权的机关,其审查范围包括立法审查、选举审查、与有关总统任职和行权的咨询审查。宪法委员会的审查方式主要是针对法案的事前审查,即在法律、行政法规、议事规则和国际条约颁布生效之前进行法律草案的合宪性审查。近些年也逐渐确立了事后的具体审查,2008年,法国宪法修改后增加了一条规定:"在普通诉讼程序中,若认为法律之规定对宪法所保障的权利与自由构成侵害,可经最高行政法院和最高司法法院向宪法委员会层转宪法审查申请,由宪法委员会在确定期限内予以裁决。"[1]也就是说,在一般的诉讼案件中,如果法律的内容侵害了公民的权利和自由,公民可以诉请法律违宪,并依据一定程序递交宪法委员会审查。

改革后的法国宪法委员会将事先审查与事后审查相结合,尤其是合宪性先决机制的运用突出了对公民基本权利的保障,弥补了传统事前审查程序中权利价值的缺位。由此,法律的合基本权利性审查不仅可以在事前由国家权力主体提出,而且基本权利主体也可以在事后主张基本权利的主观属性[2],使得基本权利得以进入宪法领域的中心,权利蕴含的价值属性得以融入法律体系之中。

二、社会主义核心价值观融入法治建设的实施进路

(一)"刚性约束"的法治要求

"刚性约束"的法治要求是社会主义核心价值观入法入规的重要理据。中宣部、中央文明办印发的《培育和践行社会主义核心价值观行动方案》(以下简称《行动方案》)中提出:"把社会主义核心价值观的要求转化为具有刚性约束力的法律规定,用法律法规来推动社会主义核心价值观建设。"中共中央办公厅、国务院办公厅印发的《关于进一步把社会主义核心价值观融入法治建设的指导意见》(以下简称《指导意见》)再次强调:"把社会主义核心价值观的要求体现到宪法法律、法规规章和公共政策之中,转化为具有刚性约束力的法律规定。"习近平总书记在《在十八届中央政治局第十三次集体学习时的讲话》中更是直接指出:"培育和弘扬社会主义核心价值观,不仅要靠思

---

[1] 王建学:《法国式合宪性审查的历史变迁》,法律出版社2018年版,第131-132页。
[2] 参见[1],第143页。

想教育、实践养成,而且要用体制机制来保障。"[1]对照中央的要求,汤维建教授提出:"实现社会主义核心价值观,必须坚持硬约束和软约束并举,硬约束就是法律制度保障机制,软约束就是道德宣传教育。当前,应更加重视作为硬约束的法律保障机制建设。"[2]由此可见,构建硬约束法律保障机制是"推动社会主义核心价值观入法入规"的基本要求。

首先,从国家层面来看,社会主义核心价值观不同于一般的价值观,核心价值观是一个国家生存发展的精神支柱,是一个民族凝心聚力的精神纽带,是一个社会和谐稳定的精神指引,是一个人安身立命的精神寄托。中共中央办公厅、国务院办公厅印发的《关于培育和践行社会主义核心价值观的意见》(以下简称《意见》)开篇就写道:"培育和践行社会主义核心价值观,是推进中国特色社会主义伟大事业、实现中华民族伟大复兴中国梦的战略任务。"所以,一般情况下,对于个人的价值判断,国家是持一种中立的态度,不会使用公权力进行干涉,但是由于核心价值观是"兴国之魂",是一个国家共同善业的最高体现,法律的介入也就具备了正当性的基础。

其次,从社会层面来看,在价值多元化的现代社会,价值冲突是难以避免的现象,价值冲突的背后往往蕴含着权利冲突。价值冲突可以通过核心价值观进行协调,但具体的权利义务的分配还有赖于法律规范,社会主义核心价值观只有转化为具体的法律规定,才能在法律适用的过程中彰显其价值导控的功能,并通过权利义务的分配让社会主义核心价值观落地,并真正融入社会日常生活当中。

最后,从个人层面来看,价值的认同不仅表现为内心的思考,更表现为外在的行为,道德的自觉来自实践中的自省,剥离了善行,道德就会陷入空谈。然而,对一个人的行为最好的约束与规范来自于法律,通过法律的规定,一个人可以更好地了解什么可以做或什么不能做,通过可以体现社会主义核心价值观要求的法律,一个人可以更好地认识什么应当做或什么不应当做。这种义务观念的形成,有利于"尽其在我"的群己观的培育,进而促进社会主义核心价值观内化于心、外化于行。

---

[1] 中共中央文献研究室编:《习近平关于社会主义文化建设论述摘编》,中央文献出版社2017年版,第111页。

[2] 汤维建:《把握社会主义核心价值观的法治维度》,《检察日报》2016年3月22日第03版。

综上,培育与践行社会主义核心价值观不仅需要软性的道德教化,而且需要刚性的制度约束,法律是制度效力的保证,也是制度的底线,用法律法规推动社会主义核心价值观建设,是社会主义核心价值观与国家的繁荣富强、社会的安定和谐、个人的安居乐业相融合的必由之路。

(二)"立改废释"的全程控制

"立改废释"的全程控制是社会主义核心价值观入法入规的重要进路。中共中央印发的《社会主义核心价值观融入法治建设立法修法规划》(以下简称《规划》)强调:"坚持全面依法治国,坚持社会主义核心价值体系,着力把社会主义核心价值观融入法律法规的立改废释全过程,确保各项立法导向更加鲜明、要求更加明确、措施更加有力。"《指导意见》提出:"坚持立改废释并举,积极推进相关领域立法,使法律法规更好体现国家的价值目标、社会的价值取向、公民的价值准则。"由此可见,立改废以及立法性解释是社会主义核心价值观的法律化过程,以社会主义核心价值观为统摄,贯穿于法律法规立改废释的全过程,是社会主义核心价值观入法入规的基本路径。但是,这种转化的过程并非随意性的,还要依据法治思维设定相应的准则。

具体而言,首先,立改废释在突出价值引领的同时,也要注重整体的价值秩序,防止个别价值的内涵泛化。《规划》指出,"坚持价值引领"是推动社会主义核心价值观入法入规必须遵循的原则。《指导意见》也强调,"要坚持以社会主义核心价值观为引领,恪守以民为本、立法为民理念,把社会主义核心价值观的要求体现到宪法法律、法规规章和公共政策之中"。根据要求,要在法律法规中体现社会主义核心价值观的价值追求。但是,应该注意到,社会主义核心价值观是由十二个价值构成的价值体系,基于不同的立法背景、立法目的以及立法评价等因素,各个价值之间也存在彼此冲突的可能,例如"自由"与"平等"、"民主"与"法治"就有可能产生冲突。当孤立地强调某一价值或某几个价值在立改废释中的作用时,就有可能导致对个别价值的解释过度,进而造成价值内涵的泛化,这种价值内涵的泛化就很有可能产生价值的冲突。所以,在强调价值引领作用的同时,还要注意社会主义核心价值观的整体秩序,厘清各个价值之间的内在关系,确定价值冲突的协调机制,保障社会主义核心价值观入法入规的协调性。

其次,立改废释在遵守法律至上的同时,也要注重通过法律方法促进核心价值观的融入,防止混淆法律与道德的界限。"社会主义核心价值观入法不能冲淡、减损、破坏或替代法律,切忌颠倒法律与道德之间的主次关系,必须维护法律的至上地位,有助于推进依法治国基本方略。"[1]因此,在核心价值观的融入过程中,要更加注意法律方法与法律思维的应用,"把社会主义核心价值融入法治建设,就是要突出法治对综合治理的统合引领作用,要把社会主义核心价值当成讲法说理的理据或论据,而不是直接改变法律意义的依据"[2]。可以说,"法律价值是法律的本质,而法律则是法律价值的规范化"[3],法律的规范性并不排斥价值,只是出于法的安定性,价值不能直接代替法律,而是都要经过法律方法的推演,获得法律秩序内的规范涵义。就方法而言,可以通过立法目的条款或原则性规范将抽象的核心价值观导入法律体系,然后在立法性解释中通过法释义学的路径转化成说理的依据,进而对政策性规范与规则性规范中关于"权利义务的分配""目标的设定""立法背景事实"等问题进行审视,并及时修正不符合社会主义核心价值观要求的内容。

最后,立改废释在加强重点领域立法的同时,也要注重问题导向、转化标准与转化方式,防止立法资源的浪费与立法权的滥用。《指导意见》指出,"加强重点领域立法";《规划》更是明确了六个方面的立法修法任务,主要包括社会文明、社会主义市场经济法律制度、社会主义民主政治、民生保障、生态文明等方面的内容。但是,在强调重点领域立法的同时,也应该注意立法资源的有限性与谦抑性。"社会主义核心价值观法制化,即社会主义核心价值观法律化和制度化,并不是指社会主义核心价值观的所有内容都法律化、制度化,而是指其中体现社会主义本质的要求和事关社会主义社会秩序和谐的要求的制度化,以及这些要求中的底线要求的法律化。"[4]因此,在立改废释的过程中,第一,要以问题为导向,坚持立法为民,主要针对民生问题、道德领域突出问题、社会公平问题以及经济发展问题等重大关切,及时立法修法;第二,要设置

---

[1] 刘风景:《社会主义核心价值观入法的理据与方式》,《当代世界与社会主义》2017年第4期,第33页。

[2] 陈金钊:《"社会主义核心价值观融入法治建设"的方法论诠释》,《当代世界与社会主义》2017年第4期,第21页。

[3] 汪进元:《法治的价值选择与价值的法制建构》,《法商研究(中南政法学院学报)》2001年第1期,第53页。

[4] 江畅、张景:《论社会主义核心价值观的法制化》,《思想理论教育》2015年第10期,第6页。

合理的转化标准,不是所有道德疑难问题都可以通过法律手段解决,法律规范不可随意干涉道德领域,也不能滥用道德的标准去制定法律,"我们应当警惕以法治的名义不合法地追求主要的社会目的"[1],正如《指导意见》和《规划》所强调的,"把一些基本道德要求转化为法律规范";第三,要设置规范的转化方式,在立法过程中减少道德宣誓的表达,做好从道德劝诫到法言法语的转化,要有明确的条件、行为和后果,提高社会主义核心价值观立法转化的可操作性。

(三)"社会治理"的价值导向

《指导意见》指出:"社会治理要承担起倡导社会主义核心价值观的责任,注重在日常管理中体现鲜明价值导向,使符合社会主义核心价值观的行为得到倡导和鼓励,违背社会主义核心价值观的行为受到制约和惩处。"将社会主义核心价值观融入社会治理过程中,是传承和弘扬社会主义核心价值观的重要途径。"徒善不足以为政,徒法不能以自行。"在运用法律治理社会的过程中,机械地执行成文法律势必导致法律精神与核心价值观脱轨。善治是实质法治的体现,既强调尊重宪法和法律的权威,把良好的制定法付诸实践,又强调善于根据法律原则和精神创造性地适用法律,从而弥补法的局限性。"善治之道,以人民为本;良政之要,以法治为纲。人民法治者,法治之主体归属人民,法治之目的服务人民,法治之内容贴近人民,法治之权柄掌于人民,法治之权威立于人民,法治之成果享于人民,法治之成败系于人民。"[2]比如,权力清单制度作为一种新型控权模式,就体现了回应型法治的目的理性,满足了人民的价值需求。传统的"控权理论"认为,"行政法的最初目的就是要保证政府权力在法律的范围内行使,防止政府滥用权力,以保护公民"[3]。这种控权法治遵循严格的规则主义,一味地站在行政相对人的利益角度,忽视了行政主体与行政相对方作为两个利益主体之间的沟通与协调。回应型法治在一定程度上弥补了该种法治形态的缺陷,使法治具有开放性和弹性,从而促进法治的改革和变化。[4] 因此,权力清单制度的设计不应拘泥于法

---

[1] [英]拉兹:《法律的权威:法律与道德论文集》,朱峰译,法律出版社2005年版,第199页。
[2] 江必新:《为良法善治发声——〈人民法治〉发刊词》,《法制日报》2015年1月21日第10版。
[3] [英]韦德:《行政法》,徐炳等译,中国大百科全书出版社1997年版,第5页。
[4] 参见[美]诺内特、[美]塞尔兹尼克:《转变中的法律与社会:迈向回应型法》,张志铭译,中国政法大学出版社2004年版,第296页。

律形式主义的仪式性,还要通过理论和实践的结合,进一步探究法律权力中蕴含的社会公认的准则和价值。权力清单的公布与运行反射出来的是一种公权力与私权利、社会权利之间彼此沟通与相互理解的合作型行政。

另外,在社会治理过程中,自由、平等、公正、法治等价值都应得到深刻体现。《中共中央关于全面推进依法治国若干重大问题的决议》要求,深入推进依法行政,加快建设法治政府、法治国家、法治社会。落实到社会治理领域,对执法主体的要求就是严格规范、公正文明执法。首先,执法者应该秉持法治精神和法治思维,在法律范围内行使权力,做到职权法定。而且应该克服法律工具主义的壁垒,不可选择性执法,始终要做到有法必依、执法必严、违法必究。其次,社会治理要体现程序公正,保证正义目标的实现。具体而言,就是行政主体要避免偏私,平等对待相对人;相关利害关系人要参与行政过程中,发挥民主意见,彰显民主价值;行政权力运行全过程应该以公众看得见的方式进行,保障公众的知情权。[1] 最后,执法者应该将刚性的法律文本与社会主义核心价值观的柔性理念相互结合,体现法律的人文关怀,实现社会治理的实质合法性与合理性。

(四)"公平正义"的司法裁判

"公平正义"的司法裁判是社会主义核心价值观入法入规的重要目的。《指导意见》指出:"司法是维护社会公平正义的最后一道防线,司法公正对社会公正具有重要引领作用。……努力让人民群众在每一个司法案件中都感受到公平正义,推动社会主义核心价值观落地生根。"社会主义核心价值观入法入规是对法律法规的道德重塑,使法律规范体现出道德性,但是要让社会主义核心价值观真正走入人民群众的生活,还要依靠司法公正的引领。司法的道德性是看得见的正义,"司法过程不仅是法律的实现过程,也应当是道德实践的过程"[2]。人民群众往往能在公正的司法裁判中,深切地感受到法律的道德导向,进而在日常生活中更好地维护合法权益与抵制不良行为。所以,核心价值观入法入规的主要目的在于入案。把社会主义核心价值观融入

---

[1] 参见周佑勇:《行政法基本原则研究》,武汉大学出版社2005年版,第263页以下。
[2] 江国华:《论司法的道德能力》,《武汉大学学报(哲学社会科学版)》2019年第3期,第129页。

司法案件中,"准确把握法律精神和法律原则,适应社会主义核心价值观建设的实践要求,发挥司法解释功能,正确解释法律",有利于实现司法裁判的公平正义。

具体而言,首先,"天理、国法、人情"的统一离不开社会主义核心价值观的协调。"天理、国法、人情"分别代表着不同面向的价值判断,人类从自然社会走向法治社会的过程中,由于法与道德之间难以逾越的鸿沟,在国法与人情之间,常常会出现难以调和的价值冲突,而天理作为一种超验的价值秩序,可以为这种价值冲突提供理性的协调机制。宋代理学家倡导的"存天理,灭人欲",正是对超验价值秩序的探求。那么"天理"的现代表达又是什么呢?社会主义核心价值观"作为我国社会主义道德价值的高度凝练和总结,完全可以构成我国实定法体系共同的超实定法价值基础"[1]。社会主义核心价值观作为一种凝聚共识的德善,将其融入法律体系之中,可以起到调和国法与人情的作用。因此,司法裁判中的价值秩序需要通过社会主义核心价值观来维系。其次,对法律原则与法律精神的正确把握离不开社会主义核心价值观的指引。《指导意见》指出:"加强规范性文件备案审查制度和能力建设,建立健全法律法规定期清理机制,对与社会主义核心价值观要求不相适应的,依照法定程序及时进行修改和废止。"这就说明,符合社会主义核心价值观的要求是法律法规能够成为裁判依据的试金石。所以,要正确把握法律原则与法律精神,正确解释法律,都离不开社会主义核心价值观的引领。最后,完善案例指导制度离不开社会主义核心价值观的检视。《指导意见》指出:"完善案例指导制度,及时选择对司法办案有普遍指导意义,对培育和弘扬社会主义核心价值观有示范作用的案例,作为指导性案例发布,通过个案解释法律和统一法律适用标准。"指导案例作为已生效的判决,是国家对司法裁判结果的权威解答,对于社会与个人而言,具有很好的价值指向。"指导性案例能够为社会主义核心价值观的培育和弘扬发展出相应的指向性准则,也可以为人们理解和践行社会主义核心价值观提供生动的案例图景。"[2]所以,社会主义核心价值观不仅要融入动态的司法裁判中,还要凭借静态的指导案例

---

[1] 黄宇骁:《论宪法基本权利对第三人无效力》,《清华法学》2018年第3期,第204页。
[2] 杨知文:《把社会主义核心价值观融入指导性案例编撰》,《光明日报》2018年7月25日第11版。

制度展现正确的价值准则与价值取向,实现司法裁判的公平正义。

本 章 小 结

社会主义核心价值观融入法律体系需要经过宪法的转化才能成为宪法的核心价值,获得规范意义。上文虽然为社会主义核心价值观确定了一个基本的解释立场,但是要从这个解释立场正确解读出宪法核心价值的规范意义,还须回到宪法文本当中。社会主义核心价值观分布在不同的宪法条文中,要知其规范意义,就要先确认其规范属性。因此,本章要解决的一个重要问题就是社会主义核心价值观在宪法文本中的定位问题。为了解决这个问题,首先我们结合社会主义现代化建设的实践经验,梳理了社会主义核心价值观的入宪经过,认识了在过往的实践中"核心价值"是如何通过宪法条文回应发展需求。然后,通过比较社会主义核心价值观与宪法核心价值的价值来源、价值目标及实现进路,明确了二者在价值的基本内涵上具有内在的统一性,解决了社会主义核心价值观与宪法规范所体现的价值是否一致的问题。接着,通过分析社会主义核心价值观与宪法精神文明建设在功能作用上的承接关系,明确了社会主义核心价值观是宪法精神文明建设不断回应现实需求的必然结果。通过上述三个方面的论证,我们明确了社会主义核心价值观入宪的前提条件与功能定位,为进一步分析社会主义核心价值观的结构与属性提供了理论基础与实践经验。遵循这一理路,我们全面梳理了社会主义核心价值观在宪法文本中的表现形式,进而阐释了核心价值观的规范属性,为下一步分析其价值内涵打下了基础。除此之外,本章还论证了社会主义核心价值观融入法治建设的实施路径,即如何形成具有"刚性约束"的法律规范、如何指导法律规范的"立改废释"(主要指立法性解释)、如何突出"社会治理"的价值导向以及如何保障公平正义的"司法裁判"。

第三章 社会主义核心价值观的价值结构与元价值预设

第一节 多元价值的体系化建构与元价值预设

一、社会主义核心价值观的多元一体结构

(一) 国家、社会、个人三维一体的纵向结构

从纵向上看,社会主义核心价值观的价值结构可以分成三个维度,"富强、民主、文明、和谐"是国家层面的价值目标,"自由、平等、公正、法治"是社会层面的价值取向,"爱国、敬业、诚信、友善"是个人层面的价值准则。这种分层方式在理论界已经达成普遍共识。不过,对于三个维度之间的作用关系,学者之间则存在不同的理解。有学者认为,"社会主义核心价值观三个层面的价值要求,共同构成了一个不可分割的有机整体,统一于中国特色社会主义建设实践。"[1]但是,也有学者从司法实践的角度提出,"为了准确地适用社会主义核心价值观,应以各个核心价值观的核心内涵为基点,采用'分层适用'的方式对社会主义核心价值观的不同维度进行区分适用,避免整体适用"[2]。例如,在"北京金玉恒通贸易有限公司与北京市门头沟区人社局行政纠纷案"[3]中,法院在裁判说理中对"法治"进行了双重层面的解释:"需要指出

---

[1] 黄巧莲:《法治视野下社会主义核心价值观培塑的三个维度》,《福州党校学报》2018年第4期,第42页。
[2] 于洋:《论社会主义核心价值观的司法适用》,《法学》2019年第5期,第65页。
[3] 参见北京市门头沟区人民法院(2018)京0109行初8号行政判决书。

的是,法治是社会主义核心价值观的重要内容。于行政机关而言,法治要求体现在坚持依法行政,严格按照合法行政、合理行政、程序正当、高效便民等要求,切实维护行政相对人的合法权益。于公民、法人或其他组织而言,法治要求其依法行使权利义务,自觉把法律作为指导和规范自身行动的基本行为准则,努力形成尊重法律、崇尚法治的思想意识。"有学者在评析此案时就直接指出,"本案中法院对'法治'的理解涵盖社会层面与个人层面,对'法治'进行了扩张"[1];"虽然广义的'法治'内涵丰富,涵盖不同的维度,但是社会主义核心价值观中的'法治'仅指涉社会层面,并不包含个人层面"[2]。至此,社会主义核心价值观的纵向多维结构就将"价值释义"置于一个两难的境地:如果将核心价值观看作一个整体进行适用,那么多元价值的不稳定性无疑会为司法者的恣意解释与逸脱规则提供一个看似正当的借口;如果严守核心价值观的维度区别进行分层适用,那么似乎又割裂了国家、社会、个人三个层面的价值的有机联系。因此,对核心价值观纵向多维结构的理解,既要看到国家、社会、个人三个层面的关联性,又要注意价值在不同层面的特定内涵。

在此,笔者认为,理解核心价值观纵向多维结构的逻辑起点,应回归到核心价值观在国家、社会、个人之间所起到的凝聚作用。习近平总书记在文艺工作座谈会上强调:"核心价值观是一个民族赖以维系的精神纽带,是一个国家共同的思想道德基础。如果没有共同的核心价值观,一个民族、一个国家就会魂无定所、行无依归。"[3]中共中央办公厅、国务院办公厅印发的《关于进一步把社会主义核心价值观融入法治建设的指导意见》也指出:"要从巩固全体人民团结奋斗的共同思想道德基础的战略高度,充分认识把社会主义核心价值观融入法治建设的重要性紧迫性,切实发挥法治的规范和保障作用,推动社会主义核心价值观内化于心、外化于行。"由此可见,增强国家、社会、个人之间的凝聚力是核心价值观的基本功能,也是理解核心价值观纵向结构的重要进路。例如,"富强"虽然是国家层面的价值目标,但是"富强"经由《宪法》序言中"中国人民为国家独立、民族解放和民主自由进行了前仆后继

---

[1] 参见于洋:《论社会主义核心价值观的司法适用》,《法学》2019年第5期,第61页。
[2] 同[1],第65页。
[3] 中共中央文献研究室编:《习近平关于社会主义文化建设论述摘编》,中央文献出版社2017年版,第124页。

的英勇奋斗"的记载,传递了中国人民渴望实现中华民族伟大复兴的殷切期盼,其最终目的仍然是改善人民生活、实现共同富裕,而不是基于国家理性的一种功利目标。换言之,国家层面的价值目标表面上看是一种国家行为的结果,但其实质上反映的是国家对人民的责任。同理,社会层面的价值取向表面上看是一种社会治理的方向,但其实质上反映的是社会(政府)对人民的义务。"自由、平等、公正、法治"作为社会层面的价值取向,不仅回答了我们要建设什么样的社会的问题,也回答了我们需要什么样的社会规范的问题,与其说是对社会成员提出的道德要求和行为约束,不如说是为行为规范本身框定的标准。[1] 从更深层次的原理上看,"社会主义国家建立的理论基础,即宪法不是建立在对利益冲突假定的基础上,不是建立在国家与社会二元对立的基础上,而是假定国家利益与社会利益、个人利益在根本上是一致的基础上,这样,个人对国家所持的就是信任的态度,而不是怀疑的态度,公民的权利就不是对抗和免于国家干涉的权利,而是一种共同利益一致基础上的共同参与、分享权,权利与义务就总是一致的了"[2]。此亦即传统文化中"为民而王"的民本观在核心价值观理解上的一种体现。申言之,一个价值目标的合理性除了其本身具备正当的目的,还要考察"手段"对"权利的限制"是否符合某种普遍的价值共识。这种共同信仰可能来自习惯、良俗或法律,但其本质上对维系共同体的价值认同一定具备某种重要的意义。例如,2010年南京某大学的副教授因组织换偶活动而被判处聚众淫乱罪,我们不能说因为"文明"是国家层面的价值,所以不能用它来评价这种野蛮原始的个人行为,而是要看到这种不文明的个人行为已经严重冲击了良善家风的共同信仰,最终危及整个国家、社会的精神文明。正如拉兹所说:"行动,即使是表达行动,对于其他人的生活也是有影响的,所有人共有的一种重大利益就是他们的环境特性的一种利益,这种环境既指文化的与社会的,也指自然的与物体性的。"[3]再如,国家、政府出现失信行为的时候,我们不能说因为"诚信"是个人层面的价值,所以不能用它来评价国家和社会的行为,而是要看到当这种失信行为

---

[1] 王怡:《社会主义核心价值观如何入法——一个立法学的分析框架》,《法学》2019年第9期,第61页。
[2] 陈雄:《宪法基本价值研究》,山东人民出版社2007年版,第190页。
[3] [英]拉兹:《公共领域中的伦理学》,葛四友译,江苏人民出版社2013年版,第191页。

发生在对国家和政府抱有道德期待的文化共同体中时,国家和政府的失信行为会严重破坏诚实信用的善良风俗,进而影响公民个人诚信观的培育。"国家与政府诚信是整个社会诚信的基础,如果国家、政府不讲诚信,失信于民,就很难要求个人做到诚信,也就不能形成社会诚信。"[1]因此,当我们用价值评价某一行为的时候,国家、社会、个人三个层面的价值会经由某个凝聚人民共同信仰的理念实现融贯,一旦一种行为破坏了这个共同的理念,三个层面的价值就可以经过共同信仰的纽带实现互通。换言之,核心价值观建设的主要目的之一是凝聚共识,每一个层面的价值的出发点都包含着这个目的,当一种行为在破坏一种价值的时候,经过凝聚社会共识的精神纽带的传导,都会波及这个价值在另一个层面的实现,从而这个价值就获得了评价这个行为的理据,否则,不同层面的核心价值之间就无法建立这种解释性的关联。例如,"在'谭坤玉诉巴东县公安局处罚案'[2]中,针对上诉人与第三人之间的打架行为,法院认为其违反了'和谐、友善'的社会主义核心价值观。其中,'和谐'是国家层面的价值观,用国家层面的价值观'和谐'去评价个人行为,适用对象错位"[3]。本案中,学者的观点不无道理,只是这里"和谐"之所以不能用于评价个人行为,是由于私人之间的普通暴力冲突并没有破坏某种凝聚人民共同信仰的理念,因此不能勾连国家层面或社会层面的价值作为评价理由。但是,"在一起探望权纠纷案[4]中,法院认为原告虽不是法定的探望权主体,但原告是与被告的三个子女具有血缘关系的直系亲属,具有亲属关系上的权利和义务。两原告老年丧子,其身心受到极大打击,又将对儿子的思念寄托在孙子女身上,是情理所在。如不允许原告适时进行探望,不但有违中华民族的传统美德和公序良俗,更与建设社会主义和谐社会要求不符"[5]。本案中,法院虽然没有直接援引社会主义核心价值观进行说理,但

---

[1] 杨登峰:《核心价值观"诚信"融入法治政府建设的几个问题》,《南京师范大学学报(社会科学版)》2018年第5期,第105页。

[2] 参见湖北省恩施土家族苗族自治州中级人民法院(2014)鄂恩施中行终字第00079号行政裁判书。

[3] 于洋:《论社会主义核心价值观的司法适用》,《法学》2019年第5期,第63页。

[4] 参见河南省周口市川汇区人民法院(2013)川民初字第04588号民事判决书。

[5] 李岩:《公序良俗原则的司法乱象与本相——兼论公序良俗原则适用的类型化》,《法学》2015年第11期,第65页。

是其判决依据中对"和谐社会"的阐述,正是"和谐"价值的体现,而国家层面的"和谐"价值之所以能够介入私人之间权利义务的分配,也正是基于对亲情文化良俗的保护。更进一步说,凝聚人民共同信仰的理念,来自于一个国家、一个社会在历史沿革中逐渐沉淀后根植于人民内心的文化认同,只有通过这种"共同善"去关联不同层面的核心价值,对核心价值观的理解才能做到与本土传统文化相结合。"分层适用"虽然提高了适用与解释的准确性、稳定性,但也将对核心价值观的理解置于一种法律工具主义的狭隘认知境地,未能真正体悟到核心价值观提出的本质意义。

但是,本书并不否定核心价值观的不同维度对价值的释义本身的影响。须说明的是,社会主义核心价值观中的十二个价值在没有与共同善建立解释性联系时,其价值的释义仍然受到不同维度的限制。例如,"自由"是"社会的自由",那就意味着核心价值观中的"自由"的内涵不是个人不受干预、无拘无束的状态,而是人与人之间在公共领域的交互过程中有边界的"自由"。只是当某种共同善在各个价值之间建立解释性联系时,原本不同层面的价值就在共同善的指引下进入评价体系,成为勾连权利或义务的一种补强性理由。

综上所述,对社会主义核心价值观三维一体结构的理解,要从凝聚人民共同信仰的理念出发,通过解释性的关联,将不同层面的核心价值融贯到某种根植于人心的文化认同之中,从而实现"情与法"的交融。

(二)多元价值共存的横向结构

上一部分从多元结构的纵向分布出发,讨论了价值在不同维度之间的作用机理与整合方式。但是,核心价值观的多元结构还有一个更深层次的特征,那就是一种多元价值共存的状态。申言之,从横向上看,核心价值观不仅在各个维度上呈现出多元价值的结构,而且十二个价值也以一种价值群的样态存在。这时又引申出另一个问题,不同的价值之间到底是一种支配从属的关系,还是一种平等并存的关系,抑或两种关系同时存在于不同的价值之间。对此,有学者认为,"在社会主义核心价值观的逻辑构成上,国家层面的价值目标对其他两个层面起指挥和引领作用"[1]。"在整个国家层面上,提倡

---

[1] 黄巧莲:《法治视野下社会主义核心价值观培塑的三个维度》,《福州党校学报》2018年第4期,第43页。

'富强、民主、文明、和谐',这一层面是对整体的目标要求,可以说是从经济、政治、文化、社会和生态等方面对国家发展提出的整体目标,在核心价值观中处于主导地位,不仅是国家制定方针政策的根本依据,而且也是全国人民的共同理想。"[1]这些学者的分析有一定的道理,国家层面的核心价值观反映了全体人民对美好生活的共同期待,在社会发展中应当发挥重要的引领作用。但是,过于强调这种理论上的主导地位往往会导致实践上的政策压制,致使国家理性凌驾于社会理性与个人理性之上,其后果是社会秩序被国家目标或政治任务定义,私人的自由空间也难以获得足够的保障。因此,通过维度确定价值之间的位阶关系不是一种理想的释义方式,因为在某种强力或权威面前,"引导"与"压制"也许仅是一步之遥。正如德沃金所倡导的:"我们应当期盼一个包括所有核心政治价值——不仅是平等的价值,还有民主、自由、公正社会的价值——的言之成理的理论,它表明每一种这样的价值都是从所有其他价值中成长起来并反映在它们身上,即这样一种说明:平等不但与自由相容,而且是珍惜自由者都会予以珍惜的一个价值。此外,我们应当期盼包含所有这些价值的理论,证明它们反映着更为基本的信念,即对人生价值、对每个人在各自生活中实现这种价值的个人责任的信念。"[2]因此,笔者认为,社会主义核心价值观的十二个价值之间的关系应当从多元价值的一体性进行理解,而所谓"一体"就是指十二个价值之间通过内部的自我调和、自我完善而成为一个客观的、超验的、至善的多元价值共同体。

其中,"调和"与"完善"就是指核心价值观体系内包含着严格意义上彼此冲突的价值理念,在价值一体化的过程中,这种冲突使各个价值之间获得完善彼此的机会,进而使核心价值观具备内部自我矫正的原生力,防止价值释义的单极扩张。例如,"富强"与"文明"在严格意义上是存在冲突的,因为从根本上看,前者是物质价值观的一种体现,而后者是精神价值观的一种体现。再如,"文明"和"自由"在严格意义上也是存在冲突的,因为严格意义上的"文明"是禁止社会产生低俗文化的,这无疑剥夺了一部分群体文化上的选择自由。可以说,在具体的实践中,价值冲突是普遍存在的,即使在核心价值

---

〔1〕 周顺玲:《社会主义核心价值观的结构分层初探》,《求实》2013年第S1期,第96页。
〔2〕 [美]德沃金:《至上的美德:平等的理论与实践》,冯克利译,江苏人民出版社2003年版,第5页。

观内部也难以避免。但是,"冲突"并不意味着"对立",而是为"和解"提供了一个更好的机会。"辩证法揭示,差异和冲突之所以存在,恰恰是因为有更基础的统一性、有共同的价值前提。在全然不相干的事物之间,并无所谓差异和冲突。"[1]不同的核心价值之间通过内在的张力影响着整个价值体系的释义,其中任何一个价值在进入评价领域的时候,都要受到价值体系的整体限制,然后不断调整自身的作用方式,进而达到一种臻于完善的释义。然而,这种对完善的追求不在于完整地实现某种价值,而在于通过"不完整"的价值促进各方的相互理解与共融,从而达到一种真实的善、全面的善、中和的善,即所谓"中庸之为德也,其至矣乎"。

但是,多元价值的自我调和并非简单的"相互抵消",核心价值观的客观性和超验性为价值的调和提供了方向。核心价值观的多元价值共存是对当今多元化时代特征的一种应对。"就我们身处的中国社会来分析,无论从社会结构,还是从人们的心态、行为趋向,都呈现出一种多元并存的格局。"[2]在这种多元化的趋势中,所有试图以某种单一价值去引领时代发展的努力,最终都会因违背历史发展的客观规律,而无法真正地回应现实的价值困境。因此,核心价值观的多元价值共存的结构除了来自理论推演的概念建构,更多的还是基于客观背景事实的一种实践需要。但是,在从一元价值走向多元价值的过程中,价值多元化所导致的价值虚无主义、价值相对主义,又为社会整体的价值判断带来了空前的挑战。"多元价值观在其本性上是诉求反普遍主义和反本质主义的,无中心、无本质、无差别成为多元价值观社会的基本特征,这必然消解了一元价值观时代的绝对价值标准,社会价值观出现了断裂、分化、分层、离散化和碎片化,从而失去了共同的价值基础和主导整合力量。"[3]可以说,核心价值观的多元价值共存的结构是在一元价值与多元价值的碰撞冲突中,尝试在社会基本共识问题上寻求统一并尽可能维持多元价值活力的一种理念模型。其中,基本共识的形成来自于对共性的追求,多元价值的

---

[1] 孙伟平:《论社会核心价值观与价值观多元化》,载潘维、廉思编:《中国社会价值观变迁30年:1978—2008》,中国社会科学出版社2008年版,第154页。

[2] 刘作翔:《迈向民主与法治的国度》,山东人民出版社2004年版,第334页。

[3] 廖小平:《改革开放以来价值观的变迁及其双重后果》,《科学社会主义》2013年第1期,第88页。

活力来自于对个性的宽容,因此从价值构成的深层架构来看,核心价值观先是从多元价值中逐步凝聚共识,然后在凝聚共识的过程中保留每个基础价值的"本理",最后再通过一体化的整合将分立的"本理"统一到某种超验的"天理"当中。提请注意的是,超验的"天理"并不能否定"本理"的意义,因为"本理"来自于人的需求,是对"人欲"有限的统一,破坏了"本理"等同于用"天理"替代了"人欲",而"天理"的存在仅赋予这种"重叠的共识"一种善的提示,用以抑制"本理"中过度的"人欲"。申言之,基于人对外界的普遍需求而形成的"本理",具有一定的历史客观性,但由于这种历史客观性依赖外部的物质世界而存在,所以"本理"不可直达"天理",当"本理"之间由于共存而产生冲突的时候,"天理"通过一种善的引导促进"本理"之间在外部世界的相互理解,从而使"本理"得以共存,而这种共存的一体状态又以整体的表意指向一种超验"天理"的存在。"本理"之所以有别于"天理",是因为"本理"必须以一种形而下的方式与人的现实需要相联系,这样才能在一定程度上保持多元价值的普遍性;而"天理"之所以有别于某种一元价值,是因为"天理"的善不是来自价值体系的外部,而是来自各种"本理"自我调和过程中所体现出的一种客观必然性。

综上所述,社会主义核心价值观的十二个价值之间是一个有机的整体,各个价值之间不存在某种支配或从属关系;对多元价值共存横向结构的理解,不仅要看到多元价值并存是对多元化趋势的有效回应,还要看到多元价值在一体化的过程中,可以通过内部的自我完善而成为一个超验的价值共同体。这也说明,社会主义核心价值观应当是一种可以独立于法律体系而存在的"客观价值秩序"[1]。

二、多元价值体系化的理论意义与实践困境

(一)多元价值体系化的理论意义

在上文的讨论中,我们对核心价值观的多元结构做了纵向与横向上的考

---

[1] 正如 Qint 所指出的,"客观价值秩序"在德国宪法原则中已成为一个核心概念,当法院指出基本权利确定了一个客观的价值秩序时,就等于承认这些价值由于其极端重要性使得它们必须脱离于具体的法律关系而独立存在。(参见陈道英、秦前红:《对宪法权利规范对第三人效力的再认识——以对宪法性质的分析为视角》,《河南省政法管理干部学院学报》2006 年第 2 期,第 50 页。)

察,无论是从维度的区分与融贯,还是从价值的共存与调和来看,最终都呈现出一种多元一体的复合结构。概言之,社会主义核心价值观多元一体结构的形成是价值多元论与价值一元论双向平衡的结果,其深层逻辑是通过多元价值的体系化建构,实现从价值中立到价值引领、从价值分立到价值一体、从价值对立到价值相融的三重超越。但是,上文对社会主义核心价值观多元一体价值结构的分析,仅仅阐述了核心价值观如何借助多元一体的理论结构成为一种超验的存在形式,因此,下文将基于这种超验性重点论证多元一体结构如何实现理论上的三重超越。

价值多元论虽然可以保护个体价值选择的自主性,但是价值多元化所导致的价值虚无可能置个体的价值判断于一种无序状态;价值一元论虽然可以实现整体精神的价值引领功能,但是价值一元化所导致的价值独裁又可能置个体的价值判断于一种压制状态。"现代宪法本身内含有应对道德困境时的悖反,现代宪法以个体权利为逻辑起点,强调个体自由,道德作为私人事务交由个体决断,而这恰恰是现代人放松道德自律的潜在诱因;但如果宪法介入道德判断,便是僭越了价值中立立场,挑战了个体精神自由的底线,那么现代宪法自身的框架也将遭到根本性的颠覆。"[1]在这种悖论之下,价值多元论塑造的"自由茫然"的个体,难以形成基于某种理性共识而相互联系的文化共同体;价值一元论塑造的"心智僵化"的个体,难以形成基于某种理性自觉而相互理解的公民自治。正如哈耶克所言:"那种欲求将每一事物都受制于人之理性的唯理主义者,因此而面临着一个真正的两难困境。运用理性的目的,乃在于控制及预测。但是,理性增长的进程却须依赖于自由以及人的行动的不可预测性。"[2]至此,价值多元论与价值一元论之间的对立被上升到一个几乎难以调和的境地,可以说,现代西方政治哲学中许多伟大的名字与深刻的思想,其基论都是在二者之间寻求一种互通的可能。但是,西方政治哲学在政教分离之后,由于缺少"天下"这一维,只在国家与人民之间讨论普遍理性与道德自主的问题,所以价值多元论与价值一元论之间的关系就显得格外的紧张。并且,西方国家对于"人民主权"的高度重视,也使得"上帝"在

---

[1] 秦小建:《宪法对社会道德困境的回应》,《环球法律评论》2014年第1期,第79页。
[2] [英]哈耶克:《自由秩序原理》,邓正来译,生活·读书·新知三联书店1997年版,第40页。

退出政治舞台之后，公共领域对"善"的探求只能依赖于自由主义与国家理性之间的张力，而自由主义将自然权利从自然法的客观秩序中剥离，并将其作为对抗国家的最高理据，又导致国家理性中维持"共同善业"的某种神圣本源被个体的权利消解。申言之，自然权利的"人民同意说"，只能从表象上回答行政秩序的合法性——"政府可以做什么"的问题，但无法从本质上评价政治秩序的合法性——"政府应当做什么"的问题。因此，无论是罗尔斯的"重叠共识"，还是康德的"道德理性"[1]，甚至拉兹的"至善论"，都无法完全消除这种价值中立与价值引领之间的合法性危机。"现代政治秩序的这种超越的合法性含义甚深，不是世俗的理性哲学家所能理解的，也不是当代的政治多元论者所能发现的，只有对政治秩序的合法性有深深的焦虑而又参透宇宙人生的真谛，才能洞察到这一人们天天受用而又遗忘了的事实。"[2]此亦即康德在批判纯粹理性时，把意志自由、灵魂不朽和上帝存在作为道德公设，进而调和实践理性与纯粹理性的机理所在。但是，康德的"上帝视角"仍然没有真切地洞察到"社会性的实践交往"，因此不能完全缝合理性与德性之间的鸿沟。[3]综上，对于价值多元一体结构理论超越的解读应回到超越"家国"的"天下"这一维进行分析。

须说明的是，此处笔者尝试从传统儒学的家国天下的连续体出发，通过中国文化中"天人合一"的思想来寻找一种可以缓和价值多元论与价值一元论之间紧张关系的理路。做此尝试，一方面旨在回答价值多元一体结构所必须面对的超验性问题，另一方面也旨在探求如何将核心价值观融入中国传统政治哲学的语境当中。但是，提请注意的是，这里的"天理"不是一种带有宗教色彩的"神本"观念，"天理"所关心的"善"始终是对现实的"人本"价值的反映，来源于现实中的人，而又超越于个体中的善，是一种止于至善的"善"。

1. "天下"的"天理"之维

儒家思想中关于"天理"与"人情"的关系基本上可以分为两个脉络：一

---

[1] 康德认为："凡是我们叫作善的，必定在每个有理性者的评判中都是意欲能力的对象。"（参见[德]康德：《实践理性批判》，邓晓芒译，人民出版社2003年版，第83页。）

[2] 蒋庆：《政治儒学：当代儒学的转向、特质与发展（修订本）》，福建教育出版社2014年版，第252页。

[3] 参见郑永流：《经由民主商谈的合法性——〈哈贝马斯《在事实与规范之间》导读〉的导言》，《法哲学与法社会学论丛》2010年第1期，第259页。

是孟子的"性善说",认为人都存在善端,无须依赖外界的道德权威,只需不断净化自己的道德心灵,就可以直接与天理相通而达"圣贤",即所谓"人人皆可为尧舜",后经与佛家思想相结合,更注重人性向内求的倾向,进而演化出阳明心学,倡导"心即理""致良知""知行合一";二是荀子的"性恶说",认为人都存在欲望,须经过礼法教化来限制人欲,即"人之性,恶,其善,伪也",这种思想被后来的程朱理学继承,更注重人性向外求的倾向,进而主张"存天理,灭人欲"的伦理重构。前者强调的是通过个体身心的和谐而达到人与天的和谐,即"天人相通",这里的"天"是纯粹义理的天,并没有高于人心的天;后者强调的是通过个体与家国的和谐而达到人与天的和谐,即"天人感应",但是,为了赋予家国实施礼教的合法性,人与天的关系就与心灵无关了,转而必须经过君权或者国家的中介才可以认识天理,这时的"天"就成为有人格意志的天,选择有德性的君王来统治万民,因此人人就不可为尧舜了。[1]一定程度上可以说,阳明心学更加注重个人的道德自主,颇有点价值多元论的味道,而程朱理学更加注重国家的道德干预,又有些价值一元论的蕴意。但是,为什么阳明心学与程朱理学都被认为是儒家思想而没有出现对立的局面呢?原因就在于两者所探求的都是"人"与"天"的和谐,区别只在于是否需要通过国家这一中介来实现"人"与"天"的交融。正如钱穆先生所言:"中国人认为国家是天下的,家庭、个人也是天下的。国家只是一个机构,它有一种任务,就是发挥人类的最高文化,和人类高尚的道德精神。个人与家庭,也有此同一任务。"[2]这一架构将国家置于家国天下连续体中,不仅绕开了国家理性的干预,而且使国家的理性也要服从于天理的要义,这时国家就不再是利维坦式的存在,而是与民众共同进行道德实践的一种人格化的伦理秩序体。这种理想的一致性,也解释了为什么儒家文化圈的人民常常把国家比作"父亲"或"母亲",以及为什么我国宪法文本中有大量关于精神文明建设的条款。拉兹在"至善论"中强调政府要负起倡导道德和善观念的责任,可以说是注意到了这一点,但是西方文化中"天下"这一维在政治实践中的缺失所导致的国家与人民二元对立的结构,最终也使得拉兹的"至善论"被正统的自由主

---

[1] 对比来看,从程朱理学到阳明心学的理论演变与基督教的"新教革命"十分相似。
[2] 钱穆:《中国历史精神》,九州出版社2012年版,第25页。

义者批评为"以有利于被强制者的利益的名义来向他们强行施加某些东西"[1]。从深层次看,价值多元论者对消极自由与价值中立的维护并非全部来自对普遍理性的担心,而是畏惧国家理性假借普遍理性干预个体道德选择的自主性,但是如果通过"天下"绕开了国家,那么价值多元论者对价值引领的担忧也就在一定程度上得到缓和。当然,要在现实层面真正消除价值多元论者的忧虑,作为超验价值的天理还应融入调整国家权力与公民权利的宪法当中,这一部分的说理将在下文的论述中具体展开。

2."天下"的"人情"之维

根据上文的论述,这里自然又引申出另一个问题,那就是"天理"和"人欲"之间如何协调的问题。有人可能会质疑,如果按照阳明心学来理解"天人互通",那么每个人都会有自己的"天",这时个体依然会堕入价值虚无的境地;如果按照程朱理学来理解"礼法教化",那么"天理"似乎又要让位于国家的道德判断,这时国家又垄断了道德教化的话语权。根据这两种质疑,前者的"天"就成了"人欲横流"的借口,后者的"天"就成了"道德干预"的工具。这两种理解实则是对阳明心学与程朱理学之间差别的误读。

无论是阳明心学,抑或程朱理学,都没有将"天理"和"人欲"置于道德判断的两极,"参通天地人下归往"是两个学说共同的理想追求,只是实现的路径有所不同。阳明心学将道德行为看作提炼良知的场域,所谓"提炼"即行与知的本体本是合一的,只是人心受到了世俗的蒙蔽才导致二者的分离,要使"良知呈现"就要破除"本心自识"的障碍,但"复吾心天理之本体"的功夫并不需要从对"行"的评价里面获取知识去完善心知,而是看见那种行为的不道德就自察到心受蒙蔽的障碍。也就是说,在阳明心学看来,"良知"虽不可"坎陷"[2]去成就"知性",但也需要在实践中体悟良知、体认真我。"儒家的个人良知之实现,必须在家族与王朝的公共事务之中从事道德实践,致良知

---

[1] 参见姚大志:《论拉兹的至善主义及其得失》,《求是学刊》2007年第2期,第43页。
[2] "良知坎陷"是牟宗三先生哲学体系中的重要概念,可理解为"良知"为实现自身而自觉地"委屈下降"为"知性"。例如,圣人在达到自我完满之后,出于悲悯之心,其良知必然入世俗,拯救芸芸众生。(参见牟宗三:《从陆象山到刘蕺山》,吉林出版集团有限责任公司2010年版,第209—220页。)

中的'致',不仅是对天理的领悟,更是对天理的践行。"[1]然而,正是"知行合一"对"一念不善"的克服,使得"我心即天理"的世界既不衍生出"知性"去干扰"别心",也不为其他外界的理性所量度,天理始终源于人心的善端,善的观念里只存在一个天理世界,这时"天理"就既可始于"人情",又可引领人心。程朱理学将道德理性看作对人心的修正,所谓"修正"即先知后行,先有被教化的"知",后有合天理的"行",但是为了防止"因不知而不行"的情况,所以这里的教化被给予了国家理性的支持。这时的道德教化似乎已经走向价值独裁的境地,即其他非核心的价值都应符合国家理性倡导的核心价值的安排。然而,程朱理学的解决之道是首先将"天道"置于至高的地位,一种永存的状态。正如朱熹所言:"且如万一山河大地都陷了,毕竟理却只在这里。"经由天道的推崇,"天"便获得了高于国家和君权的地位,任何君主的意志乃至国家的意志都要和"天"的意志相契合,才能获得统治的合法性基础。这时承接"天道"所获得的普遍理性与政治理性的结合就变得有限了。但是,单凭这样的架构还不足以达到上制君权下达民意的境地,程朱理学还做了另一项工作,那就是赋予"天理"一定的客观标准。正如上文所述,程朱理学继承了荀子和董子的思想,程朱理学的"天"已不同于孟子纯粹义理上的"天",在程朱理学那里,"天"还被赋予了人格化的意志,具有了"仁"的感知力,起到了评判人事的作用。所以,程朱理学的"天"就被赋予了三重使命——评国家权力的合法性、评社会公义的公正性、评个人品行的道德性,这与社会主义核心价值观的国家、社会、个人三个层面的多维结构正好契合。与三重使命相对应的这种形上世界的德性标准就是:"超越神圣之德、仁爱公义之德、人文义理之德"[2]。最高掌权者在继受天命获得政治统治合法性的时刻,就被要求完成人与宇宙和谐的生命责任,建立的制度要分别体现天道的合法性、历史的合法性与民意的合法性。[3] 这也是程朱理学看来,"天理"之所以至上永存的理由。当此三重标准同时被统摄于一种超验的"天"时,国家道德教化就

---

[1] 许纪霖:《现代中国的家国天下与自我认同》,《复旦学报(社会科学版)》2015年第5期,第48页。

[2] 参见蒋庆:《政治儒学:当代儒学的转向、特质与发展(修订本)》,福建教育出版社2014年版,第253页。

[3] 同[2],第50页。

不再是"天理"的续造,而是三重标准下"天理"的评价对象,进而国家的道德干预就要与使人自觉守德的习惯以及人的本性相协调,于是程朱理学就演化出了两个世界,一个人心的世界,一个天理的世界,而礼法的教化也就被要求实现天理世界的"大我"与人心世界的"小我"之间的平衡。例如有人问朱熹,"存天理、灭人性如何解释饮食男女?"朱熹的回答是:"饮食,天理也;山珍海味,人欲也。夫妻,天理也;三妻四妾,人欲也。""虽是人欲,人欲中自有天理。"正因"天下不远于人",看似分立的"人欲"才能在"天理"的善导下实现"理一分殊"的价值一体化。

3. "天理"与"人情"的合一

对比可见,阳明心学与程朱理学都没有将"天理"或"人情"置于价值判断的两极,而是极力实现二者间的平衡,只是阳明心学更加关注的是"觉民行道",程朱理学更加关注的是"得君行道"。前者是儒学的向民看,强调的是教化乡民;后者是儒学的对君说,强调的是劝君行义。所以,孟子说,"民为贵,社稷次之,君为轻",并推崇孔子所说的"夷狄之有君,不如诸夏之亡也"。"假如出现了逆天而行的暴君,按照孟子的激进主义思想,可以遵循天命,起而革命,重建王朝。"[1]这种"君无德不如无君"的思想,其制约君权、施行仁政的力量在于"民知天理而君不行天理"。而程朱理学继承了荀子与董子的学说,更强调通过"天理"直接限制君权,"通观《繁露》一书,此种批判精神随处可见,如董子高扬孔子'讥天子贬诸侯'的精神,推崇'大复仇'诛灭无道君主的精神,以及肯定'汤武革命'的精神,等等"[2]。因此,程朱理学的制约君权、施行仁政的力量在于"世存天理而君不往之"。从上述的区别也可看出,阳明心学唤醒的是民智,依靠的是民的力量;程朱理学唤醒的是君智,依靠的是政治秩序内的力量。这也从一定程度上解释了为什么汉朝的灭亡始于"外戚将军和宦官",明朝的灭亡始于"明末的农民起义"。当然,王朝的更替原因很多,这里也仅是管中窥豹,但是阳明心学和程朱理学在实践过程中都存在异化的可能,这也警醒我们应当将二者结合起来。因为两种学说在外

---

[1] 许纪霖:《现代中国的家国天下与自我认同》,《复旦学报(社会科学版)》2015年第5期,第48页。

[2] 蒋庆:《政治儒学:当代儒学的转向、特质与发展(修订本)》,福建教育出版社2014年版,第253页。

界客观情况的影响下都可能偏离其理想的进路,进而达不到"天理"与"人情"的融合,反而会造成"天理"与"人情"的对立。换言之,阳明心学虽然倡导的是"良知的呈现",要求天理与人情的自觉相通,但是,实践中也有可能因"人情"被外界信息所蒙蔽(特别是在信息爆炸的时代)而使人成为"放纵的自我";程朱理学虽然倡导的是"灭过度的人欲",但是,实践中也有可能演化成压抑人性的僵化的意识形态。这两种实践中的"异化"都有可能导致价值判断的对立,例如适度地释放人的欲望是可取的,因为这样可以激发人的主观能动性,促进经济的发展和社会知识的进步,但是完全按照自由意志追求形式平等,不考虑人的差异,违背了"天理"中生命本源处的平等,就有可能导致现实中自由与平等的对立。因此,阳明心学与程朱理学要实现一种"天理"与"人情"的平衡,即阳明心学的"天"旨在促进"人性"对"天理"的理解,其逻辑起点是"人"向"天"的归附,程朱理学的"天"旨在促进"天理"对"人欲"的修正,其逻辑起点是"天"向"人"的靠近,如此双向迸发,才能使"天理"与"人情"实现交融,从价值对立走向价值相融。

通过"天人合一"的理论转换,一体化的核心价值观作为一种超验的价值整体而存在,其整体的释义指向一种终极的"善",在这种"善"的指引下,"个人"与"天下"成为最重要的两极,而国家与社会(政府)仅是实现二者通融的中介。这里的"天下"有两个层面的含义:一个是普遍的宇宙价值秩序,即阳明心学追求的由人体悟的"天";另一个是符合"天理"的文化伦理秩序,即程朱理学追求的由礼体现的"天"。前者要求核心价值观要入心,成为民众内心真正的价值引领;后者要求核心价值观要入法,成为社会规范的价值秩序。两种含义的"天"通过不同的理路分别促进了"多元"的"人情"与"一元"的"天理"之间的交融,使客观的价值秩序在两者的张力之间实现平衡。在这种平衡中,普遍理性由于无法从超验的"天"中直接证成,只好回到人的类特性中寻找答案,进而实现一种向"人"看的合目的性;个体理性由于外界的蒙蔽,必然要在中介(国家与社会)中反思自身,寻找人作为类存在物的本质,以达"天理",进而实现一种向"群"看的合目的性。因此,在"天理"与"人情"的双向生成中,普遍理性与个体理性的价值判断就可以实现相融。

综上所述,这种价值判断的共识,为社会主义核心价值观统一法的内外价值秩序提供了理论支撑。更为重要的是,这也提醒我们,马克思主义所强调的人的最高本质的觉醒,不同于康德抽象的"道德理性"或罗尔斯在"道德敏感性"中所架构的"认知理性",而是源于人的心理结构中不依赖于理性能力但能自发形成、自在展开的一种"善端"。[1] 这也昭示着,在中国人的文化观念中,"天"是有人格化意志的,能感知世间的"仁","法治政治秩序仍须以伦理秩序为基础"[2],作为伦理欲求的法外价值应当有合理的入法进路[3],应当被包含在核心价值观整体释义当中,并通过多元价值的调和不断趋近这种人本质的善端。此亦即下文中不断强调通过元价值协调核心价值观整体释义与部分释义(或称分别适用)的基论所在。

(二) 多元价值体系化的实践困境

上文论证了多元一体结构的核心价值观如何通过内在的动力升华为超验的价值,并从理论上证成了核心价值观的超验性是如何实现"天理"与"人情"的通融,并强调要通过多元价值的整全不断促进二者的融合。可以说,强调核心价值观整体性的意义在于防止实践过程中价值释义的单极扩张,这一点从上文部分法院忽略价值结构的一体联系与维度关系的判例中,可见一斑。但是,一体化的核心价值观如果通过整体的释义进入实践领域,无疑会对法的安定性造成极为不利的影响,进而导致对规则的逸脱与解释上的恣意性。例如,根据学者的观察,"司法实践中,虽然大量案件运用社会主义核心价值观进行裁判说理,但是超过半数以上的案件均采用整体适用的方式进行适用,不仅说理不充分,并且增加了说理的随意性与不规范性的风险"[4]。由此可见,无论是通过某几个单一价值进行分层释义,还是依据核心价值观一体化的内在逻辑进行整体释义,都难以在实践中正确表征核心价值观的规范内涵。不过,从路径选择上看,社会主义核心价值观在本质上是一种规范的表达,一体化的价值整体在实践过程中的适用还是要经由具体的十二个价值进行诠释。因此,现在的问题就是这"十二个价值"构成的价值群在实践过

---

[1] 参见刘清平:《"道德理性"是否可能?》,《天津社会科学》2017年第3期,第34页。

[2] 江国华:《宪法哲学导论》,商务印书馆2007年版,第385页。

[3] 在司法裁判中,已有通过"人伦"进行说理的判例,"杜某某的辱母行为严重违法、亵渎人伦,应当受到惩罚和谴责,但其在实施防卫行为时致一人死亡、二人重伤、一人轻伤,且其中一重伤者系于欢持刀从背部捕刺,防卫明显过当。"[详见山东省高级人民法院刑事附带民事判决书(2017)鲁刑终151号。]

[4] 于洋:《论社会主义核心价值观的司法适用》,《法学》2019年第5期,第71页。

程中如何协调部分与整体的关系。具体而言,从价值层面来看,问题可以归结为:第一,价值分立的整合困境,即如何在多元价值之间建立解释性联系,一方面保证各个价值之间可以形成一个相互联动的价值网络,另一方面防止各个价值的基本含义在价值网络的融贯过程中被消解甚至替代;第二,价值冲突的调和困境,即如何在多元价值冲突的情况下,找到一个可以调和冲突关系并促进价值之间相互理解、相互支持的实践方式;第三,价值共存的导向困境,即如何在多元价值共存的情况下,保证部分的价值表达也可以符合整体的价值引领。从规范层面来看,问题可以归结为:在体现不同价值的具体规范之间,如果出现"相抵触"或"不一致"的情形,应当如何选择才符合社会主义核心价值观的整体价值判断。

三、西方"核心价值"的实践启示

(一) 美国:自由至上及其现实导向

尽管美国1787年宪法及其修正案确立了美国人民享有的生命权、自由权、财产权与选举权等基本权利,但美国宪法的核心价值是什么在文本中并没有明确的规定。那么,何者为美国宪法的核心价值呢?从文化传统上,美国承继了日耳曼民族极端的个人主义传统,个人自由至上的理念一直是美国社会的"共同价值"或核心价值。布莱克们在第一次堕胎案中认为,"自由"隐含着对隐私权利的保护;奥康纳大法官在讨论堕胎自由时,在遵循先例的基础上,依旧强调自由是正当程序条款中的"关键字眼"。所以,美国宪法关于自由之核心价值地位常常游离于宪法规范之外,而是经由社会现实导向模式得到确立。

"罗伊诉韦德案"确立的"堕胎自由"原则,反映了个人自由至上的核心价值观念在美国宪法中的地位。1969年,居住在得克萨斯州的妇女罗伊因怀孕想堕胎,但该州《反堕胎法》规定"除非在孕妇生命垂危的情况下,否则,禁止堕胎。"罗伊认为她有选择终止妊娠的自由,《反堕胎法》剥夺了她的宪法权利,诉至法院。[1] 1973年,联邦最高法院以多数意见裁定州法违反了宪法

---

[1] 参见马洪伦:《美国联邦最高法院对堕胎权的确认:罗伊诉韦德案》,《苏州大学学报(法学版)》2017年第2期。

第十四修正案,侵害了正当程序条款保障的个人自由权利。法院通过对宪法第十四修正案确立的"未经正当法律程序不得剥夺任何人的自由"条款进行宪法解释,导出公民的隐私权这一基本权利,并认为隐私权包含妇女终止怀孕的自决权。[1] 当然,妇女自行决定堕胎的隐私权也并不是绝对自由的和不受限制的,为了孕妇的生命健康和胎儿的潜在的生命权,可以对这种自由给予适当的限制。为此,布莱克门大法官提出了妊娠期"三阶段"理论来协调隐私权与其他权利冲突的处理法则。[2] 后来,最高法院处理了多起堕胎案,如"韦伯斯特诉生育服务中心案""凯西案"与"宾州限制堕胎案",尽管不断填补了"罗伊诉韦德案"的处理规则的漏洞,但该案确立的堕胎自由基本原则却经久不衰。

(二)德国:人性尊严及其规范导向

《德意志联邦共和国基本法》第一条第一款规定:"人的尊严不受侵犯,尊重和保护人的尊严是一切国家权力的义务。"人性尊严作为基本权利的逻辑起点,其位于宪法之首,具有统摄整部宪法的核心地位。《德意志联邦共和国基本法》第十九条第二款进一步规定:"基本权利的本质内容在任何情况下都不得受到侵害。"但何为基本权利的本质内容呢?通说认为基本权利的本质内容就是基本权利的核心价值,而这个核心价值就是人性尊严。[3] 自康德提出"人是目的不是手段"的论断以来,人性尊严一直是德国社会的核心价值,如黑塞所言:"人性尊严是构筑德国宪法秩序的最高原则,是国家全部法律规范的重心,是所有人类共同体的基础。"[4] 人性尊严之所以在德国基本法中具有至上地位,一方面是基于德国法哲学史上人性尊严的理论前见与成文法的传统,另一方面是因为《魏玛宪法》的模糊性以及希特勒的人性践踏悲剧。人性尊严的内涵包括三个方面:首先,人不是手段而是目的;其次,人性尊严的主体是个体;最后,人享有自主、自决权。

人性尊严这一核心价值在德国联邦宪法法院的实践中受到广泛青睐。

---

[1] 参见张千帆、朱应平、魏晓阳:《比较宪法——案例与评析(下册)》,中国人民大学出版社2011年版,第595页。

[2] 参见姚国建、秦奥蕾:《宪法学案例研习》,中国政法大学出版社2013年版,第100页。

[3] 参见汪进元:《基本权利的保护范围:构成、限制及其合宪性》,法律出版社2013年版,第94页。

[4] [德]黑塞:《联邦德国宪法纲要》,李辉译,商务印书馆2007年版,第96—97页。

德国"第一次堕胎案"就是通过人性尊严原则的导控,来协调胎儿的生命权与孕妇的权利之间的冲突。该案的起因是德国1974年启动的"第五次刑法改革法"修订了《刑法典》关于堕胎行为的惩罚措施,其中第二百一十八条中规定了"在满足特定条件下,怀孕开始的12周内实施的堕胎行为免受刑事处罚",申请人认为该条违反了《德意志联邦共和国基本法》,诉至法院。联邦宪法法院认为堕胎问题涉及保护人的生命法益之核心价值,当胎儿的生命权与孕妇的权利发生冲突时,由于人的生命与人性尊严原则最为接近,对胎儿生命的保护应该优先于孕妇的自主决定权。[1] 联邦宪法法院通过人性尊严原则的规范导控,推定出胎儿的生命权的地位,然后利用法益衡量原则比较胎儿的权益与孕妇的权益在基本法价值秩序中的等级位阶,最后得出生命乃人性尊严之最高价值位阶。人性尊严原则也可能由于过于抽象,导致价值的空洞化,联邦宪法法院在实践中就总结出"客体公式"[2],为价值的具体化提供指引。

德国"第二次堕胎案"更是彰显了人性尊严在宪法体系中的核心价值地位。自第一次堕胎案之后,1987年,德国立法机关重新修订了《刑法典》,规定了紧急状态下妇女的堕胎权。1990年,巴伐利亚州政府认为《刑法典》关于紧急状态中的堕胎规定仍然无法保障孕育中的生命,违反《德意志联邦共和国基本法》关于人性尊严和生命权保障的规定。联邦宪法法院认为,"在整个怀孕期间,堕胎行为均被视为非正义行为,即使是在有限的特定时间内,孕育中生命的生命权也不得取决于第三人——甚至包括母亲在内的不受法律约束的自主决定"[3],因为孕育中的生命享有的人性尊严地位应优先保护。并且该案还发展出了基本权利的主观防御功能和国家给付义务功能,以保障在人性尊严导控下基本权利免受侵害并有利于其得以实现。

通过比较德国两次堕胎案,可以发现德国司法实践是严格禁止堕胎行为的,主要是基于《德意志联邦共和国基本法》确立的人性尊严的核心价值,将

---

[1] 参见张翔主编:《德国宪法案例选释(第1辑):基本权利总论》,法律出版社2012年版,第151页以下。

[2] 杜瑞格认为,当一个具体的人被贬抑为客体或者工具时,人性尊严就已经受到了侵害。(参见李震山:《人性尊严与人权保障》,元照出版有限公司2001年版,第13页。)

[3] 同[1],第163—164页。

胎儿视为宪法中的人,并严格保护胎儿的生命权。而美国的堕胎案则反映出胎儿并不具有人的宪法地位,在处理胎儿权益与妇女堕胎自由的矛盾中,主要是基于自由主义的传统,侧重对妇女自主选择权的保护。

(三) 实践启示

比较而言,美、德两国的核心价值观的释宪机制都是通过判例形成的,但美国基于遵循先例原则,宪法解释规则就是判例法,具有普遍的拘束力,德国属于成文法国家,注重文本解释规则,并通过比例原则协调补充,解释规则不具有法的拘束力。申言之,美国的自由至上,蕴含在日耳曼民族的传统文化之中,也在宪法文本中有原则性规定,并通过宪法判例予以补充和完善。德国的人性尊严自康德以来也成为德意志民族的文化内核,在吸取《魏玛宪法》的教训之后,通过现行基本法予以具体规定,赋予其刚性的拘束力。但是,美、德两国的核心价值及其法治化经验都告诉我们:确立符合历史传统与文化观念的核心价值,有利于化解现实中的价值冲突,维护社会基本认同的连续与统一。可是,相对西方国家单一的核心价值理念,我国宪法确认的核心价值群,潜存着理解上的难题和践行上的冲突。所以,如何借鉴西方单一核心价值理念的可操作性同时,防止陷入价值一元论的"独裁"困境,这既是西方核心价值理念带给我们的实践启示,也是我们须进一步攻克的理论难题。

四、元价值的理论预设与现实意义

(一) 元价值的理论预设

价值观是人区分好坏、美丑、益损、正误,符合或违背自己意愿等的观念系统,它通常是充满情感的,并为人的正当行为提供充分的理由。[1] 价值观代表的仅仅是局部性、待证性的价值判断,是个体或群体基于对价值或价值关系的理解,自主形成的处理各种价值问题的理念模式。"价值观可能以有助益的方式表现出来,也可能以有危害的形式展现出来。"[2] 所以,一个国家

---

[1] 参见黄希庭、张进辅、李红等:《当代中国青年价值观与教育》,四川教育出版社1994年版,第7页。

[2] 金梦:《核心价值观入法的立法样态研究》,《江海学刊》2019年第2期,第155页。

内部往往同时存在多元的价值观,包括"集体主义""个人主义""功利主义""拜金主义"等等。但是,核心价值观则不同。"核心价值观是一个社会中居统治地位、起支配作用的核心理念,也是一个社会必须长期普遍遵循的基本价值准则,具有相对稳定的特点。"[1]核心价值观在凝聚集体共识的基础上,对各种价值观进行统摄与导控,是全体性、决断性的价值导向,是全体人民良善生活的精神引导与规范力量,是某种价值观是否应当被倡导的检验标尺。所以,与价值观重视主体的自我选择相比,核心价值观在价值选择上还包含着三个层面的规范意义——"基本的善""应当的善""目的的善"。需要指出的是,我国的核心价值观是核心理念的一种集合,这种价值群的结构可以有效地克服价值一元论的僵化局面,但是导致的结果就是不同的核心理念之间可能存在价值冲突,进而导致理解与适用上的困难。这就要求我们进一步明确核心价值观的中心内涵,即核心价值观中的核心价值。这里的核心价值,是指在某种观念或观念集合中处于最根本地位的价值。在我国,社会主义核心价值观与社会主义核心价值的关系可以理解为:"社会主义核心价值观是社会主义核心价值体系中的一组核心的观念群,社会主义核心价值是社会主义核心价值观中最根本、最核心的价值。"[2]同理,社会主义核心价值观中的核心价值也可作同上的理解。以上文美、德两国核心价值释宪模式[3]为例,美国通过自由至上及其现实导向确立了"自由优位"的价值冲突处置模式,德国通过人性尊严及其规范导向确立了"人性尊严本位"的价值规范保护模式,分别体现了各自历史记忆、民族文化、社会共识所承载的核心价值。在堕胎、名誉侵权、安乐死等涉及价值冲突的司法裁判中,德国侧重保护生命人格,美国侧重保护自主自由。社会主义核心价值观中核心价值的预设,一方面借鉴了西方单一核心价值理念的可操作性,另一方面将核心价值置于一个核心价值观的理念集合当中,既提高了理论的适用性,又防止了价值独裁局面的产生。并且,为了表述的规范性与区分性,以及突出与核心价值观理念集合的

---

[1] 戴木才、田海舰:《论社会主义核心价值体系与社会主义核心价值观》,《中国党政干部论坛》2007年第2期,第37页。

[2] 骆郁廷:《论社会主义的核心价值》,《马克思主义研究》2014年第8期,第102页。

[3] 参见汪进元:《基本权利的保护范围:构成、限制及其合宪性》,法律出版社2013年版,第17-23页。

整体协调性，笔者把这里的核心价值称为"元价值"。

综上所述，从理论结构上看，本书所提出的社会主义核心价值观中的元价值就是社会主义的核心价值，具体是指在一国价值体系中对不同层面价值的释义和实现产生主导作用的基础性价值；从功能定位上看，社会主义核心价值观中的元价值在实现价值一体化中的作用不仅涵盖了西方国家单一核心价值调和价值冲突的功能，而且是整合多元价值、实现价值引领的重要途径。

（二）元价值预设的现实意义

1. 构建动态体系的理论支点

在解决基本权利冲突的相关理论中，存在着一种基本权利的位阶秩序理论。"在德国，有些宪法学者认为，不同基本权利之间是存在价值位阶秩序的，某些基本权利的价值位阶较高，而另外一些基本权利的价值位阶则较低。当不同位阶的基本权利发生冲突时，应当优先保障位阶较高的基本权利。"[1]虽然这种基本权利位阶理论所构造的位阶等级图谱，可以规范基本权利的限制方式，但由于其缺乏宪法文本的法解释论证，以及其过于绝对的价值判定方式，在处理基本权利价值冲突时往往容易陷入僵化，进而难以良好地协调个案的权利冲突问题。林来梵教授与张卓明就认为，权利的位阶秩序并没有整体的确定性，不可能形成像"元素周期表"那样先在的图谱，从而不应该以权利位阶秩序作为解决权利冲突的依据。[2]但是，导致位阶秩序理论陷入僵化的原因并非在于其对权利的价值进行了划分，而在于其被过于泛化地适用到对各个基本权利的价值判断中。正如马岭教授所言，我们不能将权利位阶划分得过于机械死板，但也不应完全放弃权利位阶的基本确认。[3]也就是说，不是每个基本权利的价值都可以独立论证后进行排序，而是每个价值都必须服从于某一基本价值的统摄之下，通过这一基本价值与其他价值的内在关系，有机地确认、整合、调和不同价值在个案中的秩序。德国基本法所确立的"人性尊严作为所有基本权利的基础"，进而衍生出的"客体

---

[1] 张翔：《基本权利冲突的规范结构与解决模式》，《法商研究》2006年第4期，第98页。
[2] 参见林来梵、张卓明：《论权利冲突中的权利位阶：规范法学视角下的透析》，《浙江大学学报（人文社会科学版）》2003年第6期，第5页。
[3] 参见马岭：《权利冲突与权利位阶》，《云南大学学报法学版》2008年第5期，第30页。

化公式""接近说"等价值判定理论,正是基于这一核心价值所设定的论证模型。因此,通过对基本权利位阶秩序理论的借鉴与反思,可以预见,元价值理论是对社会主义核心价值观基本秩序的一种确认方式,通过基本秩序的结构性引导,进而构建全面、平衡的动态化价值体系。

2. 处理多元价值冲突的现实需要

元价值有利于处理社会主义核心价值观的价值冲突。社会主义核心价值观中的十二个价值都是高度抽象的概念,而涵盖范围越广的概念,解释的空间就越大,产生冲突的可能性也就越高。第一,这种冲突可以体现为某一价值自身的内在冲突。例如发生在昆明的一起"钢琴噪音案"[1]中,原告主张其有自主休息的权利,不应长期被迫聆听钢琴音,从而影响其正常的生活;被告则主张其钢琴音不是噪音,其在自己家中也有自主娱乐的权利。在本案中,原告与被告之间就是休息权与娱乐权发生了冲突,这一冲突在价值上的体现就是"自由价值"本身的冲突。第二,这种冲突还可以体现为两个不同价值之间的冲突。例如,2014发生在杭州的一起"招聘纠纷案"[2]中,杭州市西湖区东方烹饪职业技能培训学校以"只招男性"为由拒绝了郭某(女)的应聘请求。本案中培训学校在员工录用上有自由选择的权利,但以性别差异作为拒绝聘用的理由同时也侵犯了妇女平等就业的权利。这一权利冲突则体现了"自由"与"平等"两种不同价值之间的冲突。由此可见,社会主义核心价值观的十二个价值在实践中是有可能产生冲突的,但是这种冲突的化解机制如果只停留在价值与价值之间的观念辩论,那么就较容易陷入逻辑论证的困境,难以导控个案规范。例如,美国的"纽约时报案"与德国的"喻人为猪案",在案件事实上都涉及了新闻媒体的言论自由与公务人员人格权的冲突,如果单纯就言论自由与人性尊严哪个权利更值得保护进行讨论,则只会陷入无休止的争论之中。最后,美国联邦最高法院以"实际恶意"原则保护了公民"自由政治讨论的机会",体现了美国宪政文化中言论自由的最优地位;德国联邦宪法法院则认为以动物形态来讽刺当事人的人格或容貌,并且讽刺的内容涉及正常人亲密生活的核心部分,这种行为是对当事人人

---

[1] 参见刘作翔:《权利冲突:一个应该重视的法律现象》,《法学》2002年第3期,第76—77页。
[2] 参见浙江省杭州市西湖区人民法院(2014)杭西民初字第1848号"郭晶诉杭州市西湖区东方烹饪职业技能培训学校人格权纠纷案"民事判决书。

性尊严的攻击与损害,最终宣告这家杂志社败诉,体现了德国宪政文化中"人性尊严"作为基本价值的重要地位。因此,在核心价值观中挖掘元价值,把元价值作为不同价值之间相互融贯的"概念中介",是解决价值冲突的重要途径与论证进路。

3. 培育与践行社会主义核心价值观的有效途径

元价值有利于促进社会主义核心价值观的培育与践行。2012年12月4日,习近平总书记在《在首都各界纪念现行宪法公布施行30周年大会上的讲话》中强调:"努力让人民群众在每一个司法案件中都能感受到公平正义。"[1]由此可见,法律在调整个案中的权利义务分配的同时,往往也会影响社会的价值判断。良法会呼唤公民道德的回归,恶法会阻断公民良善的自觉,这也是民法确立公序良俗原则的原因所在。因此,社会主义核心价值观的培育与践行,离不开"良法善治"的支持。但是,"良法善治"具体的评价标准又该如何制定呢?核心价值观中元价值的确立,有助于明确科学立法、文明执法与公正司法的标准,是检验"良法善治"的有效路径。首先,元价值的主导作用与功能是否彰显,可以有效检验一个立法的价值取向是否偏离宪法的核心价值,通过合宪性控制,规避恶法的隐性形成。其次,通过元价值的指向,可以有效审视法律执行过程中的依据是否合理,纠正法律执行过程中的偏差,进而阻止滥用职权的显性蔓延。最后,通过元价值的导控,可以有效协调个案价值冲突中的权利配置,规制个案价值诉求的解释范围,进而限制恣意解释的司法乱象。通过立法的科学性、执法的准确性、司法的公正性,保障法律条文中蕴含的法律价值能够正确地引领与规范社会的价值判断,增进社会主义核心价值观在规范社会行为、调节社会关系、维护社会秩序中的重要作用。综上所述,"立良法、行善治"是社会主义核心价值观走近公民生活的实践路径,而元价值的确立在立法、执法、司法三个层面都有助于推进"良法善治"的形成,所以元价值有利于培育与践行社会主义核心价值观。

综上所述,法治的实践本质上是权利义务的分配,表象上权利冲突的背

---

〔1〕 中共中央文献研究室编:《习近平关于全面依法治国论述摘编》,中央文献出版社2015年版,第67页。

后往往蕴含着更深层次的价值冲突。因此,协调价值冲突是解决法治实践困境的关键所在。核心价值观元价值的析出,有助于确定核心价值观中十二个价值的基本秩序,调和十二个价值的价值冲突,规范十二个价值的功能释义,是法释义学角度对价值秩序的理论建构,是化解"十二个价值"内在冲突的基础,也是社会主义核心价值观真正落实的有力抓手。

第二节 "和谐"作为元价值的考证因素

目前,国内学者关于社会主义核心价值观的理论研究已有一定的成果,也有部分学者对社会主义核心价值观的"核心价值"或"基础价值"提出了自己的观点。韩震教授认为:公平正义是反映中国特色社会主义制度性质的最根本的核心价值观。[1] 骆郁廷教授认为:核心价值是核心价值观中最根本、最核心的价值,在价值交锋中具有引领作用,当下中国的核心价值是集体主义。[2] 袁久红教授与甘文华认为:作为社会主义核心价值观"核心"的应是社会主义的理想信念与集体主义价值观。[3] 陈金钊教授认为:在中国社会转型期,法治在核心价值观中处于前提位置或者中心地位,对全面推进法治建设具有重大意义。[4] 魏建国教授认为:自由是社会主义核心价值观的一个基本要素,是人类文化传统的深层意蕴,是马克思主义的重要内容,是中国特色社会主义的内在要求。[5] 戴木才教授认为:"仁义礼智信"是中华传统美德中的核心价值观,是中国特色社会主义核心价值观的基础性、民族性内容。[6] 李建

---

[1] 参见韩震:《公平正义的和谐社会与核心价值观念》,《中国社会科学》2009年第1期,第44-50页。

[2] 参见骆郁廷:《论社会主义的核心价值》,《马克思主义研究》2014年第8期,第104-106页。

[3] 参见袁久红、甘文华:《社会主义核心价值观与"中国精神"的新生》,《东南大学学报(哲学社会科学版)》2013年第5期,第12页。

[4] 参见陈金钊:《对法治作为社会主义核心价值的诠释》,《法律科学(西北政法大学学报)》2015年第1期,第3-17页。

[5] 参见魏建国:《自由:社会主义核心价值观的一个基本要素》,《理论学刊》2014年第3期,第89-93页。

[6] 参见戴木才:《科学揭示中国特色社会主义核心价值观的四个维度(下)——中国特色社会主义核心价值观探索之三》,《南昌航空大学学报(社会科学版)》2011年第4期,第10页。

华教授认为:发展是中国特色社会主义的核心价值之一,是达到富强、和谐、仁爱、自由等理想的途径和手段,所以应当把发展列在首要位置。[1] 黄明理教授等人认为:富强在社会主义核心价值观体系中居于首要的地位,是带有根本性、基础性和优先性的核心价值观。[2]

上述学者关于元价值的观点都有其道理与意义,但是从法释义学的角度来看,还有继续讨论的空间。"公平、正义、自由"自身就存在价值导向的争议,缺乏指导释义的稳定性;"集体主义"作为一种基础理念,内涵较为宽泛,缺乏实践上的可操作性;"法治"作为工具性价值,缺乏整体的统摄力;"仁义礼智信"是古代话语体系中的表述,缺乏现代解读;"发展"作为一种时代精神,缺乏历史与文化的根源性;"富强"是国家理性的价值追求,带有一定的功利性,过于强调"富强"的核心地位,在释义的过程中难免会处理不好国家与人民、经济与道德之间的关系。在此,笔者认为确定元价值的考量因素须兼顾以下五个方面:价值的规范性、价值的传承性、价值的包容性、价值的延展性以及价值的实践性。并且,元价值的内在驱动要真正反映中国特色社会主义建设的本质要求,外在功能要解决社会发展过程中最普遍、最剧烈的矛盾。综而观之,核心价值观的元价值当属"和谐"。

一、规范解读——宪法条文中的"和谐演绎"

从上文核心价值观在宪法文本中的体现,可以看出,"和谐"在宪法文本中不仅有三处直接的体现,而且可以从多处默示条款中推定出来。《宪法》序言第七段关于国家奋斗目标的表述,强调了五种文明的协调发展,分别对应"富强""民主""文明""和谐""美丽"的国家目标,说明国家要实现的总体目标是统筹推进五种文明的共同发展,体现了"和谐"的全面性与均衡性。《宪法》序言第十一段和《宪法》第四条关于"民族关系"的表述,序言第九段与第十段关于"国家统一与爱国统一战线"的表述,以及《宪法》第五条关于"法制的统一和尊严"的表述,体现了"和谐"对各个部分的统合性与协调性。序言

---

[1] 参见李建华:《社会主义核心价值观的提炼》,《红旗文稿》2012年第5期,第11页。
[2] 黄明理、程璐:《国家核心价值观之"富强"》,《当代中国价值观研究》2016年第5期,第21页。

第十段与《宪法》第三条关于"多党合作""政治协商"以及"民主集中"的表述,体现了"和谐"思想中的"和而不同""求同存异"。序言第十二段关于"和平发展""互利共赢""构建人类命运共同体"等对外政策的表述,以及《宪法》第十八条关于对外经济合作的表述,体现了倡导"世界大同""以和为贵""和合共生"的和谐价值。《宪法》第六条中社会主义经济制度关于"社会主义公有制"、"各尽所能、按劳分配"的原则、"多种所有制经济共同发展"与"多种分配方式并存"的表述,以及《宪法》第十一条关于"保护、鼓励、支持、引导、监管非公有制经济"的表述,体现了经济制度上倡导公平与效率相统一的和谐价值。《宪法》第九条关于"国家保障自然资源的合理利用"的表述,以及《宪法》第二十六条关于"生态环境的保护"的表述,体现了人与自然和谐相处的理念。《宪法》第二十八条、第五十三条关于"公共秩序"的维护,体现了"和谐"对安宁秩序的追求。《宪法》第二十四条关于"精神文明建设"以及第三十八条关于"人格尊严不受侵犯"的表述,体现了对个体身心和谐的保护。《宪法》第三十三条"国家尊重与保障人权",第四十二条、第四十三条、第四十六条关于"对劳动权、休息权、受教育权的保护",以及第四十五条、第四十八条、第四十九条关于"对弱势群体的保护",体现了"和谐"的仁爱内涵,并通过"对基本权利的保护"与"对弱势群体的关注"促进人与社会的协调发展。《宪法》第五十二条、第五十四条、第五十五条关于"公民爱国主义精神"的表述,体现了"和谐"倡导的以共同信仰、共同利益、共同道德为精神纽带的国家认同。当然,宪法文本中蕴含的"和谐"价值远不限于上文所讨论的内容,关于"和谐"与其他价值的规范关系,也将在后面的行文中进一步详述。但是,从已有的分析可以看出,在纵向上,"和谐"的价值内涵与中央的政策导向、国家的发展方向、社会的建设布局、人民的基本素养等重大关切都有着高度重合;在横向上,"和谐"的价值追求已经在发展目标、治理能力、精神文明建设以及外交政策等重大事项上得到了宪法层面的全面确认,正在以一种法治化的进路渗透到社会主义建设的方方面面。综上所述,"和谐"已经在宪法文本中获得高度且全面的确认,以"和谐"作为元价值是进一步深化依法治国与依宪治国实践的理论基础。

二、文化沉淀——传统文化中的"和谐思想"

纵观中华文化的发展脉络,"仁"是理解传统文化的核心。"以文化价值而言,中国和西方都有最高的普遍原则,适用于一切个人。这在西方可以'公平'为代表,在中国则是'仁'(后来是'理')的概念。"〔1〕但是,"仁"是一种道德观念,是一种心性上的内在超越,其外部的表征则须以"和谐"作为指向。也就是说,"仁"是个体内在的自我修炼,其修炼是否达标的重要理据,在于与外界的关系上是否达到"和谐"之境界。"仁,亲也""上下相亲,谓之仁""君子和而不同,小人同而不和",这是强调人与人之间相亲相爱之和谐;孟子说,"亲亲,仁也""仁之实,事亲是也",这是强调家与人之间互敬互爱之和谐;"均无贫,和无寡,安无倾""天时不如地利,地利不如人和",这是强调国与人之间施行仁政之和谐;"天人合一""万物各得其和以生""与天地和其德",这是强调自然与人之间顺应规律之和谐。由此可见,"仁"是"和谐"的内在基础,"和谐"是"仁"的外在表象,传统文化以"仁"为核心,讲究"正心""修身",以求达到个体身心之和谐,然后通过个人道德的提升与完善,进而追求人与人、人与社会、人与自然的和谐共处。并且,当"仁"的心性内化以"和谐"作为价值枢纽,并不断与外部世界发生相互作用后,"和谐"的价值基准就逐渐成为一个文化共同体齐家治国的准心、明辨是非的准绳以及处理事务的准则。正如习近平总书记所言:"在5 000多年的文化发展中,中华民族一直追求和传承着和平、和睦、和谐的坚定理念。以和为贵,与人为善,己所不欲、勿施于人等理念在中国代代相传,深深植根于中国人的精神中,深深体现在中国人的行为上。"〔2〕由此可见,中国传统文化的核心思想对外部世界的表现就是一种"和谐"的价值观念。而这也意味着,社会主义核心价值观当以"和谐"作为建构的基点。另外,从中华文化的内核来看,"和谐"作为传承民族精神与引导文化共识的基本价值载体,应当被定位为社会主义核心价值观的元价值。

---

〔1〕 余英时:《中国思想传统的现代诠释》,江苏人民出版社2003年版,第19页。
〔2〕 新华网:《习近平用"和"文化构建人类命运共同体》,http://www.xinhuanet.com/politics/2015-08/08/c_128106637.htm,2018年3月18日访问。

三、体系解析——法价值体系的"和谐构造"

根据上文的论证,社会主义核心价值观呈现出一个多元一体的价值结构。这种多元一体的价值结构要求各个价值观之间能够形成一种和谐共存、相互统一的状态。但是,无论在理论上还是现实中,各个价值之间的冲突关系都是客观存在的。有学者直言:"在不同的基本权利主体之间,自由权与平等权经常会发生冲突,因为自由包括根据个人偏好不平等对待他人的自由。"[1]汪进元教授在分析普莱西案与布朗案时,也曾指出"民主"与"法治"之间的冲突:"法院过分尊崇现实的民意,不但有损宪法的最高权威性,也助长了多数人的暴政。"[2]美国法理学家德沃金追问的"人们是否有阅读淫秽作品的权利",其实也涉及"文明"与"自由"的冲突。由此可见,法的价值体系本身就处于一种对立统一的辩证关系之中,价值冲突是法律在调整社会关系过程中的常态,价值统一是法律在理性平衡权利、义务后的结果。这里就涉及价值多元论者经常质疑的问题:理性是否真的可以实现价值衡平?实现价值衡平的理性是否就是普遍理性?如果是,那么如何保证这种理性不会压制个体的价值自主?对于此类问题,上文已作出一定的回应,"和谐"作为镌刻在中国人内心的文化基因,是中华文明在几千年的文化传承中自生自发形成的,并不是政治活动的创造,而是人民在文化共同体中达成的最深厚的价值共识。但是,这里仅论证了"和谐"并不是压制型的普遍理性,至于"和谐"是否能够成为实现价值衡平的理性基础,依旧是需要进一步探讨的问题。在此,笔者认为,法价值体系的衡平体现为价值多元一体结构的协调,即各个价值既可以基于"多元"从而互不压制,又可以基于"一体"相互协作,而"和谐"的构造正是实现这种法价值体系衡平的基础。

具体而言,首先,"和谐"所倡导的"安定秩序"是维持多元一体结构的前提条件。法的安定性是法律理念最重要的组成部分[3],自然也是社会主义

---

[1] 陈征:《我国宪法中的平等权》,《中共中央党校学报》2010年第5期,第88页。
[2] 参见汪进元:《基本权利的保护范围:构成、限制及其合宪性》,法律出版社2013年版,第23页。
[3] 参见[德]拉德布鲁赫:《法哲学》,王朴译,法律出版社2005年版,第74页。

核心价值观在价值体系构造上必须遵守的准则。从价值诉求上看，任何一个法的价值都具有广阔的解释空间，但是一个法的价值如果要起到良好的规范作用、指引作用与教育作用，那么其本身必须具备一定的安定性。也就是说，在多元的价值结构中，如果社会主义核心价值观的十二个价值之间不能形成一种有机的联系，那么依据不同价值所制定的法律规范也必将处于一个相互冲突的状态。这种混乱的法律体系使法失去了稳定性与明确性，使人们难以根据既定的法律规范安排自己的活动，也无法合理预期活动所产生的后果，进而导致社会秩序的混乱。所以，"与法律永相伴随的基本价值，便是社会秩序"[1]。而"安定"是和谐重要的价值内涵，以"和谐"为导向构造法价值体系，其最终目的就是在法律所调整的外部世界实现安定的社会秩序。因此，"和谐"是法价值体系实现安定性的价值引领。从实现路径上看，和谐的安定秩序并不是割裂整体与部分、过去与现在、一般与特殊之间的联系，而是旨在实现不同层级、不同时空、不同情况之间的协调统一。而体现不同价值的法律规范之间要实现协调统一，其前提就是要形成一个安定的法价值体系秩序。换言之，当不同价值在不同层级、不同时空、不同情况下形成各种法律规范时，通过"和谐"价值理念构造的法价值体系可以提供一个一致的、连续的、明确的秩序规则（排序规则），进而保障法律体系在规范评价上不会出现明显的矛盾。"如果基于相同的事实得出了不同的法律后果，那就违背了追求合理性的立法。因此，和谐（widerspruchsfreiheit）就是法律秩序以价值为导向的'系统化'原则。"[2]

其次，"和谐"所倡导的"中庸之道"是维持价值多元一体结构的本质要求。价值间的冲突关系并非价值内涵层面"质"的矛盾，而是价值外延层面"度"的越界。价值的概念可以分为"严格意义"与"解释意义"，所谓"严格意义"就是一个价值在应然维度的实现，例如可以把"自由"的严格意义理解为不受干涉，把"平等"的严格意义理解为无差别的待遇；所谓"解释意义"就是一个价值在实然维度的实现，例如"相对自由""合理的差别待遇"。而应然与实然之间的差异，往往受到发展水平、共同信仰、公共利益等客观因素的限

---

[1] [美]斯坦、香德：《西方社会的法律价值》，王献平译，中国人民公安大学出版社1989年版，第38页。
[2] [德]魏德士：《法理学》，丁晓春、吴越译，法律出版社2005年版，第66页。

制,并呈现出一种难以弥合的状态。正如马克思所言:"权利决不能超出社会的经济结构以及由经济结构制约的社会的文化发展。"[1]因此,各个价值处在一种向应然趋近又受实然限制的动态平衡当中,而价值的单极扩张,或者说"度"的偏离,往往是导致单个价值无法被客观因素容纳的主要原因。如日本学者芦部信喜教授指出:"如果无视人的事实上的差异而将平等推向极端,人的自由与自律的发展就会受到破坏;反之,如果无抑制地认肯自由,则又会导致少数政治上或经济上的强者在牺牲多数弱者的基础上增大其权力与财富,出现不当的不平等。"[2]所以,任何一个价值,即使是公认的终极价值,也只有在一定的界限之内才能实现其正当的意义,而保持这种不同价值界限间平衡的"价值",则是蕴含在"和谐"价值之内的"中庸之道"。亚里士多德在《尼各马可伦理学》中对德性的解释,大量采取了这种"中庸之道"的解释策略。[3] 黑格尔也指出:"界限是中介,通过这个中介,某物与他物既是又不是。"[4]"界限是两者之间的中项。"[5]即使在具体的部门法当中,这种"致中和"的平衡结构也普遍存在。"例如,刑事和解的价值构造以恢复正义为核心,刑事和解的价值构造包括公正价值与效率价值的平衡。[6] 知识产权法具有保护知识产权与维护公共利益的双重目的,利益平衡成为知识产权法的价值构造内核。[7] 中国社会法治价值应建构以秩序为框架价值,平等为价值主导,公平与效率为两翼,自由人权理性等价值跟进的法治价值构造体系。[8] 反垄断法的价值构造表现为自由、效率和公平价值并存、竞争和融合的动态关系。[9] 刑法的价值构造包括公正性、谦抑性和人道性三大价值目

---

[1] 《马克思恩格斯选集(第三卷)》,人民出版社2012年版,第364页。
[2] 转引自林来梵:《从宪法规范到规范宪法:规范宪法学的一种前言》,法律出版社2001年版,第107页。
[3] [美]德沃金:《刺猬的正义》,周望、徐宗立译,中国政法大学出版社2016年版,第204页。
[4] [德]黑格尔:《逻辑学(上卷)》,杨一之译,商务印书馆1976年版,第122页。
[5] 同[4],第123页。
[6] 参见向朝阳、马静华:《刑事和解的价值构造及中国模式的构建》,《中国法学》2003年第6期,第114页。
[7] 参见冯晓青:《知识产权法的价值构造:知识产权法利益平衡机制研究》,《中国法学》2007年第1期,第68页。
[8] 参见钟桂荣:《当代中国社会主义法治价值构造论》,《福建论坛(人文社会科学版)》2012年第3期,第169页。
[9] 参见叶卫平:《反垄断法的价值构造》,《中国法学》2012年第3期,第140-143页。

标之间的平衡和协调关系。〔1〕"〔2〕因此,经由"和谐"构造的法价值体系,可以维护社会主义核心价值观多元一体的价值结构的完整性,十二个价值在"和谐"的导控下形成一个动态的平衡机制,以整体的合力共同引领主流价值的正确发展。

最后,"和谐"所倡导的"求同存异"是维持价值多元一体结构的重要进路。价值多元论者总是习惯性地用一种分裂的策略把各个价值置于一种相互对立的状态,着重强调价值之间的差异以及基于这种差异所必须做出的取舍。因为在其看来,只有对价值进行趋近"严格意义"上的维护,才可能最大限度地保障个体价值选择的自主。例如,理查德·法伦描述了一种尴尬的情境,一个同事让你对他的书稿发表评论,但你发现书稿很糟糕,你如果坦诚相告,你是残忍的,你如果不这么做,你又不诚实。〔3〕 这时从"严格意义"上看,在"诚信"和"友善"之间我们必须做出牺牲。但是,现实可能远没有情境模拟得那么困难。在这种情况下,"诚信"与"友善"之间可以找到一个共同点,那就是对给你书稿的同事的关怀,因此基于仁爱的共同基础,我们可以以友善的态度选择一种他可接受的方式告知其书稿的问题。譬如,"法治""民主""人权"是现代社会认同的三大价值,但是无论是"法治"的治理还是"民主"的制度,其最终的目的都是实现对"人权"的保障,所以,从"人权"的视角出发,"法治"与"民主"之间也可以实现价值的融合。"通常,人们对于善的追求都是多元的,也能够在不同的善之间做出某种均衡;只有在极端的情况下,才会面临非此即彼的选择。克劳德举例说,在同一天里,一个人既可以选择去图书馆学习知识,也可以选择去海滨享受日光,这两种选择看起来是冲突的,因为不可能同时去图书馆和海滨,但是选择去图书馆的目的是学习知识,我们完全可以兼顾休闲和学习,一边享受日光,一边阅读哲学。"〔4〕所以,"和谐"给我们处理价值冲突的启示是,转变看待价值的态度:与其从"严格意义"上固守价值所能满足我们的几近完整的私欲,不如从"解释意义"上选择一种可以实现共同善的互惠协作。并且,这

---

〔1〕 参见陈兴良:《刑法的价值构造》,中国人民大学出版社2017年版。

〔2〕 吴家清、宁凯惠:《论宪法序言的价值构造及其功能》,《法学论坛》2019年第3期,第39页。

〔3〕 参见[美]德沃金:《刺猬的正义》,周望、徐宗立译,中国政法大学出版社2016年版,第133页。

〔4〕 刘晓洲:《价值多元论与价值相对主义之辨——兼论列奥·施特劳斯对自由主义导致相对主义和虚无主义的批判》,《东南大学学报(哲学社会科学版)》2018年第2期,第30页。

种理性妥协的求同存异的思路不是犬儒主义的幻想,而是根植在中国人内心的道德哲学。面对冲突,"儒家的和谐模式提供了更稳定也更人性的解决办法,其目标不是消灭对手,而是像水与石头一样,通过相互改变与相互调和来达到和谐共存"[1]。德沃金也认为,"道德责任从来不是完整的:我们经常对我们使用的概念加以重新解释"[2],"我们通过概念的重新解释来解决我们的困境:我们思考的方向是统一而不是分裂"[3],"我们有两种关于政治整体性的原则:一种是立法原则,它要求立法者设法使整套法律在道德方面取得一致;一种是审判原则,它启示我们尽可能将法律理解为在道德方面是一致的"[4]。因此,无论从价值在实践中的实现来看,还是从文化内核中对价值的理性让渡上看,基于"和谐"价值所形塑的解释进路,是社会主义核心价值观的十二个价值能保持和谐共存、多元一体的路径依赖。

四、释义脉络——文义解释中的"和谐内涵"

按照词源解释,"和"指不同声部的乐音美妙和谐共振,也即不同的观点因相合拍、相融合产生共鸣;谐,和也,指观点一致,相融相和。"和"强调"诸异而致同","谐"强调观点一致而统一,二者结合既要"和而不同",又要具有共同体的规范。[5] 因此,"和谐"从文义上看,既可以是一种目标追求,例如"和谐社会""世界大同",又可以是一种方法进路,例如"合作共赢""民主协商";既可以是一种认知模式,例如"贵和尚中""仁者无敌",又可以是一种处事方式,例如"和而不同""和衷共济";既可以是一种存在状态,例如"均和以安""团结互助",又可以是一种路径保障,例如"一视同仁""家和万事兴"。虽然"和谐"文义丰富、指向多样,但诚如上文所述,"和谐"是"仁爱"思想与

---

[1] 李晨阳:《走向和谐宇宙:儒家关于太平世界的"和"的理想》,载吴志攀、李玉编:《东亚的价值》,北京大学出版社2010年版,第103页。
[2] 参见[美]德沃金:《刺猬的正义》,周望、徐宗立译,中国政法大学出版社2016年版,第134页。
[3] 同[2]。
[4] [美]德沃金:《法律帝国》,李常青译,中国大百科全书出版社1996年版,第158页。
[5] 中国民族宗教网:《"和谐"作为社会主义民族关系特征写入宪法具有重大意义》,http://www.mzb.com.cn/html/report/180321354-1.htm,2018年5月12日访问。

外部世界相互作用后的发散与衍生,所以即使"和谐"举义繁多,却始终有一个共同的中心概念。所以,"和谐"这种中心明确、内涵丰富、外延开放、语境多样、动静结合、兼容性强的词语,天然就具备了作为元价值统摄、调和、规范其他价值的客观语用条件,以"和谐"作为元价值是实现法解释学论证体系通融自治的技术要求。

五、经验整合——司法裁判中的"和谐取向"

现实中的司法裁判是对当下社会背景事实的一种反映。虽然目前我国法院并没有直接引用以"和谐"作为元价值的理论进行说理,但相关判决书的说理部分已经体现出"和谐"的价值倾向。例如,在"张某某与黄某某离婚纠纷案"[1]中,原告张某某与被告黄某某经人介绍相识并结婚,婚后因家庭琐事发生争吵。原告认为夫妻关系破裂,诉至法院,请求法院判决离婚。但法院在判决书中认为:"为了弘扬社会主义核心价值观和中华民族传统美德,传递正能量,促进家风建设,维护和谐、美满的家庭关系,故对原告要求离婚的请求,本院不予支持。"在本案中,原告的婚姻自由与家庭和谐发生了价值冲突,最后法院选择了"和谐优位"的价值导向,保障了婚姻家庭的完整性。再如,"中国农业银行股份有限公司重庆万州分行与重庆市众托建设有限公司等债权执行异议纠纷上诉案"[2]中,大众公司以多块地的使用权作为抵押担保,向农行重庆市万州分行借款,同时,众托公司及其农民工程某等人因工程欠款、劳动报酬与大众公司发生纠纷案。农行重庆市万州分行就大众公司土地抵押借款,主张优先受偿权提起诉讼。法院在判决中认为:"民工工资优先受偿有宪法和法律、政策依据,受到党和国家的高度关注,关乎民权民生和社会稳定,人的生存权高于一切权利,人民是国家赖以存在和发展的根基,抵押权优先虽属法定优先但属物权设定的财产权优先,两权相衡应首先考虑民工工资权优先,再考虑物权设定的财产权优先,体现了民生权利和财产权利(包

---

[1] 湖南省宁乡县人民法院(2016)湘 0124 民初 5178 号"张某某与黄某某离婚纠纷案"民事判决书。

[2] 渝二中法民终字第 1467 号"中国农业银行股份有限公司重庆万州分行与重庆市众托建设有限公司等债权执行异议纠纷上诉案"民事判决书。

含债权)相冲突时应首先考虑民生权利的精神。"本案中,民权民生问题关乎社会稳定,社会稳定是社会和谐的根本要求,原告与被告在财产权上的平等保护与社会和谐发生了冲突,法院在"平等"与"和谐"之间还是保持了"和谐优位"的价值导向,落实了我国保障人权、构建和谐社会的社会主义法治理念。类似上文判决结果的案例在实际中并不少见,根据在"北大法宝"的"司法案例"版块的检索(检索时间截至2018年8月19日),1 162份司法裁决书中含有"社会主义核心价值观"这一关键词,涉及民事、刑事、行政、知识产权、国家赔偿等多方面的诉讼。案例解读表明,法院所践行的价值观要素大致包含以下目标:一是保障国家及民族公共利益,二是促进社会团结及良好风尚,三是保障个人权利。[1] 也有学者直言:"中国法院贯彻'社会主义核心价值观'的案例能够明显反映出维系社会团结的倾向,并且,这种维系社会团结的案例在法院贯彻'社会主义核心价值观'的案例中也占据了大量比例。"[2] 综上可以发现,现实的司法裁判中在发生价值冲突时,倾向于以"和谐优位"作为价值导向,进而保护社会关系之和谐。因此,以"和谐"作为元价值是尊重社会背景事实与维系社会团结的路径保障。

第三节 "和谐"作为元价值的作用机理

一、"和谐"的统合价值——生存驱动的共生关系

人在自身的实践活动中,形成了人与人、人与社会、人与自然、人与国家之间的多重关系,这种多重关系的和谐对人的全面发展具有十分重要的意义。"马克思主义始终强调,人不是孤立存在的,而是在一定社会关系中的人,是一定社会共同体中的人,'只有在共同体中,个人才能获得全面发展其

---

[1] 参见陈融:《社会主义核心价值观入法的理论基础、现实需求及实现路径》,《毛泽东邓小平理论研究》2018年第10期,第57页。
[2] 孟融:《中国法院如何通过司法裁判执行公共政策——以法院贯彻"社会主义核心价值观"的案例为分析对象》,《法学评论》2018年第3期,第187页。

才能的手段,也就是说,只有在共同体中才可能有个人自由'。"〔1〕因此,人的发展必须融入实践的多重关系当中,通过实现自身的社会价值,从而走向"人的全面解放"。但是,在该融合过程中,又引申出一个重要问题,即人与外部世界之间应当以何种方式联合,才能实现多重关系的和谐。和谐社会强调"以人为本",正是旨在人与外部世界之间建立一种相互依存、相互包容、相互融合的关系,以促进人的全面发展。回归到联合的目的来看,联合是为了实现人之所以为人的终极意义,那么联合的方式首先就要尊重差异,尊重人个性的发展,因此人与人的联合必须是基于一种自愿的合作。正如柏克所说:"如果其中有任何人是被迫与别人联合的,那就是征服,而不是契约。根据主张'社会应当用自由契约的方式来建立'的原则,这种强迫的联合必定是无效的。"〔2〕但是,社会共同体形成的前提又是基于共同的目的,所以,要同时实现人的个性的自由发展与多重关系的和谐稳定,就必须以一种可以反映人性共同需求的理念构建人与外部世界的联合方式。可以说,"没有联合就不会有作为人的集合的社会共同体的存在,而没有合乎人性的联合方式,共同体即使能够形成也必然会分崩离析"〔3〕。而"生存"作为一种合乎人性的基本需求,可以将个人与外部世界自然地统合到一起,因此和谐社会的构建只有以人的生存和发展为导向,才能实现真正稳定的联合。

但是,这里的"生存"不是指一个人的存在状态,而是一个社会整体的现实需求,是个体与外部世界形成共生关系的一种体现。狄骥认为,当人们有共同的需求时,人与人之间会形成相互援助的关系,为共同的事业贡献自己同样的能力;当人们有不同的能力与不同的需求时,人与人之间会形成交换服务的关系,个人贡献自己特有的能力满足他人的需求,并从他人那里获得服务的回报。〔4〕在狄骥那里,"连带可分为两种:一种是'同求的'连带,例如防御、秩

---

〔1〕 李金和:《马克思主义价值理论与和谐社会价值观建设》,知识产权出版社 2016 年版,第 117 页。

〔2〕 [英]柏克:《自由与传统:柏克政治论文选》,蒋庆、王瑞昌、王天成译,商务印书馆 2001 年版,第 86 页。

〔3〕 胡玉鸿:《法治社会与和谐社会:能否共存及何以共存?》,《法治研究》2007 年第 1 期,第 16 页。

〔4〕 参见王绎亭,顾维熊:《狄骥的社会联带主义反动国家观》,《法学研究》1965 年第 4 期,第 24-25 页。

序;另一种为'劳动分工'的连带,例如市场和交易"[1]。在狄骥看来,后者这种广泛的劳动分工是构成社会团结的主要连带。[2] 也就是说,随着人类需求的多元化,人类基因的差异化逐渐显现,不同能力的人开始从事不同的社会工作,通过不同的社会分工赋予个人不同的生存方式,这种生存方式的多样化增强了人与人之间彼此依赖的程度,进而使人无法再成为孤立的个体。当人无法通过自给自足以满足不同生存需求时,便开始积极地与外界建立合作关系,而"和谐"恰恰是人与外部世界建立稳定共生关系的实践理念。在人与人的关系上,"和谐"倡导一种相互尊重、和而不同、诚信友善的相处方式,强调在推己及人的基础上实现人与人之间的相互理解;在人与社会的关系上,"和谐"倡导一种克己复礼、遵纪守法、无私奉献的交互方式,强调在共同利益的基础上实现人与社会之间的互利共赢;在人与自然的关系上,"和谐"倡导一种科学发展、尊重规律、善待自然的实践方式,强调在心存敬畏的基础上实现人与自然的协调发展;在人与国家的关系上,"和谐"倡导一种自尊自信、胸怀天下、至诚报国的认同方式,强调在家国情怀的基础上实现人与国家的血脉相连。"从本质上讲,个人的发展与社会的发展是一致的,社会发展通过个人发展来实现,个人发展是社会发展的最终目的。"[3]所以,"和谐"所倡导的共生关系并不是从个人利益出发来建立人与外界的机械联系,而是在整体的共同需求中促进人与外界的有机联合,进而使人在共同体中实现全面的发展与真正的自由。

综上所述,"和谐"经由"生存"的驱动在共同需求的基础上建立了一种人与外界的共生关系,使个人可持续的生存与发展同社会、自然、国家紧密结合起来,从而增强了共同体部分与整体之间的凝聚力,并逐渐升华为一种实现和合共生、天下大同终极理想的实践理念。

二、"和谐"的人本价值——仁爱驱动的伦理秩序

"和谐"的伦理价值的内核来自于传统的仁爱思想,体现了儒家"天下归

---

[1] 王本存:《狄骥对现代公法理论的重构——从主权到公共服务》,《现代法学》2009年第5期,第10页。

[2] 参见王绎亭,顾维熊:《狄骥的社会联带主义反动国家观》,《法学研究》1965年第4期,第25页。

[3] 王雪冬:《共生、宽容与和谐:构建社会主义和谐社会的实践理念》;载李崇富、陈熙春、陈章亮主编:《历史唯物主义与构建社会主义和谐社会》,上海人民出版社2007年版,第176页。

仁"的和谐文化。在中国传统思想看来,"仁爱"是"和谐"思想向外部世界不断推演、不断作用的内在驱动。孟子说:"亲亲而仁民,仁民而爱物。""老吾老,以及人之老,幼吾幼,以及人之幼。"宋朝理学家王守仁说:"仁者以天地万物为一体,有一物失所,便是吾仁有未尽处。"由此可见,中国传统文化中的仁爱思想讲究博爱众生,以仁爱之延伸造就万物之和谐。正如以对自我之仁爱实现身心之和谐,以对家人之仁爱实现孝感之和谐,以对他人之仁爱实现群体之和谐,以对社会之仁爱实现氛围之和谐,以对国家之仁爱实现安定之和谐,以对自然之仁爱实现共生之和谐。如是,在处理以道德准则为核心的价值冲突时,应秉持"以仁为本"的中心思想,倡导友善、诚信、平等、互助的人际关系,倡导和睦、互敬、亲近、包容的家庭关系,倡导关爱、共赢、无私、敬业的社会关系,倡导爱国、守法、明礼、奉献的家国关系,倡导节制、敬畏、科学、可持续的人与自然的关系。至此,我们明白了仁爱会产生怎样的伦理规范,但是为什么仁爱会产生这样的伦理规范呢?因为中国的文化讲求人性向善。"正因为人的天性是向善的,他愿意如此做,只有如此做了,他自己才感到快乐与满足。而且向善既是人类的天性,你的善,便一定可以得到别人心里的共鸣。你为人立德、立功、立言,别人必然会接受你、了解你,而且追随你、模仿你。我们试问:除却我们的行为,还在哪里去找我们的生命呢?行为存在,便是生命的存在;行为消失了,便是生命没有了。我们只有'向善'的行为,才能把握人类'天性'之共同趋向,而且可以长久地存在。"[1]因此,"和谐"的仁爱内核倡导"内圣外王"的尊严观,强调人要通过自省提高自己的修为,通过自律约束自己的行为,通过自觉锤炼自己的善为,进而怀着一颗仁爱之心去构建并融入外部世界的伦理秩序。

此外,正因为以"仁爱思想"为内核,以"伦理关系"为基础,"和谐"的善导作用还体现了社会主义核心价值观的人文情怀,涵盖了对生命权、健康权、休息权、隐私权等人本权利的尊重与保护,是个人在某种伦理秩序中生存与发展的重要保障。"在一定的意义上,'和谐'也比'人权'更进一步,它一方面体现着以人为本,另一方面又是从社会角度考虑问题:只有人们互相尊重各自的基本权利和人格尊严,才会有真正的社会和谐。"[2]

---

[1] 钱穆:《中国历史精神》,九州出版社2012年版,第123页。
[2] 韩震:《"民主、公正、和谐"体现了社会主义的核心价值追求——兼论社会主义核心价值观的凝练及其原则》,《红旗文稿》2012年第6期,第12页。

三、"和谐"的安定价值——安宁驱动的稳定秩序

"和谐"的秩序价值体现的是一种对共同体存在状态的维护。这里的共同体可以理解为拥有共同生活需求、行为准则、价值追求、文化传统与命运忧患的生命存在圈。"存在状态"根据心理学的分类,可以分为生理状态、心理状态、人际关系、社会角色,将其理论映射到秩序价值中,则可以将秩序分为治安秩序、认知秩序、交互秩序、期望秩序。而维护这四种秩序的核心驱动力即安宁。治安秩序中安宁的核心要素是安全,认知秩序中安宁的核心要素是良善,交互秩序中安宁的核心要素是诚信,期望秩序中安宁的核心要素是公平。"和谐"的安定价值就是维系以上四种秩序的核心要素的稳定。

首先,"治安的安全"可以理解为身体上的安全与心灵上的宁静,是一种身心同享稳定外部环境之和谐。安全的生活、工作状态是民众最基本的需求。其次,"认知的良善"可以理解为一种维护国家理想信念与社会共同信仰的精神指引,例如民族情感、公共美德、爱国精神等影响民众对客观世界基本价值判断的道德力量。良善的缺失可能导致历史虚无主义,进而影响国家的稳定与发展。因此,有学者直言,"英雄烈士的人格利益应当受到法律保护,中华民族精神与社会主义核心价值观也应当得到维护,因为其是维系一个国家生存和发展的'核心利益'或'共同善'"[1]。再次,"交互的诚信"可以理解为基于真诚的品质而形成的相互信任的关系。"儒学认为,诚信是个人安身立命之本,是交朋结友之基,也是治国安邦之道。"[2]个人保持诚信的作风,可以促使人与人之间形成友善的人际关系,进而维系和谐的共处模式;社会保持诚信的风气,可以预防、纠正、孤立那些失信行为,使失信成为一种耻辱的标签,进而构建和谐的社交准则;国家保持诚信,坚持信赖利益保护原则,公民才能对自己的行为做出合理预期,这样政令才能通达,民心才能归

---

[1] 孟融:《中国法院如何通过司法裁判执行公共政策——以法院贯彻"社会主义核心价值观"的案例为分析对象》,《法学评论》2018年第3期,第192页。

[2] 新华网:《习近平外交观中的民族品格》,http://www.xinhuanet.com/politics/2015-10/11/c_1116787336.htm,2018年3月18日访问。

顺,国家方见和谐。最后,"期望的公平"可以理解为社会公正客观地根据公民的能力定位其在社会生活中的角色,并且公民通过履行对应的岗位职责、满足对应的社会期待以获得相应的回报,进而达到付出与回报相和谐的状态。角色是工作角色与收入状况的统一,因此社会期望的公平其实是社会分工与利益分配的和谐。在分工方面,体现了柏拉图的"和谐优位"。柏拉图认为,当统治者、护国者、生产者这三个阶层有序地和谐相处时,国家就会展现出一种有序的和谐局面。这样的和谐,在柏拉图看来,就是正义的。[1] 在分配政策上,提倡以"各尽其能、按劳分配"为原则,并通过国家对经济领域的宏观调控与二次分配,进而实现整体发展与个人增益的和谐。

综上所述,安宁是人的存在状态与外部世界形成和谐秩序的价值准则,也是和谐秩序价值的基本内涵。

四、"和谐"的衡量价值——中和驱动的内力衡平

《礼记·中庸》:"喜怒哀乐之未发,谓之中;发而皆中节,谓之和;中也者,天下之大本也,和也者,天下之达道也。致中和,天地位焉,万物育焉。"《论语·雍也》:"中庸之为德也,其至矣乎。"儒家思想认为,做事守中、不偏不倚大概是最好的品德,如果人们在道德上能修得中和的境界,那么天地万物就各得其所,进而达到和谐的状态。所以,"中和"是"和谐"的内力导控,以中庸之道的向心力导控事物运行的合理范围。因此,"和谐"的衡量作用可以分为两个方面:宏观方面体现在量度的边界效应上,强调任何事物的运行都有其相应的范围,不逾越边界,不触及底线,才能实现价值的合理配置;微观方面体现在量度的调节作用上,含有适度的意思,强调任何事物都有其两面性,尊崇中和之道,不走极端路线,才能实现利弊相权后的最优结果。就衡量价值的现实意义与作用方式而言,当"和谐"发挥边界效应时,"和谐"起到的是一种标准作用,在不同层面的问题上体现不同的规范密度。在个人层面,"和谐"的管控力度较小,价值的配置以各方融洽共处为界;在社会层面,"和谐"的管控力度适中,价值的配置以某种社会普遍共识的维系为界;在国

---

[1] 徐凤:《柏拉图正义观的本质、特征及现代启示》,《求索》2014年第12期,第86页。

家层面,"和谐"的管控力度最强,价值的配置以维护国家核心利益为界。当"和谐"发挥调节作用时,"和谐"起到的是一种"致中和"的效果,在动态的平衡中保持法度的最佳效应。正如孔子所说的"政宽则民慢,慢则纠之以猛;猛则民残,残则施之以宽。宽以济猛,猛以济宽,政是以和"。因此,从单向的调度来看,"和谐"的调节方式就是制定适度的政策与法律法规,并根据形势之变化,调整法令的严苛程度,进而达到和谐有序的治理目标。另外,《礼记·乐记》中说:"礼节民心,乐和民声,政以行之,刑以防之。礼乐刑政四达而不悖,则王道备矣。乐者为同,礼者为异。同则相亲,异则相敬。乐胜则流,礼胜则离。合情饰貌者,礼乐之事也。礼义立,则贵贱等矣;乐文同,则上下和矣;好恶著,则贤不肖别矣;刑禁暴,爵举贤,则政均矣。仁以爱之,义以正之,如此则民治行矣。"这句话强调了如果"礼乐刑政"能够根据各自的特性,在合理的范围之内相行不悖地发挥应有的作用,那么天下就可以实现大治。因此,从多向的调度来看,"和谐"的调节方式就是促进不同维度治理模式的相互配合、相互补充,通过不同治理模式的相济相合,以期达到治理效果的衡平与并进。例如,《宪法》第二十五条:"国家推行计划生育,使人口的增长同经济和社会发展计划相适应。"此外,就衡量的作用范围而言,边界效应的价值配置与"中和之道"的调节方式更适合处理价值冲突中立法目的的平衡问题,例如"分配正义""司法谦抑""比例原则"等理论。

五、"和谐"的调和价值——均和驱动的外力协调

均和,即"均衡"与"和合",是"和谐"产生外力作用的重要驱动。第一,均衡,含平等之意。"和谐"关于"均"的概念,源自"不患寡而患不均"的传统思想,强调在利益分配政策上应秉持"以平等为导向、兼顾效率"的公正观。例如,在关于"富强"的解释中,有学者就认为,"当下的问题是,在'共同富裕'任重而道远的形势下,'富强'应在一定程度上侧重于共同体成员的利益分享"[1]。

---

[1] 参见秦小建:《价值困境、核心价值与宪法价值共识——宪法回应价值困境的一个视角》,《法律科学(西北政法大学学报)》2014年第5期,第33页。

这种对"富强"的理解,在一定程度上包含了"均和以安""共同富裕"的和谐思想。第二,"和合"即"和而不同",承认差异,求得共识。"和合"一词较早见于《国语·郑语》:"商契能和合五教,以保于百姓者也。"这里的"和合"说的故事是,殷商朝官员契能把"父义、母慈、兄友、弟恭、子孝"这五种家庭伦理道德规范加以融合,实施于社会治理之中。《国语》记载史伯论"和同"说:"夫和实生物,同则不继。以他平他谓之和,故能丰长而物生之。若以同裨同,尽乃弃矣。"这里说的是,不同的元素、不同的东西相互调和,万物才能生生不息;如果是单一的东西重复相加,世界就不会发展了。史伯把这个自然规律引申到政治领域,强调君王要多听取意见,要在差异中求和,不要在专制中求同。张立文教授也认为:"建构和谐社会,必须承认差分,差分可能产生矛盾冲突,矛盾冲突而加以协调化解,而达和合。"〔1〕由此可见,"和合"表明的是多样性的统一,突出的是差异之间的融合,强调通过矛盾的调和促进事物的发展。因此,"和合"作为和谐思想的重要内核,要求"和谐"首先要承认事物之间的普遍差异,强调的是事物从"不同"到"趋同"的过程,即"诸异趋同"。在封建社会,这种"诸异趋同"的外部力量来自于君王的权威,在现代,这种外力则来自于民主的立法、执法和司法。于是,规则便成了现代社会实现"和合"的驱动力。这种驱动力在实践中的体现即对话、协商。因为法的社会价值在于实现,充分征求多方意见的立法更容易实施,兼顾各方利益的判决更容易执行,正确调和矛盾的执法更容易被接受。可以说,经过协调、功能平衡后的最终意见往往更具备可操作性。因此,协调价值在立法上的意义是通过多方协商,实现真正的民主立法,进而保障弱者不被压制、少数群体不被遗弃;在执法上的意义是通过调解纠纷,促使矛盾双方达成合意,进而保障纠纷不被升级、矛盾不被激化;在司法上的意义是通过居中审判,实现双方权利义务的平衡,进而保障权利不被滥用、义务不被泛化。协调的对象是价值诉求产生争议的部分。当"和谐"发挥协调价值时,一般不适用于其他价值与元价值发生直接冲突的情形,不以实体价值的形式对抗其他价值,而是处于一个调和的地位。协调的方式是让渡价值诉求中的部分权利,以期找到一个争

---

〔1〕 参见张立文:《弘扬传统和合思想 建构现代和谐社会》,《人民论坛》2005 年第 2 期,第 49 页。

议双方都可以接受的中间方案。

此外,协调价值在倡导"诸异趋同"的理念时,还涵盖了包容并进、团结互助的思想。例如,在关于"爱国"的解释中,有学者就认为,"这里的'爱国',就是爱社会主义祖国。爱国和爱社会主义具有一致性。对于港澳台及海外同胞,'爱国'起码包含着要拥护祖国的统一,不反对社会主义祖国"[1]。这里通过"不反对"扩大了爱国统一战线的范围,在一定程度上包含了包容并进、求同存异的和谐思想。

本 章 小 结

社会主义核心价值观是一个多元一体的价值结构,这种特殊的价值结构决定了其价值内涵的解释方法必定有别于传统的价值释义。首先,本章先从国家、社会、个人三维一体的纵向结构出发,根据核心价值观凝聚共识的基本功能,论证了不同层面的价值之间可以通过某种共同善的作用实现融贯,同时也并不否认,在一般情况下,各个价值的释义要受到其价值维度的限制。其次,从多元价值共存的横向结构出发,根据纯粹理性与实践理性之间的辩证关系,论证了不同的核心价值之间不应当存在支配或从属关系,而是一种相互调和、相互完善的关系;并且,通过这种关系证成了核心价值观在多元一体化层面上既非"先验",也非"经验",而应将其理解为一种超验的价值共同体。再次,在这种超验性的假设下,通过"天理"与"人情"的互通,论证了普遍理性与个体理性可以在价值判断上实现融合,进而得出价值多元一体结构存在的超越意义,即论证了在多元价值自我完善的过程中,趋近人本质善端的基本伦理欲求可以被纳入法的价值秩序之中。从次,论证了多元一体价值结构在实践中的操作困境,即整体释义的超验性与部分释义的恣意性如何协调的问题。最后,为了克服价值多元一体结构所带来的实践困境,提出了元

---

[1] 刘书林:《论社会主义核心价值观的几个重要关系》,《思想理论教育导刊》2014年第9期,第65页。

价值的理论预设,即社会主义核心价值观中存在着一种元价值,可以整合并调和不同价值的冲突关系,实现部分释义与整体释义之间的协调,并论证了"和谐"作为元价值的可行性与作用机理。至此,我们可以得到一个结论:只要这种多元一体的价值结构在实践中可以维系,各个价值的分别适用就可以通过整体释义的指导,将符合"天理"的"人情"吸纳进"国法"的价值秩序当中。

第四章　社会主义核心价值观中元价值对价值秩序的导控功能

"合宪性解释的一个基本思想即在于,贯彻宪法价值判断,维护法秩序的统一性。"[1]法秩序的统一可以分为法律体系内部秩序的和谐,以及法律体系与法外价值判断的和谐。前者主要是法与法的统和问题,后者主要是情与法的交融问题。由此可见,社会主义核心价值观的释宪功能可以体现在,通过元价值导控的宪法价值判断(或宪法价值法则)实现法律规范的统一与法内外价值秩序的交融。本章要讨论的就是其中一个功能,即元价值如何导控法内外价值秩序。

本书自社会主义核心价值观的宪法化与规范化开始,就旨在将核心价值观的导控功能定位于一种法释义学的解释进路。但是,根据上文的分析,核心价值观的解释进路可以分为两条:一条进路是将核心价值观作为整体的抽象释义,另一条进路是核心价值观中十二个价值的具体适用。前者一体化的释义使核心价值观成为一个超验的价值共同体,这个共同体通过自身对至善的追求,从"人欲"中提取一种共同善的成分,体现出了"天理"与"人情"的通融;后者使核心价值观可以通过一种法价值的解释进路,勾连具体的法律概念、法律规则与法律原则,体现出"国法"与"价值"的融合。可以说,多元一体价值结构的维系,就是希望"国法"所承载的"价值"可以经由一体化的"天理"实现与"人情"的交融。申言之,只要这种多元一体的价值结构在实践中可以维系,各个价值的分别适用就可以通过整体释义的指导,将符合"天理"的"人情"被吸纳进"国法"的价值秩序当中,进而实现法内外价值判断的和谐统一。但是,在协调多元价值整体释义与分别适用的过程中,还会遇到以

---

[1] 梁慧星:《民法总论》,法律出版社2001年版,第287页。

下三个实践问题:价值分立的整合困境、价值冲突的调和困境、价值共存的导向困境。因此,为了克服实践的难题,我们引入了元价值的概念,以期通过元价值的导控实现两种释义进路的协调。不过,在具体的释义过程中,元价值如何既能不影响核心价值观价值结构的一体性,又能在十二个价值分别适用的情况下,表现出一体化的价值引领,仍是需要进一步讨论的问题。

第一节 价值多元化的和谐导控:情与法的交融

一、价值分立的整合路径——建构解释

根据上文的论述,单一价值在释义过程中的单极扩张,有可能偏离核心价值观一体化的超验引领,从而出现解释上的价值偏离。因此,我们引入了元价值的概念,让单一价值通过与元价值的联系,回归到核心价值观一体释义的原旨上来。但是,如何保证元价值在建构解释性联系的时候,既能实现多元价值的融贯,又能防止其他价值被过度通约——不破坏核心价值观的一体结构,则是进一步须讨论的问题。

元价值应被定义为一种解释性的价值,其确定了解释的方向、框架与策略。例如亚里士多德在《尼各马可伦理学》中就使用了这种解释方法。在解释"勇敢"的时候,亚氏认为,德性是居于两种恶之间的平衡点:德性是两种恶即过度与不及的中间,以选取感情与实践中的那个适度为目的[1];于是,要理解勇敢,不仅要对比勇敢与鲁莽,还要对比勇敢与懦弱;到具体的事例中,还要结合感情与实践,引入可评价的言语,诸如恐惧与信心,恐惧的过度与信心的不足是懦弱,恐惧的不足与信心的过度是鲁莽,"恐惧与信心方面的适度是勇敢"[2]。在这里,德性本身并没有减损勇敢的含义,它只是赋予了"适度"一种善的概念,让其可以作为一种指引解释的策略进入其他概念的关系

---

[1] 参见[古希腊]亚里士多德:《尼各马可伦理学》,廖申白译,商务印书馆2003年版,第55页。

[2] 同[1],第49页。

当中。而适度作为一种德性，一方面可以包含节制的概念，另一方面也可以通行于对各种概念的解释当中，但它并不是用"节制"来解释"勇敢"，而是关联与勇敢自身相关的概念。适度并不评价与勇敢平行的抽象概念，它不会说适度的懦弱是勇敢，因为任何一种抽象的概念都有广阔的解释空间，鲁莽可以是无畏，懦弱可以是谨慎，而"显得鲁莽"此时也没有什么可评价的意义。例如，"勇敢的人与懦弱的人相比显得鲁莽，同鲁莽的人相比又显得懦弱"[1]。适度只通过可感性的实体概念来评价抽象概念，譬如恐惧、信心，因为信心不足除了可以得到"懦弱"，同样可以得到"谨慎"，当"勇敢"和"谨慎"发生冲突时，可感性概念所勾连的人、事、物、时、空就可以为冲突的调和提供丰富的素材。显然，这种建构性的方案通过层层降维，建立某些共通性的实体概念与抽象概念之间的解释性联系，从而将抽象概念的发散性黏合在一个整体的价值网络当中，每一个价值都是其子网络的一个枢纽，而元价值正是打开这些枢纽的开关。换言之，虽然抽象概念之间的关系可能因为主观的偏好而难以判定[2]，但是抽象概念可以通过实体概念在实践与情感中接受评价，而解释就是连接二者的桥梁。正如德沃金所言："我建议将某些概念确定为解释性概念加以特别对待，解释性概念只有通过规范性论证才能加以阐释。如果这样的话，那么道德哲学在本质上就是一项解释工程。"[3] "解释普遍是整体性的。一个解释将许多不同的价值和假设编织到一起，这些价值和假设来自各种各样非常不同的判断或经验，而且出现在一个解释案例中的各种价值之间没有任何支配和从属的等级之分。"[4] 即使是德沃金的批评者，他们也承认，"价值多元主义并不会给价值一体性带来实质威胁，因为通过解释可以在不同的价值之间建立关联，这并不会违反多元主义的主张"[5]。当我们通过上述的解释方法建立价值之间的联系时，实体性概念所

---

[1] 参见[古希腊]亚里士多德：《尼各马可伦理学》，廖申白译，商务印书馆2003年版，第54页。

[2] 例如虎口救女，在有的人看来是鲁莽的，而在有的人看来是勇敢的，我们不能说社会高度尊崇理性（或节制），就评价"放纵"情感的某些感性行为是错误的。也就是说，这时即使节制更接近适度，但节制与勇敢之间并不存在支配或从属关系。

[3] [美]德沃金：《刺猬的正义》，周望、徐宗立译，中国政法大学出版社2016年版，第118页。

[4] 同[3]，第171页。

[5] 郑玉双：《价值一元论的法政困境——对德沃金〈刺猬的正义〉的批判性阅读》，《政法论坛》2018年第6期，第157页。

蕴含的现实关切也就随之进入了规则领域,此时规则不仅要体现其规范意义,还要在规范与事实之间建立某种理性的价值联系,进而使祛除道德涵义的规则在获得合乎理性的价值引导的同时,又可以为各种价值的平衡创造一个互不压制、平等表达、规范论证的空间。

至此,我们解决了价值多元释义的第一个困境,即价值的多元一体结构并不会导致价值分立,相反,经由建构解释,各种价值在元价值的整合下,就可能以一种统一的方式关联成一个相互联系的整体,从而使价值体系可以实现内部融贯。

二、价值冲突的调和路径——权利衡平

价值多元论主张的"价值的不可通约性"无疑给元价值预设的可行性带来了巨大的挑战。对此,伯林有一段经典的表述:"在某一特定情形中,是不是要以牺牲个人自由为代价来促进民主?或者牺牲平等以成就艺术、牺牲公正以促成仁慈、牺牲效率以促成自发性、牺牲真理与知识以促成幸福、忠诚与纯洁?我想提出的简单观点是,在终极价值无法调和的情况下,从原则上说,是不可能发现快捷的解决方法的。"[1]由此便引出了价值多元论者的一个重要观点:"各种价值之间乃是彼此冲突、相互抵牾、难以调和的,因此,实现某一价值几乎总是会有损于其他价值,而并非带动、促进其他价值。"[2]

诚然,如果按照价值的严格意义进行权衡,那么从理论上看必然要对价值之间做出取舍,才能使某个价值获得完整的实现。这里涉及一个问题:是否一个非严格意义的"价值"在社会实践中就没有价值了?答案显然是否定的。进一步说,我们要研究的问题其实是如果某个价值可以在非严格意义上减损,那么这个价值能够承受的减损程度究竟多大。这个问题在理论上是难以回应的,唯有在个案的实践中才能洞见其限度。正如德沃金所言:"价值判断不可能当然正确,它们只有借助一个案例才可能是正确的。"[3]正如上文一再强调的,本书所述的元价值是建立在法释义学基础上的概念,法释义学

---

[1] [英]伯林:《自由论》,胡传胜译,译林出版社2003版,第245页。
[2] 甘阳:《自由的敌人:真善美统一说》,《读书》1989年第6期,第125页。
[3] [美]德沃金:《刺猬的正义》,周望、徐宗立译,中国政法大学出版社2016年版,第131页。

的解释方法不是一场空洞的演绎,所有对价值的讨论总是伴随着一定的道德情境,这时抽象的价值就会与具体的权利相结合,价值就成了阿列克西的"最佳化命令"[1],指引着以其为"辩护依据"的权利的实现。"所有价值冲突中的抉择都不是对抽象价值观念本身的选择。这并不是说与抽象观念无关,而是说它是由实现方式、实现的程度以及优先性的程度来体现的,有可能从非此即彼的类别选择,转入一种对价值实践形态的竞争性阐释选择。"[2]申言之,在个案的建构中,价值严格意义上的内涵不是必然要全部实现的,它更多的是一种"正确性的宣示",而个体在主张权利实现的具体情境中会竭力融贯可以支持其诉求的价值。在该融合的过程中,如果某种价值所体现的义务会消解其主张的权利,那么理性的论辩也要证明指向义务的价值在某种不完整的意义上可以通融主张权利的价值,而价值经由共同善所建构的社会联系往往能促进这种通融的实现。例如,在上文的案例中,平等的价值支持了女性应聘者获得工作机会的平等权,而用工自由又使得用人单位可以设定一个参与应聘所应当具备的条件,这个条件就构成了"获得平等工作机会"的义务——须达到用人单位的应聘要求,但基于某种共同善使得支持这种义务的价值不能是完整的,因为完整的自由意味着对女性应聘者的歧视,这会带来社会整体自我实现的不自由,于是,这时不完整的自由就支持了女性应聘者主张平等的权利。也就是说,在权利衡平的过程中,支持某个权利的价值经由社会共同善会来做出让步,进而减损其义务的强度,而这种义务强度的减损来自于其价值的不完整性。这种不完整性所体现出的部分价值就形成了对另一个权利的价值的支持,而其间具备导控功能的共同善就是社会的某种元价值。可以说,价值与价值之间经由元价值导控的权利衡平,形成一种相互支持的关系,这时即使是本来在概念上不兼容的价值,亦能够在个案的权利中成为"盟友"。而权利作为勾连价值与现实生活的"实体性理由",正是实现这种整全性理论的重要途径。并且,权利只有在某种共同善的引导下与各个价值之间发生联系,促进各种价值之间正向的相互关系,才能获得相应的道德基础与集体认同,否则,"建构社会共同体的目的,不过是以某种方式

---

[1] 参见[德]阿列克西:《法概念与法效力》,王鹏翔译,商务印书馆2015年版,第75—77页。
[2] 刘擎:《面对多元价值冲突的困境——伯林论题的再考察》,《华东师范大学学报(哲学社会科学版)》2005年第6期,第46页。

使得个体之间的相互冲突的权利诉求能够得以调和,维持一种和平的生活秩序"[1]。这种所谓"和平秩序"的获得很大程度上是依赖于社会规范的工具价值,亦即试图在祛除道德涵义的规则体系中建构一种以"法制"为名的经验主义的权威压制。这时,"虽然这一法律体系以确定性的指引,带领人们走出了道德两难,却陡然间发现业已陷入了另一种可能更为深刻的困境之中了"[2]。综上,价值的冲突经由权利的表达获得调和的空间,权利又经由共同善的指引获得一定的整体认同,当修正的权利遇见解释意义的价值时,价值冲突在具体个案中的化解就不再是一种欲望战胜另一种欲望,而应将其看作一种善通融另一种善。

除此之外,权利冲突的存在也在一定程度上消解了普遍理性的压制。第一,价值的严格意义在权利的分解下只以其部分的意义进入冲突关系中,这时即使是普遍的理性也须提取出与具体权利相关的面向,方可获得个案的理性支持,这就削弱了普遍理性的支配力。第二,权利为价值在严格意义上的削弱提供了一种补偿性的方案,使得双方从价值层面的理念之争,走向权利层面的利益衡平,普遍的理性在实践上获得了让步的空间。第三,权利个体在经由价值主张权利的同时,已经暗含了某种个人的欲望和冲动,这种个体的诉愿通过权利的方式进入价值冲突的裁量空间,使理性的统治不得不面对对个体欲望的考量,在这种情况下,先验性与经验性之间的紧张关系就获得了和解的可能。个人不是价值观念的提线木偶,实践中人的主观能动性在民主的政治环境中可以实现个体正当诉求与社会普遍理性的双向互动,也许观念层面上"唯一正确的答案"是一个待证性的问题,但个案权利中"合理期待的均衡"还是为个人的自由与权利留下了空间。"平等的尊重与关怀为权利提供了辩护基础,使得权利成为王牌式的道德主张,能够否决其他一些为政治行动的正当性提供论证的理由。"[3]

至此,我们解决了价值多元释义的第二个困境,即价值在观念上的不可

---

[1] 薛军:《权利的法律与道德根基——权利的道德基础与现代权利理论的困境》,《法学研究》2009年第4期,第188页。

[2] 秦小建:《宪法对社会道德困境的回应》,《环球法律评论》2014年第1期,第79页。

[3] 郑玉双:《价值一元论的法政困境——对德沃金〈刺猬的正义〉的批判性阅读》,《政法论坛》2018年第6期,第156页。

通约并不会导致实践上的价值对立,相反,在元价值的导控下,经由个案权利的表达,不仅各个价值之间可以形成一个相互支持的整体,而且可以防止普遍理性形成绝对的压制。

三、价值共存的导向路径——依宪说理

虽然上文已有涉及价值多元一体结构是否会导致价值分立或价值对立问题的内容,但是其更多的是从方法论的角度进行阐述,诸如规范解释、个案建构、权利衡平等方式,此处则要从本质上讨论元价值的预设并不会产生"伯林式的忧虑"。

所谓"伯林式的忧虑",其根源在于,某种绝对标准对"什么是好生活"话语权的垄断会剥夺个体道德选择的自由。伯林认为:"人类的目标是多样的,它们并不都是可以公度的,而且它们相互间往往处于永久的敌对状态。假定所有的价值能够用一个尺度来衡量,以致稍加检视便可决定何者为最高,在我看来这违背了我们的人是自由主体的知识,把道德的决定看作是原则上由计算尺就可以完成的事情。"[1]在价值多元论看来,价值冲突,特别是终极价值之间,往往是难以调和的,如果我们试图确定一个基本价值来对其他价值进行排序,那么一定也是以某种专断的意志在干涉个体自生自发性的价值判断。"如果有人宣称,他可以或已经找到一个唯一合理的解决价值冲突的答案,因而他也有权替别人进行选择,那就根本不符合价值世界的本来面目,并且也剥夺了人们自由选择的权利。"[2]即使是伯林所推崇的"自由",在伯林自己看来也不能作为一种目的去支配其他价值。"选择自己生活的自由,必须与其他多种价值的要求放在一起进行衡量;平等,公正,幸福,安全或公共秩序……自由不可能是不受限制的。"[3]"开始时作为自由学说的东西结果成了权威的学说,常常成为压迫的学说,成为专制主义的有益武器。"[4]可以

---

[1] [英]伯林:《自由论》,胡传胜译,译林出版社2003版,第245页。
[2] 马普德、王敏:《价值多元论与自由主义——论伯林遇到的挑战及晚年思想的转变》,《政治学研究》2012年第3期,第43页。
[3] 同[1],第242-243页。
[4] 同[1],第42页。

说，在伯林那里，任何一种可以支配其他价值的价值，都是致力于用一种普遍的理性来压制有差别的个性，因为在英国传统的经验主义看来，"自由是直观的、感性的、直接经验的，理性则是限制和败坏自由的"[1]。由此可见，伯林强调的"价值的不可通约性"（或称"不可公度性"），抑或其著名的"消极自由"与"积极自由"的区分，在深层次上捍卫的都是个人至上的自由主义，其关于价值的不可通约性隐含着某种对自由主义政治哲学的正当性的考量，即价值之间不应当通约。但是，这种价值中立立场所塑造的"自由个体"是否就是"美好生活"的最终标准呢？对于这个问题，即使是价值多元论者也不会当然地作出肯定的回答。因为伯林作为目睹过纳粹暴行的犹太人，他所关心的基本问题并不是达至"美好生活"的最高标准，而是保持体面生活的最低标准——人类如何不陷入价值一元论所可能导致的暴行[2]。所以，伯林"一直在努力调和启蒙运动的人道主义理想与浪漫主义——包括唯意志论和自治论——观点之间的矛盾"[3]。他既肯定和维护不能化约的文化多元性与人的归属感，又主张应有最低限度的基本共识（价值）来维持和平。[4]

可惜的是，价值多元论在理论上为个体道德自主注入强大感召力的同时，过于乐观地估计了现实世界中由于价值虚无所导致的社会共同体裂变的严重性。"权力价值中立，虽降低了权力道德独裁的可能性，但其代价却是权力对于道德困境的碌碌无为。"[5]可以说，现代人在价值选择面前的这种"自由但迷茫"的状态，仅仅使其身体获得了暂时的安置，但却未使其心灵获得高尚的体验。这种"价值真空"的状态使现代社会的文明秩序陷入了一种道德选择的困境：即使排除人趋利避害的本性，个体在价值选择的困境中由于无法获得某种优先性的引导，也只能把涉及个人权利的价值置于选择体系的主要地位，因为在其看来，既然任何一种价值选择都会以牺牲另一个同等权重的价值为代价，那么选择的意义就仅在于哪一个价值可以实现自身利益的最

---

[1] 邓晓芒：《伯林自由观批判》，《社会科学论坛》2005年第10期，第28页。
[2] 这场灾难的产生，正如钱钟书先生所说："上帝要惩罚人，有时来一个荒年，有时来一次瘟疫或战争，有时产生一个道德家。"
[3] [英]格雷：《伯林》，马俊峰、杨彩霞、路日丽译，昆仑出版社1999年版，第120页。
[4] 参见马普德：《价值多元论与普遍主义的困境——伯林的自由思想对自由主义政治哲学的挑战》，《天津师范大学学报（社会科学版）》2001年第6期，第15页。
[5] 秦小建：《宪法对社会道德困境的回应》，《环球法律评论》2014年第1期，第77页。

大化。这种利己主义、享乐主义、历史虚无主义的严重倾向,最终导致共同体中最基本的价值诉求也被掩盖在个体浅薄的权利欲望当中。"只有当权利体系中所体现的利益分配格局,遵循或者说大致吻合于其所在社会中客观的、超个人的正义观念的时候,诉诸权利学说,才具有一种道义的力量,而不是一种空洞的说辞。"[1]因此,价值多元论以消极自由为起点,将指向个人权利的价值作为一种超现实的理据来调和公共理性与个人理性,注定会因其内在的逻辑缺陷而宣告失败。那么,我们是否可以换一条进路,从价值一体的角度出发,在个体价值选择的自主性与某种超验价值之间建构一个动态的平衡机制呢?正如上文所言,社会主义核心价值观在将各种多元价值融为一体的过程中逐渐升华为一种超验的价值体系,其超验性的证成并非从道德理性上去确证存在某种绝对的价值判断,而是在"天理"与"人情"的交融中实现一种双向的耦合。申言之,正因有了"天下不远于人"的基础,"天下"才成为一种至真至善至美的追求。

因此,当多元价值成为一体的时候,首先要解决的是这种体系化的价值群的载体问题。也就是说,无论是上文所述的元价值的解释进路,还是元价值所指向的调和权利冲突的共同善,在实践中,都不是从一体化的"天理"中直接证成的,而是要在现实中找到一种融合多元价值并为多元价值提供商谈机会的规范载体。唯有宪法可以担此重任。宪法的价值体系不是来自法律体系内部的推演,而是在创制之初就承载着全体人民对某种"美好生活"的基本共识。"宪法价值,尤其是宪法权利及其体系的价值,需要回到人与其所赖以生存的共同体的关系中找寻,它隐含在人与共同体的价值关联之中,并与特定共同体的当下生活紧密联系。"[2]因此,为了回应共同体的物质生活与精神生活的双重要求,宪法首先具备了"法"的一面,它与普通法的规范共同描绘了一幅关于"法律是什么"的画面,在此场景中,宪法的价值与普通法所确定的规范秩序一起守卫着人民最低限度的理性——基本的生活要求。但是,"宪法"还包含了"情"的一面,它与普通法的价值共同建构了一个关于

---

[1] 薛军:《权利的法律与道德根基——权利的道德基础与现代权利理论的困境》,《法学研究》2009年第4期,第188页。

[2] 刘茂林、秦小建:《论宪法权利体系及其构成》,《法制与社会发展》2013年第1期,第34—35页。

"法律应当是什么"的善念,在此观念中,宪法的价值引导着普通法所确定的价值秩序一起回应着人民最低限度的感性——朴素的道德愿景。但是,这两种最低限度的认知并非无法交融,蕴含在文化基因中的某种道德观念为理性提出了正当化的需求——当一种理性在证明自身行为的正当性时往往还要借助于潜藏在伦理秩序中的价值判断,基于这种正当化的需求,理性的解释在得出"明显不合理甚至荒谬的结论"时,就会向朴素的正义求助。不过,这种求助不是放任朴素的"法感",而是在宪法所确定的价值体系内进行商谈。"精神文明建设的宪法路径是,依据由精神文明转化的宪法价值体系,及由其指引构建的规范体系,将精神文明融入到宪法与法治秩序中,为价值争议创造公共商谈空间,塑造依法治国与以德治国的融贯逻辑,由此达成个体自主、社会濡化、国家教化与政府价值中立的结构耦合。"[1]具体而言,首先,经由宪法规范的观察,某种朴素的道德愿景就获得了与法律秩序相勾连的机会,这时元价值关切的可感性概念就与法律体系的规范性概念建立了联系,元价值中共同善的道德涵义也通过宪法的表达重塑了自身内涵。至此,元价值就不再是一件任由当权者随意编织的道德外衣[2],而是可以在宪法所确定的秩序平台内证明自身与社会发展核心诉求存在一致性的协商要件。其次,通过元价值的合宪性解释,将普通法的价值秩序统一到宪法的价值判断当中,为多元价值升华为宪法的核心价值提供一种可证成的说理进路,进而使权利的救济可以得到一种基于宪法规范证成的道德补强。最后,分散在不同法律规范中的多元价值通过元价值的导控获得了宪法意义上的确认,最低限度的理性经由这种确认与最低限度的感性结合,成为一种多数人赞同的理性,从而使单一价值可以通过与元价值相结合的依宪说理,在指向上与核心价值观的整体价值引领保持一致。

至此,我们解决了价值多元释义的第三个困境,即在多元价值分别适用的过程中,可以通过宪法的规范共识"排查"多元价值与元价值的正向关系,并借助依宪说理实现单一价值的释义与整体价值导向的一致性。

综上所述,我们确定了价值分别释义与整体释义之间的协调路径,即建

---

[1] 秦小建:《精神文明的宪法叙事:规范内涵与宪制结构》,《中国法学》2018年第4期,第23页。

[2] 所谓道德外衣,即弱者服从强者,但强者总是赋予这种服从种种道德含义。

构解释、个案权利、依宪说理。建构解释将蕴含现实关切的实体性概念导入抽象的价值法则之中,通过人作为类存物的共性来建立法内价值与法外价值之间的解释性联系。个案权利将价值作为一种"最佳化命令",为权利的实现提供方向性的指引,当一个法外价值与法内价值发生冲突时,两个相互冲突的价值基于某种共同善,在其可接受的"不完整意义"上指向一对相互支持的权利,这种支持使法外价值和法内价值可以在权利的表达上实现相融。宪法作为串联法律规范与道德规范的天然媒介,为上述两种法内外价值的融合,提供了一条规范的证成路径。此路径的通融,可以指引某个蕴含"人情"的法外价值经由元价值的导控重塑其自身的内涵,并获得进入法律体系的正当性依据。因此,下文我们将按照这三种导控方式,从价值构成[1]的视角出发,分别讨论社会主义核心价值观中各个价值在元价值导控下的价值内涵。

第二节 元价值与国家层面价值目标的关系

一、"富强"是"和谐"的物质条件

近代以来,由于外国列强的入侵,中国经历了一段积贫积弱、任人宰割的历史时期。惨痛的民族记忆,让中国人民认识到"落后就要挨打"的历史规律。所以,一时间"富国强兵"与"民族崛起"就成了主导性的国家目标。但是,也有学者提出了质疑:"国家的理性目标是民族的崛起和富国强兵,而代替天下主义的近代世界主义的价值目标是公义、平等和自由,在富强、文明之间发生了不可缝合的断裂。晚清以来的一个半世纪民族复兴过程,基本是富强压倒文明,国家理性凌驾于普世价值之上。天下的式微和国家的崛起,使得家国天下连续体失去了平衡,破碎的家国不再拥有超越的天下价值,只留

---

〔1〕 此处的价值构成,即法律价值构成,主要是不同价值之间的相互关系,这种关系可能有几种样态——一个价值为主的多元价值结构、二元价值主导下的价值结构、多元价值并立的结构等,即"共存而优先"或"多元价值共存"。(参见吴家清、宁凯惠:《论宪法序言的价值构造及其功能》,《法学论坛》2019年第3期,第40页。)

下世俗性的功利目标。"[1]这种担忧不无道理,把国家富强作为一种理性的目的,很有可能导致经济发展与道德建设的二元分离,滋生"享乐主义""拜金主义""利己主义"等不良风气,更有甚者会以牺牲个人利益、社会利益为代价,造成国进民退的后果。所以,为了抑制国家理性的单极扩张,"富强"必定要作为"和谐"的物质条件而存在,应以"和谐"导控国家理性中的功利目标。《宪法》序言第七段中"推动物质文明、政治文明、精神文明、社会文明、生态文明协调发展",以及《宪法》第六条中"坚持公有制为主体、多种所有制经济共同发展的基本经济制度",对"协调发展"与"共同发展"的强调,正是反映了我国社会主义核心价值观中,通过"和谐"导控"富强"的基本立场。那么在"和谐"的导控之下,我们又该如何理解"富强"呢?"社会结构的协调有赖于社会各阶层之间的协调,而社会各阶层之间的协调又有赖于社会各阶层的共同富裕。"[2]共同富裕是社会各阶层对利益的分享,是构建和谐社会的必要条件。《宪法》第十四条也规定,"在发展生产的基础上,逐步改善人民的物质生活和文化生活","国家建立健全同经济发展水平相适应的社会保障制度"。因此,"和谐"导控下的"富强"是以实现"共同富裕"为目标。

具体而言,首先,国家的富强是实现共同富裕的前提与保障。"国家富强了,便能实现更高水平的公正,提高各种社会保障水平,有更大的能力帮助在市场经济竞争中处于弱势的人们,救助那些遭遇不幸的人们,使所有社会成员都能居有定所、病有所医、老有所安、难有所救。"[3]共同富裕归根到底是一个分配问题,但分配的前提是有足够的可供支配的财富与国家对市场经济实行宏观调控的能力。国家的富裕是财富分配的前提条件,国家的强盛是实行宏观经济政策的保障。如果一个国家没有强有力的中央政府调控市场经济的走向,公正的二次分配就难以保证,那些在一次分配中通过市场占得先机的资本家就会进一步扩大其资本的覆盖率,最终导致社会财富两极分化,和谐的社会结构就难以实现。其次,共同富裕是强化社会"道德自律"的必要

---

[1] 许纪霖:《现代中国的家国天下与自我认同》,《复旦学报(社会科学版)》2015年第5期,第49页。

[2] 陈学明:《社会主义和谐社会的基本内涵是实现共同富裕》,《马克思主义研究》2005年第4期,第14页。

[3] 黄明理、程璐:《国家核心价值观之"富强"》,《当代中国价值观研究》2016年第5期,第24-25页。

基础。一个社会的和谐离不开公民基本的道德自律,公民的道德自律须能够满足基本生存需求的社会保障体系作为支撑。管仲说:"仓廪实而知礼节,衣食足而知荣辱。"马克思主义认为,物质基础决定上层建筑。由此可见,脱离了物质保障谈精神自觉是不切实际的。国进民退的发展模式不仅会导致人民生活水平的下降,而且会造成人民道德观念的滑坡。"如果经济和社会不能良性、健康发展,人民不能解决温饱问题、丰衣足食,那么,不仅会影响其他核心价值观念的落实、践行,而且,以往那些陈腐、落后的东西还可能死灰复燃。"[1]最后,共同富裕是提高个人"道路自信"的重要方式。一个国家的稳定繁荣、一个社会的安定团结离不开广大人民群众的同心协力,同心协力的基础是对现在发展道路的高度认同。而发展道路要得到广大人民群众的认可,离不开个人生活水平的提高。改革开放以来,在党的正确领导下,社会经济发生了翻天覆地的变化,人民的生活水平不断提高,内心对党领导的社会主义事业也更加自信,这种自信就是构建和谐社会重要的精神源泉。

综上所述,国家的富强可以保障共同富裕的实现,根据宪法中"协调发展"的国家目标与"共同发展"的经济制度,应当把"富强"理解为实现"和谐"的物质条件,进而在"富强"与"共同富裕"之间建立应然的联系,并通过"共同富裕"提高人民的道德自律与道路自信,达到"富强"与"文明"的和谐发展。

二、"民主"是"和谐"的政治基础

权力的功能面向可以分为主权与事权,主权的指向是公共性,即人民的权力,事权的指向是专业性,即议事的权力。但是,在西方资本主义国家的票决民主中,主权与事权的勾连方式往往是选民与政党之间的利益交换,党派领袖精于迎合选民的意见去架构竞选的执政纲领,却刻意回避"民主成分"中非理性的部分。更为可怕的是,这种非理性的公共决策被选票民主催化为合法的产物,党派领袖总是试图用民意为自己的意见提供难以辩驳的依据,从而导致权力的运行模式与国家的治理能力之间的界限逐渐消失。申言之,在

---

[1] 孙伟平:《论作为核心价值观的"富强"》,《学习与探索》2015年第6期,第4页。

民主资本的催化下,行使人民主权成为一种消费,民主人的利益被正当化为社会的公共利益,个人主义的人性观替代了社会责任的伦理观,无差异的治理掩盖了有差别的政治,于是主权的分化加剧了事权的搁置,党派的纷争取代了善意的协商,争夺民意的言论蒙蔽了权衡利弊的讨论,最终导致的是公共决策的理性不足。习近平总书记就曾一针见血地指出:"人民只有投票的权利而没有广泛参与的权利,人民只有在投票时被唤醒、投票后就进入休眠期,这样的民主是形式主义的。"[1]

因此,虽然民治是民主的核心,但是民治并不必然带来善治,民主中天生的非理性基因,在制衡权力的同时,往往也限制了治理的理性。从奥巴马政府到特朗普政府,数次美国政府的关门危机,使西方民主政治中的积弊显露无遗,也一次次地警醒我们,要控制好民主中的非理性。那么如何控制民主中的非理性呢?哈贝马斯认为:"这种交往理性概念的内涵最终可以还原为论证性话语在不受强制的前提下达成共识这样一种核心经验。其中,不同参与者克服了他们最初的那些纯粹主观的信念,同时,为了共同的合理信念而确立了主观世界的同一性和生活世界的主体性。"[2]由此可见,只有经过"真实平等"的商谈,才能实现广泛的理性共识。要保证民主参与的真实性,就要保证民主的广度,使各方的需求得到全面的表达;要保证民主形式的多样性,就要保证民主的深度,使各方的诉求得到充分的讨论;要保证民主决策的科学性,就要保证民主的质度,使各方的意见得到理性的权衡。中国特色的协商民主制度,应当是兼备广度、深度与质度的民主,是对传统民主理论的超越。其中,"广泛性""多样性""科学性"是"和谐"和合价值的重要体现,因此,要实现协商民主理论的价值,最重要的方面在于,民主价值与和谐价值的融合。

《宪法》序言第十段关于"中国共产党领导的多党合作和政治协商"的制度安排,《宪法》第二条确定的人民主权与人民代表大会制度,《宪法》第三条确立的"民主集中制的原则",以及《宪法》第二十七条、第四十一条确定的公

---

[1]《十、发展社会主义民主政治[习近平新时代中国特色社会主义思想学习纲要(11)]——关于新时代中国特色社会主义政治建设》,《人民日报》2019年8月5日第06版。

[2] [德]哈贝马斯:《交往行为理论(第一卷):行为合理性与社会合理化》,曹卫东译,上海人民出版社2004年版,第11页。

民的监督权,都深刻体现了在民主协商的过程中,民主立法、求同存异、充分协商、凝聚共识的和谐思想。所以,"民主"与"和谐"的融合,意味着要把"民主"理解为实现"和谐"的政治基础而存在,通过"和谐"的价值导控,抑制"民主"中非理性的部分,进而使对民主共识的感性认识与对民主立法的理性权衡有机地结合起来。具体而言,第一,通过"民主"的价值为和谐的对话提供制度保障。全国人民代表大会制度构建了一个可以代表人民利益的最高权力机关,实现了权力的完整性与统一性,从而使主权与事权之间的勾连方式回归到人民与国家之间的意见交换,而非为了获得政治话语权的民意争夺。这种排除权力纷争的民主制度,为国家机关设定职能与履行职责提供了良好的政治环境。在这种政治环境中,职能与职责由于抛开了关于"权"的党派之争,因而可以更好地回归到对"事"的具体讨论当中,进而为人民的广泛参与、深度参与、理性参与提供了可能。正是在这个真实而纯粹的人民主事议事的机制内,人民有了表达意见的渠道与平等参与的机会,建议有了互相讨论的空间与公开辩论的平台,磋商有了理性权衡的过程与化解矛盾的程序。第二,通过"和谐"的价值为民主的决策提供理性的依据。世界具有多样性和复杂性,差异的必然性与一致的偶然性,是自然状态下万物运行的规律,也是政治社会中民主生成的法则。"和谐"是顺应规律的引导与调整,"和谐"的价值追求,不在于建立一个没有差异的世界,而在于构建一个"诸异致同"的世界。并且,在寻求共识的过程中,"和谐"体现出的是一种方法论的价值,一种充分对话、沟通、协商、妥协、求同存异的"协调进路"。真正"和谐"的民主境界,绝不是"话语霸权"的寂静、"自说自话"的无赖,而是充分协商讨论后的意见共识。在这个过程中,首先需要广泛征求、吸纳有差异的意见,然后给予持不同立场的各方主体充分沟通、充分表达、充分对话、充分辩论的公开环境,进而在听取各方意见的基础上,将各方协商主体所涉及的利益、矛盾、问题通过科学的决策机制进行引导、调和与化解,最后形成具有包容性与普遍性的政策共识。整个过程中,基于"和谐"的价值导向,要求协商主体不受身份、地位的约束,不受外部环境的胁迫,最弱者与最强者都享有自由表达观点、平等参与讨论的机会,进而最大限度地凝聚共识,使民主的决策兼备尊崇民意的信度与良法善治的效度。

综上所述,民主的政治是"和谐"实现"协调"功能的前提与基础。在"和谐"的价值导控之下,中国特色协商民主可以充分发挥其制度优势,进而实现"民治"与"善治"的有机结合。

三、"文明"是"和谐"的精神依托

在现代汉语中,文明是指一种社会进步的状态,与"野蛮"一词相对立。从个人层面对文明进行理解,可以将"文明"定义为一种符合现代化国家国民素质与行为规范的总和,例如"不随地吐痰""爱护公共财物""向前一小步,文明一大步"等文明标语;从社会层面对文明进行理解,可以将"文明"定义为一种较高标准的、进步的道德规范与社会风气的总和,例如"雷锋精神""八荣八耻"等文明观念;从生态层面对文明进行理解,可以将"文明"定义为对自然规律、自然资源、自然环境的尊重与敬畏,例如"金山银山不如绿水青山"等文明倡议;从国家层面对文明进行理解,可以将"文明"定义为一个国家历史沉淀下来的、符合人类精神追求、能被大多数人认可并接受的文化思想、人文精神、发明创造以及公序良俗的总和,例如佛教文化、儒家思想、四大发明等文明标志。综上可知,文明是以文化为载体,以道德规范的方式表现出来的国家、民族、社会以及个体的价值观念,并且"文明"的价值几乎涵盖了人与人、人与社会、人与自然以及人与国家所有精神秩序的建构。

但是,正如上文所提及的,自由主义者把道德当作个体自由选择的结果,在其看来,国家主导的道德宣示与价值立场有可能形成专断的意志,进而影响个体的道德判断与文化选择。有学者就提出,个体是道德判断和文化发展的主体,国家应当坚持价值中立,把"什么是好生活"的判断权交还民众,并通过《宪法》第四十七条中关于"文化活动自由"的条款进行了规范分析。[1]也有学者提出质疑,认为这一观点忽略了个体与国家在政治有机体中的结构性关联,以及由此形成的个体与国家在精神维度的互动沟通关系。[2] 近年来,诸如电影审查、限娱令、禁劣令等政府文化管制措施所引发的关于国家道

---

[1] 参见黄明涛:《公民文化权研究——〈宪法〉第47条之规范建构》,中国政法大学出版社2015年版,第83页以下。

[2] 参见秦小建:《精神文明的宪法叙事:规范内涵与宪制结构》,《中国法学》2018年第4期,第25页。

德干预是否能够介入公民私德领域的讨论,也在一定程度上反映了个体道德自主与国家道德塑造之间的潜在冲突。这里引出了一个问题:西方经典的价值中立原则能否与中国传统文化观念相契合?根据上文的论述,中国传统文化是以"仁爱"为内核,逐步向外推演的,把血缘关系与伦理观念嵌入个人与国家的关系当中,讲求"以内圣之贤尽外王之制",并在社会交往的过程中,强调责任先行的道德自觉,进而对国家的制度构建与治理方式表现出较高的道德期待。"各种宗法家族的人情原则深刻地镶嵌到国家的法律政治领域,以礼入法,以礼规范法,政治亦高度伦理化、私人化,形成中国特色的礼法一体和私性政治传统,弥漫至今,经久不衰。"[1]因此,"中国语境中的国家没有自由主义的价值中立特征,民众从来都期待良善社会和正义国家,要求执政者确立与引领价值"[2]。在这种文化背景下,倘若奉行西方价值中立的立场,就极易忽视传统文化中对德治的共同期待,"'价值中立'看似公正无偏,实则回避了现代国家应当担负的价值引领使命"[3]。

所以,要调和"文明"与"自由"的冲突,关键不是在两者之间划定泾渭分明的界限,而是用"文明"去回应"自由"的价值困境。"自由"的价值困境在于,个体的自主选择是一个天然的趋利避害的系统,关于利益的自由对抗会演化为关于价值的频繁冲突,但是自由的价值市场又无法为这种冲突提供合适的解决机制,进而导致价值选择的困境。为了应对困境,只好又回归到功利层面,如此往复循环,最终导致价值的虚无。"文明"的回应即是为这个自由的价值市场提供一种功利之外的观念引领,这种观念引领一方面要契合共同体及其成员的核心诉求,另一方面要形成公共商谈的空间,为核心诉求的表达与公共理性的回应提供互通的平台。唯有宪法中维系共同体价值共识的精神纽带能形成这种观念引领。维系共同体的精神纽带是"和谐"的人本价值与秩序价值的重要体现,而且社会主义核心价值观中的"和谐",可以以规范的方式、法治的思维、法律的方法,动态调整精神纽带的松紧,防止"文

---

[1] 许纪霖:《现代中国的家国天下与自我认同》,《复旦学报(社会科学版)》2015年第5期,第47页。

[2] 黄鑫:《宪法秩序中的精神文明建设》,《上海政法学院学报(法治论丛)》2015年第4期,第8页。

[3] 秦小建:《价值困境、核心价值与宪法价值共识——宪法回应价值困境的一个视角》,《法律科学(西北政法大学学报)》2014年第5期,第27页。

明"价值的单极扩张。因此,要把"文明"理解为实现"和谐"的精神依托,并在"和谐"的导控下,用宪法中精神文明建设的法治理性回应世俗生活的价值困境。综上,笔者将"文明"对价值观形塑的合宪性依据分为以下四个方面。

首先,道德自律是培育个人文明的基础。"尽其在我"的群己观强调个人要先对他人履行相应的义务,这种义务经由"仁"的转化,变为一种"为他人着想"的责任。这种责任先行或责任本位的交往观,就对公民的道德自律提出了较高的要求。在这种文化背景下,人与人之间和谐共处的前提就是"推己及人、克己复礼",只有做到"己所不欲勿施于人",对公共秩序、公共空间、公共资源保持文明的理性,人与人之间的关系才能从权利的争锋走向义务的互敬。这种蕴含在文化基因内的共同道德需求,是个人与个人之间、个人与群体之间和谐相处的精神纽带,并在宪法中得到了回应。《宪法》第五十一条中关于公民行使自由权的限制条款,第五十三条中关于公民爱护公共财物、遵守公共秩序、尊重社会公德等义务性条款,以及第二十四条中国家倡导的"五爱"公德等道德观念,共同构成了公民在公共空间道德行为的边界;将《宪法》第二十四条中国家推行的道德教育、纪律法制教育与第五十三条中公民守法守德的义务结合起来,则是国家在民众共同的需求下,深入开展个人道德教化与法治教育的理据;将《宪法》第十九条中关于国民教育与第二十四条中关于道德教育、集体主义教育、共产主义教育的规定结合起来看,为了培育公民集体主义的道德自律,在不同教育阶段普遍推行思想政治教育课程便获得了合宪性的依据。

其次,公序良俗是维护社会文明的保障。善行始于一个人的善端,善端源于正确的价值判断,而正确的价值判断离不开良好的社会道德风尚。"个体的价值观念大都来源于他所生活的社会,特别是他所属的群体,是社会环境、文化传统、风俗习惯、社会舆论等因素濡染和教化的结果。"[1]无论个人主义者是否愿意承认,但客观上看,我们生活在一个社会共同体中,个人的价值判断势必受社会共同价值的影响,如果社会整体的价值判断失准,那么个人在这股洪流中亦难独善其身。"社会成员被共同体意识约束,并不只是说他们中的大部分人承认共同体的情感,都追求共同体的目的,而是说,他们认

---

[1] 庞卫国:《价值多元与主导价值观》,《求索》2003年第1期,第129页。

为他们的身份——既有他们情感和欲望的主体,又有情感的欲望的对象——在一定程度上被他们身处其中的社会所规定。"[1]因此,如果个人身处一个信仰真空、道德滑坡、伦理崩塌的社会,那么他与他人之间基于"共同善"所维系的社会关系,势必都会被弱化甚至破坏,从而最终影响社会整体的和谐稳定。因此,维护公序良俗是实现社会和谐的精神纽带,宪法中精神文明建设在社会层面中的体现,也当以回应"维护社会公序良俗"的价值诉求的方式进行诠释。例如,《宪法》第十五条中关于社会经济秩序的维护,第二十八条中禁止破坏社会主义经济的规定,以及第五十三条中关于公民爱护公共财产、遵守公共秩序、尊重社会公德等义务性条款,构成了在社会交往中禁止做出损害国家利益、社会公益和道德秩序等行为的宪法依据;将《宪法》中第二十二条、第二十四条的规定与第四十九条中关于保护婚姻家庭的条款结合起来看,对一些破坏家庭伦理的娱乐明星采取"禁劣令"的合宪性基础,正是在影视文化领域保护公民家庭和睦的善良风俗。

再次,善待自然是保护生态文明的要求。党的十九大报告指出:"生态文明建设功在当代、利在千秋。我们要牢固树立社会主义生态文明观,推动形成人与自然和谐发展现代化建设新格局,为保护生态环境作出我们这代人的努力。"生态文明观就是要求我们用"和谐"的仁爱之心,去善待我们生存的环境,杜绝野蛮开发。这一要求在马克思主义的价值理论中有深刻的反映。马克思主义的价值理论将"人类解放""人类幸福"作为一种终极的价值追求,而自然界的所有资源是所有现实的人所共享的资源,破坏自然生态环境、不按规律滥用自然资源无疑是对"人类命运共同体"这一"类价值"的严重违背,是人的类特性被工具理性所控制的体现。正如恩格斯所说:"我们决不像征服者统治异族人那样支配自然界,决不像站在自然界之外的人似的去支配自然界——相反,我们连同我们的肉、血和头脑都是属于自然界和存在于自然之中的;我们对自然界的整个支配作用,就在于我们比其他一切生物强,能够认识和正确运用自然规律。"[2]《宪法》第九条中"国家保障自然资源的合理利用","合理利用"一词正是善待自然的方式。正所谓"天育物有时,地生

---

〔1〕 [美]桑德尔:《自由主义与正义的局限》,万俊人、唐文明、张之锋等译,译林出版社2011年版,第171页。

〔2〕《马克思恩格斯全集(第二十六卷)》,人民出版社2014年版,第769页。

财有限,而人之欲无极"。我们应当认识到,自然资源的再生是有周期的,自然环境的净化是有限度的,自然规律中是有惩罚与果报的,利用自然、改造自然必须保持对自然规律的尊重与敬畏,这样才能防止过度开发导致自然环境的失衡。因此,"合理利用"的内涵就是告诫我们:要摆脱工具理性的控制,成为自然界真正自觉的主人。"工具理性之所以具有抽象性,其目的是想让主体占有自然,而不是为了告诉自然所要承受的后果。"[1]工具理性把"问题本身的合理性变成了解决问题的程序、方法和手段的合理性,把一件事情在内容上是否正确的判断变成了对一种解决办法是否正确的判断"[2]。在工具理性的统治下,追求最大限度有效利用自然资源的科技手段被赋予了真理性,进而回避了关于对自然资源的这种利用是否将违背了人类共同价值诉求的判断。所以,精神文明建设中对价值理性的倡导,为构建人与自然和谐相处的生态文明提供了重要的理念支持,我们应当以精神文明建设中的人道主义,正确地善待自然。

最后,民族精神是支撑国家文明的基石。"和谐"的秩序功能要求保持精神世界的良善,而精神良善的内在动力正来于民族精神。正如习近平总书记所说:"我们要弘扬社会主义核心价值观,弘扬以爱国主义为核心的民族精神和以改革创新为核心的时代精神,不断增强全党全国各族人民的精神力量。"[3]一个国家之所以能屹立在世界强国之林,归根到底都有其自身强大的民族精神作为支撑。这种民族精神,是一个国家抵御外敌入侵、争取和平统一的精神支柱,是一个民族百折不挠、自强不息的精神财富,是一个公民精忠报国、实干兴邦的精神动力。只有秉持这样的精神利器,才能抵御外来文化的腐蚀,不做西方道德价值的应声虫,进而保持崇高的社会主义理想与信念,为实现中华民族的伟大复兴而不懈奋斗。因此,民族精神是一个国家文化和谐的重要支撑,是一个文明生生不息的精神纽带。宪法中精神文明建设在国家层面的回应,当从民族精神的角度进行延伸。例如,将《宪法》第二十

---

〔1〕 [德]哈贝马斯:《交往行为理论(第一卷):行为合理性与社会合理化》,曹卫东译,上海人民出版社2004年版,第373页。

〔2〕 参见章国锋:《关于一个公正世界的"乌托邦"构想:解读哈贝马斯〈交往行为理论〉》,山东人民出版社2001年版,第14页。

〔3〕 习近平:《习近平谈治国理政(第二卷)》,外文出版社2017年版,第36—37页。

二条和第二十四条结合,国家为反对资本主义、封建主义等腐朽思想的影响而对文化产品进行某种审查或限制便是合宪的,要求在文艺作品中倡导、宣扬特定价值观或品德也是合宪的[1];将《宪法》第二十三条中知识分子的作用与第二十四条中爱国主义教育、集体主义教育、国际主义教育、共产主义教育、反对各种腐朽思想等规定结合来看,强调了知识分子有责任在公共文化领域引导人们树立正确的历史观、民族观、国家观、文化观;将《宪法》第二十四条、第四十七条与第五十四条中的公民爱国义务结合,国家对涉及"精日""历史虚无主义""侮辱革命英雄烈士"的文化产品进行抵制的文化管制措施,便获得了合宪性依据。

综上所述,"文明"的价值并不是要垄断个体道德的自主选择,而是旨在为共同体的和谐发展构筑精神纽带,所以"文明"对个体的精神重塑就要从维护"凝聚人民共同信仰的理念"出发,有限度地"干预"个体精神世界的价值选择。

第三节　元价值与社会层面价值取向的关系

一、和谐的自由观

"自由",是一个社会层面的价值取向,这就意味着我们强调的自由价值观是一种社会性的自由。"个人毕竟不是生活在真空中,个人除了具有自然性外,注定是生活在社会中的,这样,个人对自己的自由和权利就要自我节制,否则秩序就难以维持。"[2]与个人主义的自由强调"外界障碍不存在的状态"[3]相比,社会层面的自由更加注重自由的界限。正如密尔在《论自由》

---

[1] 黄鑫:《宪法秩序中的精神文明建设》,《上海政法学院学报(法治论丛)》2015年第4期,第3页。

[2] 陈雄:《宪法基本价值研究》,山东人民出版社2007年版,第125页。

[3] 霍布斯关于自由的定义是:"自由这一词语,按照其确切的意义说来,就是外界障碍不存在的状态。"(参见[英]霍布斯:《利维坦》,黎思复、黎廷弼译,商务印书馆1985年版,第97页。)

中所说:"文章所要阐述的核心问题是公民自由,换言之即社会自由,也就是要对社会所能合法地施于个人的权力的性质和限度进行讨论。"[1]

那么,自由的限度又在哪里呢? 这个问题首先要回到宪法里面寻找答案。从禁止性条款来看,《宪法》第一条、第四条、第五条、第九条、第十条、第十二条、第十五条、第二十八条、第三十六至四十条、第四十九条、第五十一条以及第五十四条,分别列举了社会主义制度、民族团结、法律平等、自然资源、国有土地、公共财产、市场经济、社会秩序、宗教自由、人身自由、人格尊严、通信自由、婚姻家庭、其他公民的自由和权利、国家利益等多个领域的禁止侵犯的事项。结合宪法规定的权利与公民义务性条款来看,个人的自由受到公共秩序、社会公德、国家利益、公共利益、人格尊严等方面的限制。即使是宪法文本未直接列举的生育权与社会权,也受到应与"经济发展水平相适应"的限制。如果将上文"和谐"的作用机理与这些限制事项进行比对,可以发现,几乎所有的限制都在"和谐"价值观的解释范畴之内。譬如,禁止侵犯人格尊严对应仁爱驱动的身心和谐,禁止破坏民族团结对应和合驱动的社会团结,禁止破坏社会秩序对应安全驱动的治安秩序,生育权的经济限制对应中和驱动的均衡调节,等等。《德意志联邦共和国基本法》第二条第一款:"人人有自由发展其人格之权利,但以不侵害他人之权利或不违犯宪政秩序或道德规范者为限。"《日本国宪法》第十三条:"全体国民都作为个人而受到尊重。对于谋求生存、自由以及幸福的国民权利,只要不违反公共福利,在立法及其他国政上都必须受到最大的尊重。"其中的限制性条款也都体现着"和谐"的价值。并且,加上"和谐"天生的均衡性与中和性,在合理限制自由行为的同时,也对自由的行为进行善的分配。"正如曼宁所强调的那样,自由主义的首要原则是平衡原则。平衡原则的含义之一就是自由与权威、个性与一致性、进步与秩序之间的平衡。"[2]由此可见,将"和谐"作为"自由"的行为边界,无论从规范层面还是价值层面,都有其正当性。

具体而言,第一,在个人层面上,"和谐"倡导由己及人的群体和谐观,反对原子式的个人自由,认为个人自由应有边界,个人行为自由的范围要以保

---

[1] [英]穆勒:《论自由》,马文艳译,华中科技大学出版社2016年版,第5页。
[2] Manning, Liberalism, Dent & Sons LTD, 1976, pp.14-16.

持融洽相处的关系为界限。正如某些学者所言,"资产阶级是从个人出发来理解自由,而马克思主义是从集体、社会出发来理解自由"[1]。第二,在社会层面上,"和谐"倡导个人自由不应超过社会秩序的承载能力。人是社会动物,与社会互动的过程中,需要遵循社会共同的行为准则与道德规范。一个人的行为如果被赋予了社会含义,即对社会秩序产生影响时,那么这个行为所受到的约束也就相应提高,例如,药物广告表达自由的限制程度高于一般商业广告。因此,当个人行为产生社会效应时,社会秩序的安全与稳定就是社会行为的边界。第三,在国家层面上,"和谐"倡导个人自由不应侵犯国家的核心利益。国家的核心利益包括国家尊严、民族团结、国家统一、社会主义制度、国家安全等重大利益。例如,公民有在公共场合处置自己物品的自由,但不能在公共场合有侮辱国旗的行为;公民有言论自由,但不能公开煽动民族仇恨,破坏民族团结。

应当指出的是,"和谐"除了是丈量自由边界的标尺,也是实现自由的保障。"和谐"界定自由的范围,正如基本权利的限制一样,虽然表面上划定了权利的范围,但实质上是权利真正得以实现的保障。因此,"和谐"在限制绝对自由的同时,也保障了相对自由的实现。

综上所述,自由与其说是无拘无束的行为,不如说是相互融洽的自主,在"和谐"与"自由"的关系中,"和谐"体现出的是一种量度价值,规范自由行为边界的同时,也达到了实现自由的目的。

二、和谐的平等观

"平等"是一个很难评价的概念。第一,从过程与结果来看,分别能得到不同的正义观。从分配的过程来看,我们关注的重点就在于某个群体应得的部分,如果某个群体得到的比应得的少,我们就会觉得这个分配制度不够正义。因为关注分配的过程,所以我们信奉的正义观就是"不同情况、区别对待"。但是,从分配的结果来看,我们关注的重点就在于某个群体实得的部

---

[1] 李文阁:《论社会主义核心价值观的形成、内涵与意义》,《北京师范大学学报(社会科学版)》2015年第3期,第10页。

分，如果不同的群体之间实得的差距比较大，我们就会觉得这个分配制度不够正义。因为关注分配的结果，我们信奉的正义观就是"相同情况、相同对待"。当然，前者的"情况"是指基于个人或群体特殊性所反映出的情况，后者的"情况"是指基于个人或群体一般性所反映出的情况。前者由于应得标准的普遍性不足，被"结果平等"指责会导致"两极分化"的后果；后者由于实得后果的机械性过强，被"机会平等"指责会陷入"平均主义"的僵局。第二，从感性与理性来看，感性告诉我们要关注社会全面、均衡的发展，理性告诉我们只有把"蛋糕"做大，社会的福利才能得到整体的改善。我们先假设一个场景，基于最朴素的善念我们都有这样的直觉：如果A比B的生活处境更差，并且我们只能帮助其中的一个人，那么我们更应该帮助A，改善他的处境。据此，我们再假设一个场景，在某种分配制度下，A得到3分的份额，B得到10分的份额，A的份额在一个周期内以10%的速度增长，B的份额在一个周期内以30%的速度增长，并在一个周期后，按增长速度的比例重新分配，如果你手上有6分的份额，你会选择给谁。从感性的角度选择，根据第一个场景的直觉，由于A的处境差，改变处境的能力也差，应该选择帮助A，提高他的份额。但是，从理性来看，应该把可分配的份额全部给B，因为虽然这样会加大A与B的差距，但是B实际获得的份额也会因总量的增加而大幅提高。把按增长速度分配看成一种激励机制，把可分配的份额看作扩大再生产的生产资料，理性的分配方案虽然加大了差距，但对各方都有好处，而感性的分配方案虽然减小了差距，但各方获得的利益都比理性的方案少。第三，从富人群体与弱势群体来看，"平等"的价值也不尽相同。在富人群体看来，平等的价值主要是为了维持社会的稳定，他们愿意让渡既得利益给弱势群体的理性是，防止由于社会的不稳定影响他们的利益。上文在讨论"均和以安"的和谐观时也提到，如果出现了严重的固化状态，就有引发暴动的可能。所以，富人群体愿以社会稳定为限度，最低程度地让渡自己的利益。在弱势群体看来，平等的价值主要是为了生存的需要与内心的安宁。基于这两个维度的要求，弱势群体的理性在于：允许适当的不平等分配存在，但这种不平等要在他们可以接受的范围之内。"可以有充分的理由认为：如果这些收入更少的群体是理性的，而且不平等不是非常严重，那么他们会同意这种不平等的分配方案，即使另外一个群体会比他们的收入更多一些，这样这种不平等的分配就是正义的;反之,如果不平等非常严重,收入更少的群体就不会同意这种不平等的分配,从而它就不是正义的。"[1]但是,这里的生存需要与内心安宁随着社会发展水平的提高,也会随之转变,例如我国的社会主要矛盾目前已转变为"人民日益增长的美好生活需要和不平衡不充分的发展之间的矛盾"。

综上,我们实际看到的"平等"的价值就被置于这三个维度的中间地带:单一地从分配的过程或分配的结果进行调控,无法得到各方都满意的"正义";理性的分配方案虽然能增进各方的利益,提高效率,但差距的增大所留下的社会稳定隐患,又总是让人难以接受;富人群体总是以社会稳定为界最低限度地让渡利益,但弱势群体对富人群体让渡利益的要求却越来越高。

从上文的分析可知,"平等"难以评价的原因就在于,"平等"始终处于一个两难的境地,一方面现实的发展要求,需要我们理性地允许适当的"结果不平等"作为激励;另一方面,社会稳定对平等的要求,又需要我们感性地接受适当的"过程不平等"作为补偿。这其中蕴含的矛盾说明,只有通过"和谐"来导控"平等",在过程与结果之间、理性与感性之间、激励与补偿之间做出协调,我们才能真正诠释好社会主义核心价值观中的"平等"。下文就将尝试用"和谐"的价值来理解宪法中的"平等"。

"平等"是一个社会层面的价值取向,这就意味着,这里所讨论的"平等"是人在融入社会的过程中,应得福利与实得福利的关系。这种福利包括收入、教育资源、就业机会、法律地位、政治地位、社会保障等方面。这里我们需要先进行一个假设,在初始状态下,个人因为禀赋、道德、努力或运气不同而产生的获得福利的差距是社会可以接受的。例如,我们不会因为某人中了五百万元的彩票就感觉社会不平等;也不会因为一个人单纯凭借自己的努力与道德获得丰厚的收入,就觉得社会不平等;更不会因为一些天才取得成功就抱怨社会不平等,因为这样的天才并不普遍。此外,我们还要适当地借用沃尔策的"反对越界理论"。沃尔泽认为:"如果每一种善都是特殊的,都有其独特的分配方式、分配机构和分配标准,那么这种善的力量就应该被限制在

---

[1] 姚大志:《分配正义:从弱势群体的观点看》,《哲学研究》2011年第3期,第110页。

其领域之内。要维护每一种善及其领域的差别,就必须反对一种善转变为另一种善,反对一个领域的善越过、侵入和统治另一个领域的善。"[1]例如,金钱不应超越自己的领域去支配其他的善,如职位、教育、权力等。并且,这种不同善之间隔离的程度越高,社会往往就体现出越多的平等。"沃尔策提出,一个人在某个领域是统治的或拥有比别人更大的份额,在另一个领域则会是被统治的或拥有比别人更小的份额。反过来,也是一样。一个领域的优势被另一个领域的劣势抵消了,这样就实现了平等。要实现这样的复合平等,需要一个条件,即每一个分配领域都是自主的。只要这个条件得到满足,只要不施加任何外来的干预,或者说任何领域中的善都没有越界,任何分配领域都会是自主的。因此,虽然每一个领域的分配是不平等的,但只要对它们不加干预,任其自由进行,这些分配就变成复合平等了。"[2]在此,我们要借用这套理论,用"和谐"把"善的隔离强度"控制到特定的范围。

《宪法》第六条规定,"实行各尽所能、按劳分配的原则","坚持按劳分配为主体、多种分配方式并存的分配制度"。由此可见,在分配上我国宪法并没有忽视分配过程中的应得,强调根据个人能力的大小、劳动贡献的多少来计算应得的资源,发挥人的主观能动性;但是,同条规定的"生产资料的社会主义公有制为基础",以及《宪法》第十五条关于完善社会主义市场经济的宏观调控的规定,又为出现生产资料过度集中而导致分配结果不平等的情况,留下了调控的制度保障。

除此之外,宪法和法律还在教育、就业、医疗、法律地位、社会保障等涉及人基本生存尊严的领域,通过国家义务给予了社会成员特殊的保护。德沃金认为,社会中每个成员都享有一种作为同类而受到其他人最低限度尊重的基本权利,社会的普遍利益不能成为剥夺这些权利的正当理由,即使讨论中的利益是对法律的高度尊重。[3] 因此,即使通过提高整体发展水平可以改善社会普遍的福利,但是也不能为了集中发展而减损人之所以为人所应获得的自我实现的基本尊严。"任何人都具有人格的尊严,在自由人格的形成这一

---

[1] 姚大志:《平等:自由主义与社群主义》,《文史哲》2006 年第 4 期,第 138 页。
[2] 同[1],第 140 页。
[3] 李寿初:《论现代国家权力的合法性》,《浙江大学学报(人文社会科学版)》2010 年第 3 期,第 104 页。

点上必须享有平等的权利。"[1]《宪法》第十九条规定,主要由国家推行教育事业,《宪法》第四十六条规定了公民受教育的权利与义务,并结合《教育法》第十一条中"国家采取措施促进教育公平,推动教育均衡发展",《教育法》第十条关于扶持和发展少数民族、贫困地区、残疾人的教育事业的规定,以及《教育法》第五十四条中"国家建立以财政拨款为主、其他多种渠道筹措教育经费为辅的体制",可见教育主要是国家推行的公益事业,公民应有平等受教育的权利和义务,以公立校为主、私立校为辅,防止资本进入教育领域,导致教育资源不平等。这种制度安排在一定程度上阻断了用金钱支配优质教育的机会,进而保障了理性的分配方案与分配过程中,不会因为教育的机会与条件,导致作为分配依据的个人能力出现进一步悬殊,也让个体有机会通过自己的努力改善其在分配方案与分配过程中的地位。《宪法》第四十二条中关于国家创造劳动就业条件、鼓励参与劳动、进行就业训练的规定,第四十八条中关于男女平等的规定,《劳动法》第四十九条中关于最低工资标准设定的规定,以及《劳动法》中其他关于促进就业、禁止歧视、保障女职工劳动方式的条款,体现了国家创造条件让公民尽可能地参与分配过程中,通过不同程度的劳动实现自我的独立与发展,防止由于个体天生的差异导致就业机会的丧失,并在分配结果上控制个体差异的影响。《宪法》第十四条中关于社会保障制度的规定,体现了国家根据经济发展水平同步提高社会保障水平;《宪法》第二十一条规定,推进医疗卫生事业的主体是国家、农村集体经济组织、国家企业事业组织和街道组织,体现了医疗卫生是以实现公共服务为主导,防止了金钱支配优质医疗卫生资源,保障了公民健康权的平等。《宪法》第三十三条,以及宪法中基本权利的相关条款,则从法律的平等保护与基本权利的平等拥有两个方面,为社会地位的平等提供了制度保障。

由此可见,和谐的平等观,虽然关注的是"蛋糕如何分配"的问题,但是在"蛋糕如何形成"的问题上,这种平等观强调保持谦抑的控制,既要通过"保持较少的干预"促进社会整体的发展,又要通过"创造平等的条件"防止社会阶层的固化,进而在对强者的激励与对弱者的保护之间实现平衡。"平等"在

---

[1] 林来梵:《从宪法规范到规范宪法:规范宪法学的一种前言》,法律出版社2001年版,第106页。

"和谐"的导控下,一方面注重分配过程中的应得,另一方面强调全民共享经济发展的成果,把应得控制在社会可以接受的范围;一方面尊重经济发展中理性的作用,另一方面通过保障劳动权、健康权、受教育权、平等权等基本权利的自由,提高个人生存与发展的机会与尊严;一方面强调个人能力在福利应得中的作用,允许一部分人先富起来,另一方面限制社会条件或家庭出生在个人能力、民生保障中的"支配作用",强调国家在教育资源、医疗资源、就业机会等与生存权紧密联系的重大民生领域的主导作用,降低甚至消除经济地位、个人先天条件在社会地位形成中的影响。

综上所述,和谐的平等观强调的是"以人为本",以承认个体或群体的差异性来构建条件的平等,重在通过人格发展的平等、就业机会的平等、生存保障的平等、法律地位的平等破除有可能导致社会阶层固化的障碍,并通过国家在这些领域的主导作用,使弱势群体有平等的条件通过自身的努力提高在分配过程中的应得。

三、和谐的公正观

公正,即"公平、正义",是和谐思想中"中和之道"的衍生。孙国华教授等认为:"利益关系是公平正义的实体,一定社会物质生活条件下大多数人认同的、被认为正当的利益关系是公平正义的实质,所以公平正义就是如何处理利益关系问题。"[1]桑德尔教授也认为:"要看一个社会是否公正,就要看它如何分配我们所看重的物品——收入与财富、义务与权利、权力与机会、公共职务与荣誉等等。"[2]由此可见,分配方式(包括司法裁判中权利与义务的分配)是否正当是判断社会公正与否的重要指标。

然而,这种"正当"的评判准则并非单一的,在不同理念的影响下,也会产生不同的价值导向。立足于极端自由主义的学者诺齐克提出:"任何分配正义都是持有正义,持有只要求合理而不要求平等。"[3]这种"持有主义"所带

---

[1] 参见孙国华、方林:《公平正义是化解社会矛盾的根本原则》,《法学杂志》2012年第3期,第54页。
[2] 参见[美]桑德尔:《公正——该如何做是好?》,朱慧玲译,中信出版社2012年版,第24页。
[3] 参见易小明:《分配正义的两个基本原则》,《中国社会科学》2015年第3期,第6页。

来的结果就是高度重视"自我所有权",而基于"自我所有权"所产生的关于"正当"的评价准则就认为:在个体自由参与社会交换的过程中,每个人都有平等的机遇去争取个人利益,个人的利益是其自我努力的结果;公正就是保证这种努力获得应得的回报,"国家和政府不得借国家利益或公共利益之名侵犯个人利益"[1]。相比于极端自由主义者喜欢强调的"机会平等",罗尔斯则持不同的观点,罗尔斯认为,人的禀赋、出生、能力、背景等自然属性有天然的差异,基于这种自然属性的差异,不同的人在社会中所获得的利益也会有相应的不同,因此正义不是自由选择、自由交易的结果,而是站在"无知之幕"背后所订立的"假设契约"。也正因为"无知之幕"将个体与命运隔开,所以人们站在上帝视角进行政策制定的时候往往会倾向于保护弱者。所以,在分配的正当性上,罗尔斯认为:"那种使社会中最穷者的福利最大化的财富分配才是正义的"[2]。

  这两种"公正观"似乎都有其存在的理据,但如果以保障"和谐"为导向,我们应当选择哪一种公正观呢?上文在讨论"平等"的时候,我们一直在强调实现平等的进路,似乎刻意回避了平等内在的正当性。究其原因,平等的价值包含着一种终极的理念,即使这种理念在说理上受到了"足够论""资格论""应得论"等不平等主义的怀疑,但这种理念本身的正当性却始终没有被动摇。然而,正是由于这种终极理念赋予了"平等"感性的基础,为了防止这种感性的躁动,我们强调其理性的和谐进路,进而把"平等"控制在有限的范围之内。"公正"恰恰相反,"公正"本身蕴含着相当多理性的依据。甚至一些为了维护社会稳定而采取的保护弱势群体的措施,也常常被指责伤害了弱势群体,例如"最低工资法对就业率的影响""妇女权利保护导致女性就业岗位减少"等等,一旦准备通过"定向减税""公共项目提高就业""强化劳动保障""应届生就业保护"等配套措施预防危害时,"公正"又与"自由"联姻,认为这些配套措施破坏了自由的市场环境,降低了企业的竞争性,影响了长远的社会福利。因此,正如我们很难从感性上否定平等一样,我们也很难从理性上论证为什么不要公正。

---

[1] 参见张国清:《分配正义与社会应得》,《中国社会科学》2015年第5期,第24页。
[2] 参见易小明:《分配正义的两个基本原则》,《中国社会科学》2015年第3期,第5-6页。

所以，当我们讨论"公正"的时候，更应该注重挖掘"公正"的感性基础。罗尔斯在其后来的研究中也发现，正义离不开直觉。"在公平正义中，这种亟须讨论的观念，是运用实践理性的原则以及与之相联系的政治社会观念和个人观念而建构起来的。"[1]凯尔森认为，涉及基本价值判断的正义问题是无法用理性方法来解决的。[2]那么，这种影响基本价值判断的感性观念从何而来呢？习近平总书记强调："抛弃传统、丢掉根本，等于隔断了自己的精神命脉。"[3]罗尔斯也将公平正义的直觉"看作是隐含在民主社会的公共文化之中的"。[4] 张智辉教授也从刑法的角度提出："刑事责任的设定和追究只有最大限度地满足特定社会普遍信奉的公平观，才有可能受到众人的尊重、支持和遵守；如果刑法被普遍认为是不公平的，便会遭到众人的蔑视、抵制和唾弃。"[5]由此可见，任何一个民族的价值判断都有其历史文化的传承，如果强调公正是一种群体意识的感知，那么要保障社会的公正，就要先维护人们基于文化基因做出的价值判断。此亦即"以民为本"的民本观在"以人为本"的和谐观的导控下，所体现出的现代价值。例如，法国思想家托克维尔认为："人民天生就爱好平等与自由。他们希望在自由之中享受平等，在不能如此时候，也愿意在奴役中享用平等。"[6]但美国著名学者萨托利就认为："从自由出发，我们可以自由地走向平等；而从平等出发却无法自由地取得自由。"[7]观察两国的历史可以发现，法国经过了长期的专制统治，所以国民的观念中对"平等"有极大的渴望，而美国的国民情结则一直以"自由"作为第一价值。中国的历史发展与法国有较为相似的地方，因此有中国学者也认为："在中国传统社会里，人们习惯从平均主义的角度去理解平等的观念并身体力行地实践之。历代的农民起义无不是打着平等（平均）的口号进行革命

---

[1] [美]罗尔斯：《政治自由主义》，万俊人译，译林出版社2000年版，第115页。
[2] 参见[美]博登海默：《法理学：法律哲学与法律方法》，邓正来译，中国政法大学出版社2004年版，第275页。
[3] 习近平：《习近平谈治国理政》，外文出版社2014年版，第164页。
[4] 参见[1]，第15-16页。
[5] 张智辉：《论刑法的公平观》，《法学家》1995年第1期，第65页。
[6] [法]托克维尔：《论美国的民主》（下），董果良译，商务印书馆1988年版，第624页。
[7] [美]萨托利：《民主新论（第2版）》，冯克力、阎克文译，东方出版社1998年版，第440页。

动员以反对专制统治的。"[1]因此,在中国人的传统观念里,"平等"是占据十分重要地位的价值观念。不过须指出的是,"平等"只有在特殊情况下才会表现出用极端的"平均主义"破除导致固化的体制障碍,在更多情况下,"平等"是基于"各尽其责"的名分观衍生出的某种根据合理差异,对不同对象责任负担的不同分配。"这种现实存在的合理差异是建立在责任义务的不平等之上的,而这种不平等对不该承担主要责任义务的一方来说是实质的平等,因为存在差异的这一方相对于其地位、能力、性别、社会分工以及各自的'理'与'名分',不该承担主要的责任义务。"[2]但是,这是否意味着通过"平等"就可以理解"公正"呢?

答案显然是否定的。上文对"均和以安"的和谐观已有表述,一般意义上的"平等",或者说传统观念中的"平等",只关乎"量"的调节,不涉及"质"的变化,其效力不足以修正"公正"中基于自由主义底色的"正当优于善"的观念。那么,"平等"与"公正"之间的张力又要如何控制呢?笔者认为,既能导控"公正"又能兼顾"平等",还在传统观念中占据核心地位的价值,当属"和谐"。余英时先生认为:"维系自然关系的中心价值则是'均''安''和'之类。"[3]孔子说:"有国有家者,不患寡而患不均,不患贫而患不安。盖均无贫,和无寡,安无倾。"《老子》中有记载,"天之道,损有余而补不足","高者抑之,下者举之;有余者损之,不足者补之"。这些深刻的和谐思想,在公正观念的形成中发挥了重要的作用。即使回到当代,从政策导向上看,党的十六大报告在讲到价值选择的时候,没有再沿用党的十四届三中全会提出的"效率优先、兼顾公平"的说法,而是采用"公平正义"这一表述。[4] 党的十九大报告中,更是直接阐明:"中国特色社会主义进入新时代,我国社会主要矛盾已经转化为人民日益增长的美好生活需要和不平衡不充分的发展之间的矛盾。"然而,效率与公平之间的统一,离不开和谐的目标导控,平衡充分的发展更是实现和谐的必由之路。由此可见,把"和谐"融入"公正",让人民感受到

---

[1] 史云贵:《公平正义:社会主义和谐社会构建的价值基础——兼论公平与自由、平等价值的相关性》,《江苏社会科学》2008年第2期,第110页。
[2] 蒋庆:《广论政治儒学》,东方出版社2014年版,第177页。
[3] 余英时:《中国思想传统的现代诠释》,江苏人民出版社2003年版,第20页。
[4] 参见徐显明:《公平正义:当代中国社会主义法治的价值追求》,《法学家》2006年第5期,第16页。

公平正义的同时,共享改革开放的红利,也是当代的社会理念共识。

因此,"公正"中应当含有"和谐平等观"的价值理念,要在特定的领域限制"不同善"之间的越界支配,不能纵容"不同善"之间的过度渗透,即使这种合作在某些领域会带来更高的效益。特别是在司法裁判中权利义务的分配上,要防止金钱、权力、人情关系等"善"侵入司法裁判领域,守住社会公平正义的最后防线,"努力让人民在每一个司法案件中都能感受到公平正义"。

结合宪法文本,《宪法》第六条中"各尽其能、按劳分配原则",这里的"劳"是按照"劳动参与的多少"还是"劳动贡献的多少"来解释呢?首先,根据文义解释,"各尽其能"强调的是个人的能力,所以后面的"劳"应当解释为与个人能力相联系的劳动贡献。其次,从体系解释来看,结合《宪法》第十四条"提高劳动者的积极性和技术水平"与发展生产力的要求,也可以得到相同的解释结果。再次,从价值层面来看,按"劳动参与"分配是一种平均主义,与我们所奉行的"和谐的平等观"相悖,和谐平等观强调的是,在影响个人生存与发展的领域上实现机会平等、地位平等、权利平等,防止金钱、权力、出生等善对这些领域的支配,为个人通过自身努力提高应得福利创造良好的阶层流动环境。最后,从和谐的角度看,"和谐"在勾连"平等"与"公正"时,强调的是通过"均""补""和"等方式,但是没有整体社会财富的提高,这些方式在没有增量的情况下,至多只能达到一种低水平的和谐。这种低水平的和谐明显与富强的国家目标相违背,所以为了提高增量,也需要强调通过"劳动贡献"进行分配,进而激励人的主观能动性。但与此同时,《宪法》第十四条规定,"在发展生产的基础上,逐步改善人民的物质生活和文化生活","国家建立健全同经济发展水平相适应的社会保障制度",《宪法》第四十二条中规定"在发展生产的基础上,提高劳动报酬和福利待遇",也应理解为全民共享社会进步的成果,逐步提高人民的基本生活水平。只有这样解释,才能在保证公平竞争、科学发展的同时,不会由于社会差距过大破坏人民对社会公正的认知,进而在精神层面回应社会公平正义的理念需求,又在物质层面兑现现实利益,达到高水平的社会和谐。

综上所述,在发展与平衡的两极,"平等"通过创造一个平衡的环境,使理念的诉求转化为能动的分配重构,"公正"则在社会观念的指引下,使发展的理性转化为公平的保障机制。而这种理性与感性之间的转化就是"和谐"的价值体现。所以,和谐的公正观就是,用和谐的共生价值提高发展的广度,用和谐的仁爱价值抑制发展的功利,用和谐的衡量价值调整发展的结构,用和谐的协调价值促进发展的协同,用和谐的秩序价值控制发展的差异,进而实现以传递公平理念为指引、以维护社会公平为目标、兼顾发展效率的公正观。

四、和谐的法治观

法治价值观直接体现在《宪法》第五条的规定中:"中华人民共和国实行依法治国,建设社会主义法治国家。国家维护社会主义法制的统一和尊严。"其中,依法治国是通往法治的必由之路,而维护法制的统一和尊严则是强调,依法治国的前提是依宪治国。可以说,以依法治国、依宪治国引领的法治国家、法治政府、法治社会的一体化建设,是实现良法善治的重要依托。但是,要让法治的精神贯穿于一体化建设的全过程,还要统一形式意义上的法制与实质意义上的法治。形式意义的法制,强调"以法治国""依法办事""严格执法"的治国方式、制度及其运行机制;实质意义的法治,则强调"法律至上""法律主治""制约权力""保障权利"的价值、原则和精神。

但是,在司法实践过程中,"许霆案""于欢案""陆勇案"等社会热点案件,均涉及法律形式逻辑与实质价值判断之间的冲突。"许霆案""于欢案"的改判,"陆勇案"的撤回起诉,这些案件中的波折,都在一定程度上反映了实践过程中法律工作者对形式逻辑的固守,以及个案法律适用中价值选择的困境。"在具体个案中,当实质的价值判断与法律的形式逻辑相冲突时,一味地倒向形式逻辑并不具有天然的正当性。诚然,司法者必须受制定法的拘束,应当服从立法所作出的价值判断,但这并不意味着司法者只能机械地适用法律,只能充当毫无作为的角色。"[1]这种对法律形式逻辑的固守,是奉行法律工具主义观念的结果,而"法律的工具主义观念在很多方面都有一种强有力的破坏法治理念的趋势"[2]。因此,形式法制与实质法治的和谐统一就是,

---

[1] 劳东燕:《价值判断与刑法解释:对陆勇案的刑法困境与出路的思考》,《清华法律评论》2016年第1期,第152页。

[2] [美]塔玛纳哈:《法律工具主义对法治的危害》,陈虎、杨洁译,北京大学出版社2016年版,第3页。

一方面实质意义的法治要通过规则化、制度化、程序化的法律方式予以实现，另一方面，在形式意义的法制中，要体现实质意义法治的价值、原则和精神。但是，实质意义法治的价值、原则和精神源泉又来自哪里呢？

笔者认为，一国法治的价值首先应当统一在宪法基本价值里，并且基于上文分析的宪法基本价值与社会主义核心价值观的同构性，以及社会主义核心价值观对宪法基本价值的超越性，所以实现形式法制与实质法治的和谐统一，其实就是社会主义核心价值观入法、入规、入案的必然结果。当我们把核心价值观导入法治的和谐统一时，不难发现，和谐的法治观重在实现以下三大功能：价值导向功能、"恶法"矫正功能以及权利保护功能。

第一，价值导向功能就是要求，在法律制定的过程中，要体现核心价值观的价值引领作用。首先，应在立法目的上确认核心价值观的统领作用。"法的价值定位，即立法的价值目标与追求是什么，例如是保障自由还是剥夺自由，是保障平等还是制造特权与歧视，是维护正义还是保护邪恶等，它直接关系到制定的法是良法还是恶法。"[1]在目前的立法实践中，据学者统计，核心价值观在近几年颁布的法律文本的"总则"或者"立法目的"条文中出现得日益频繁。[2] 例如，《民法典》第一条就规定："为了保护民事主体的合法权益，调整民事关系，维护社会和经济秩序，适应中国特色社会主义发展要求，弘扬社会主义核心价值观，根据宪法，制定本法。"《英雄烈士保护法》第一条规定："为了加强对英雄烈士的保护，维护社会公共利益，传承和弘扬英雄烈士精神、爱国主义精神，培育和践行社会主义核心价值观，激发实现中华民族伟大复兴中国梦的强大精神力量，根据宪法，制定本法。"《反家庭暴力法》第一条规定："为了预防和制止家庭暴力，保护家庭成员的合法权益，维护平等、和睦、文明的家庭关系，促进家庭和谐、社会稳定，制定本法。"其中，"平等""文明""和谐"都是核心价值观的重要内容。其次，应在立法程序上体现核心价值观的控制功能。一是审查立法程序是否符合民主立法原则，如第三方评估、委托起草、合作起草、征求社会大众意见、公民参与立法，以及平等参与、自由对话、决策自主等。二是审查立法主体的权力来源和范围是否合法，

---

[1] 卓泽渊：《法的价值论（第3版）》，法律出版社2018年版，第62页。
[2] 参见肖北庚：《社会主义核心价值观入法入规立法审查机制的构建》，《光明日报》2018年7月25日第11版。

如自主立法事项是否符合法律保留原则,授权(变通)立法的权力来源、事项范围和时间限度等是否合法等。最后,应在立法内容上落实核心价值观的良法要求。一是法规文件的名称、语言文字和法律术语等准确、精炼、可理解;体例、格式以及整体布局科学合理,条文和段落之间的语言逻辑和意义脉络紧密关联等。二是设定的规则要素明确、具体、完备,具有可操作性;设定的程序性规范符合上位程序法,符合公正程序原则等。三是变通性规定符合本地方的实际,无重复立法或者直接照抄上位法以及明显冲突立法等情况。四是实体性内容符合人性尊严、平等保护、利益平衡等原则。

第二,"恶法"矫正功能就是要求,在法律适用的过程中,要体现出核心价值观的价值导控作用。这里的"恶法"并非单纯地指向那些明显违背基本法治精神的法律,还包括那些在特定的案件背景事实下,对成文法进行严格的遵守,会得出"荒唐"结论的个案规范。导致这种"恶法"的原因,正是因为良法仅仅是一种理想的法律状态,但由于认知的有限性、社会的变化性、事实的复杂性、语言的局限性,再完善的立法机制都难以保证法律法规的尽善尽美。"大家日益承认,无论如何审慎从事法律,其仍然不能对所有——属于该法律规整范围,并且需要规整的——事件提供答案,换言之,法律必然'有漏洞'。"[1]法律重在解释,不能将法律的瑕疵都诉诸法律的修订,这样不仅不能保证良法的有求必应,而且会丧失法律最核心的品质——安定。因此,正如德国思想家齐特尔曼所说:"有漏洞的不是法律,而是我们迄今对法律的认识。"[2]然而,对良法的认识,正是体现于核心价值观在法律解释过程中的"恶法"矫正功能。例如,在著名的"里格斯诉帕尔默案"中,如果严格根据当时美国纽约州《遗嘱法》的规定,帕尔默杀害其祖父的行为并不能构成其丧失继承权的理由,最后法院通过"任何人不能从其自身的过错中获益"这一法律原则,剥夺了帕尔默主张自己继承权的权利,维护了司法的公正性。再如,在"亨宁森诉布洛姆菲尔德汽车制造厂案"[3]中,亨宁森与制造厂签订了一个合同,合同规定制造厂对汽车毛病所负的责任只限于将这部分修理好。言下之意就是在交通事故中,对于受害者医药费和其他费用的责任,汽车制造厂

---

[1] [德]拉伦茨:《法学方法论》,陈爱娥译,商务印书馆2003年版,第246页。
[2] 参见[1],第277页。
[3] 参见[美]德沃金:《认真对待权利》,信春鹰、吴玉章译,上海三联书店2008年版,第43页。

在汽车有毛病的情况下,也可以限定自己责任的范围。如果按照当时成文法的规则,并没有法律能够阻止制造厂基于"意思自治"坚持合同生效的条件。最后法院以"保护消费者和公共利益得到公平对待"这一原则,支持了亨宁森的诉求。但是,在"南京彭宇案"中,法官却运用自己片面的生活经验与狭隘的人性观在判决书中写道:"如果被告是见义勇为做好事,更符合实际的做法应是抓住撞倒原告的人,而不仅仅是好心相扶;如果被告是做好事,根据社会情理,在原告的家人到达后,其完全可以在言明事实经过并让原告的家人将原告送往医院,然后自行离开,但被告未作此等选择,其行为显然与情理相悖。"但是,如果根据民事证据高度盖然性的原理,批评法官对案件事实的经验推理,又难免有妨碍自由心证之嫌。可是,在"彭宇是否进行见义勇为"这个事实的考量上,为什么当时的法官不能借鉴上述两个案例,引入诸如"一个人不能因为自己正义的行为而受到不合理的怀疑"这一原则呢?由此可见,正是核心价值观的缺位,让法官的经验规则在违反社会良知的道路上狂奔,而由个案的"恶法"所导致的社会信仰崩塌,也让国人在后来的"小悦悦事件"中唏嘘不已。正如培根所言:"一次不公正的审判,其恶果甚至超过十次犯罪。因为犯罪虽是无视法律——好比污染了水流,而不公正的审判则毁坏法律——好比污染了水源。"德沃金也指出:"一位法官的点头对人们带来的得失往往比国会或议会的任何一般性法案带来的得失更大。"[1]"南京彭宇案"所产生的社会道德的倒退,也从侧面反映了核心价值观对维护司法公正与社会公正的重要性。综上所述,在法律适用的过程中,通过核心价值观的导控,实现"恶法"矫正功能,是维护社会公平正义的重要保障,也是和谐法治观的应有之义。

第三,权利保护功能就是要求,在法律运行的过程中,要体现出核心价值观的价值诉求。控制公权力是保护公民权利的重要方式。"行政法的最初目的就是要保证政府权力在法律的范围内行使,防止政府滥用权力,以保护公民。"[2]现代行政法治在执行依法行政原则的同时,更加注重实质法治的补充。"现代行政法治同样承认和坚持法律至上,但对法律的理解不拘泥于法

---

[1] [美]德沃金:《法律帝国》,李常青译,中国大百科全书出版社1996年版,第1页。
[2] [英]韦德:《行政法》,徐炳等译,中国大百科全书出版社1997年版,第5页。

律的文字,而更注重法律的精神。"[1]如果说上文的"恶法"矫正功能侧重于通过司法裁判维护社会公平正义来调整权利义务的分配,那么权利保护则是强调通过行政法治贯彻实质法治精神来落实对个体基本权利的保护。《指导意见》也要求:"社会治理要承担起倡导社会主义核心价值观的责任,注重在日常管理中体现鲜明价值导向。"所以,在现代社会,机械地依据成文法的规则进行管理,已无法满足人民群众对"善治"的要求,探讨如何在治理中体现核心价值观的价值诉求,融法、理、情于一体,才是当下社会治理应有的担当。接下来,我们将要从政府权力清单的视角来具体讨论如何在行政执法的过程中,体现核心价值观的价值诉求。政府权力清单是指将政府部门的法定职权进行清理、调整,以清单形式列明、公布,主动接受社会监督的一项制度。然而,在实践过程中,虽然政府权力清单所列举的权力事项,大部分都有相关规范性文件作为实施依据,但是在权力事项与实施依据的转化过程中,却也不乏与核心价值观相违背的情况。例如,根据国家《旅游法》第二十四条"加强旅游基础设施建设、旅游公共服务和旅游形象推广"的规定,发展旅游事业本来是地方政府的一项公共服务,但是,武汉市旅游局制定的《武汉市旅游产业升级计划配套政策实施细则》(以下简称《实施细则》)规定,通过发放旅游发展专项基金发展该市的旅游事业,并设定了旅游产品、旅游企业、旅游配套接受资助的条件和门槛,武汉市旅游发展委员会的权力清单也据此创设了一项"旅游产业定向补助"的管理权。如果单就《实施细则》的内容来看,分类清晰、条文明确、产业完整,符合规范性文件具备可操作性的要求。但是,从价值层面观察,对重大旅游景点的定向补助势必会排挤一些小微景点的发展空间,有可能违反平等保护的原则。所以,通过"平等"的价值导向,这一政策至少要在两个理由之间进行权衡:一是小微景点有权不被别人从旅游发展中排除出去,二是定向补助十分有利于地方旅游产业经济的发展。根据德沃金的观点,"任何一项复杂的立法纲领的证明通常既要求原则的论点,也要求政策的论点。即使一个主要是政策问题的纲领,类似于一项资助重要工业部门的纲领,也需要若干原则以证明特定考虑的合理性"[2]。所以,对这两个理由

---

[1] 姜明安:《新世纪行政法发展的走向》,《中国法学》2002年第1期,第66页。
[2] [美]德沃金:《认真对待权利》,信春鹰、吴玉章译,上海三联书店2008年版,第120页。

进行衡量时,如果权利平等保护的后果极不利于政策的施行,那么为了政策的实现,武汉市旅游发展委员会确实应当享有对旅游基金分配的管理权,权力事项与法律规范之间的对应关系即成立;如果政策的实现并非必须排除小微景点,甚至小微景点的发展有利于发展旅游资源的多样性,反而促进了地方旅游经济的发展,那么武汉市旅游发展委员会则不应当享有对旅游基金分配的权力,而只是制定发放旅游基金的程序性规定,权力事项与法律规范之间的对应关系就不成立了。根据这个例子我们不难发现,核心价值观的价值诉求虽然不一定能直接否定一个规范性文件的效力,但是可以帮助我们从一个更全面的视角去评价一个规范性文件的正当性,进而为下一步的民主协商与实质审查建立基准。毕竟,现实中,随着公民对参与行政的诉求日渐增强,以"合理性"为基本元素的"实质合法"逐渐被吸纳到现代行政的正当性评价指标体系当中。[1]

综上所述,和谐的法治观强调法的整全性,这就要求我们在形式法制的框架内,不应回避价值判断的需要,而核心价值观为这种判断提供了重要的共识基础。"其实,把社会主义核心价值观融入法治建设,就是要改变法律实施过程中只讲方法、不讲价值的做法。"[2]

第四节 元价值与个人层面价值准则的关系

一、"和谐"要求爱国为根的国际交流观

根据上文的论述,在中国人的传统观念里,国家是"天下"的一部分,"以'个人'为出发,以'世界'为归趋,国家不过其中间之一界"[3]。虽然近代以

---

[1] 参见江国华:《行政转型与行政法学的回应型变迁》,《中国社会科学》2016年第11期,第130页。

[2] 陈金钊:《"社会主义核心价值观融入法治建设"的方法论诠释》,《当代世界与社会主义》2017年第4期,第26页。

[3] 钱穆:《政学私言》,九州出版社2010年版,第179页。

来,随着国家理性的崛起,"天下"逐渐式微,但是根植在传统观念中的"天下"所蕴含的至真至善至美的终极理想,依然赋予了国家道德教化的职能。"近代中国国家转型,实际是将'天下观'中的伦理秩序转型为'国家观'中的法律秩序,从一个伦理文化共同体,转型为政治法律共同体。"[1]可以说,西方法治文明大体是政教分离的产物,"上帝的归上帝,恺撒的归恺撒";中国法治文明的进程则是"天下"与国家之融合,国家不仅有实现世俗功利目标的职能,而且有完善"个人"道德与"大群"文化交融之义举。这种传统观念在国家理性目标的维度之上,又赋予了国家对理想信念的追求。这种追求在一国之内,使国家成为某种至善理想的载体,从而使"爱国"与"理想认同"具备了目标的一致性,进而使"爱国"成为个人保持崇高理想、良善信念的内在动力。这也是《宪法》序言中第十自然段关于"爱国统一战线"的表述中,爱国与爱社会主义具有内在一致性的原因所在。这种追求如果放到世界,则表现为一种包容并进、互利共赢、睦邻友好的外交姿态。国家主席习近平在海南博鳌亚洲论坛上就曾指出,"各国都应当致力于建设一个包容的世界,营造共同和谐的氛围";"世界大同,和合共生,这些都是中国几千年文明一直秉持的理念";"各国都应该担当起自己的责任,放眼全球发展,进一步扩展合作格局,推动构建人类命运共同体"。[2]《宪法》序言第十二自然段关于"和平外交政策"与"推动构建人类命运共同体"的相关表述,也是这种理想信念所塑造的国家文明在国际合作中的体现。说到底,正是有"天下"这一维的存在,使国家能够脱离理性的世俗功利目标,从而承担起维护人间大爱、世间至善、世界大同的历史责任。"中国人之天下,则敌我一体,同此天,同在天之下,同为人,不同一政府,此谓小别而大同。"[3]

通过上文的分析,"爱国"是与"天下"紧密联系在一起的,所以"爱国"的内涵也就包含了如何与世界各种文明和谐共生的价值诉求。然而,实现本国文明的和谐是与世界各文明和谐共生的基本前提。实现本国文明的和谐要

---

[1] 翟志勇:《中华民族与中国认同——论宪法爱国主义》,《政法论坛》2010年第2期,第14页。
[2] 新华网:《习近平:世界大同,和合共生》,http://www.xinhuanet.com/mrdx/2018-04/12/c_137104844.htm,2018年5月12日访问。
[3] 钱穆:《晚学盲言》,广西师范大学出版社2004年版,第173页。

求我们共同维系国家的价值认同。维系国家价值认同主要包括尊重国家历史、守护国家尊严、维护国家利益、弘扬国家精神。在国家历史方面,《宪法》序言第一至第七自然段,叙述了国家斗争的历史与成就,从价值层面警醒我们要尊重国家的历史,尊重为新中国的成立做出卓越贡献的政党团体、革命先辈以及英雄烈士。特别要认识到:"中国共产党的领导地位是在历史过程中形成的,是中国人民和中国历史选择的双重选择的结果。"[1]在国家尊严方面,《宪法》第一百四十一条至一百四十三条确定了国家的国旗、国歌、国徽和首都,这些国家标志是国家尊严的重要体现,结合《宪法》第五十四条可知,自觉尊重国家标志是每一位中国公民的基本义务。例如,《国旗法》第四条和第二十三条分别规定,"每个公民和组织,都应当尊重和爱护国旗","在公共场合故意以焚烧、毁损、涂划、玷污、践踏等方式侮辱中华人民共和国国旗的,依法追究刑事责任;情节较轻的,由公安机关处以十五日以下拘留";《国歌法》第三条与第十五条分别规定,"一切公民和组织都应当尊重国歌,维护国歌的尊严","在公共场合,故意篡改国歌歌词、曲谱,以歪曲、贬损方式奏唱国歌,或者以其他方式侮辱国歌的,由公安机关处以警告或者十五日以下拘留;构成犯罪的,依法追究刑事责任"。在国家利益方面,《宪法》序言第八段、第九段,以及《宪法》第五十二条至第五十五条,列举了公民具体的爱国义务,包括"维护社会主义制度""维护祖国统一与民族团结""遵纪守法与保守国家秘密""维护国家安全与荣誉"等,这些义务是维护国家核心利益的体现,也是公民践行爱国精神的行为准则。在国家精神方面,《宪法》第二十四条国家倡导的"社会主义核心价值观"与"五爱"公德,是国家精神与公民爱国主义情怀的共鸣,也是公民弘扬国家精神所应遵守的美德。综上,国家历史、国家尊严、国家利益、国家精神共同构成了爱国主义的根基,要实现国家文明的和谐,就是要求我们牢固树立爱国为根的国家认同,保持独立自主,提高国家软实力,实现国与国之间的平等对话,进而更好地与世界各国文明和谐共生。

此外,当前的国际合作环境也要求我们树立爱国为根的国际合作观。《宪法》序言第十二段在外交政策上关于"推动构建人类命运共同体"的表述,是和谐思想在国际合作中的重要体现。"和谐"倡导的协商对话是持久和

---

[1] 宁凯惠:《我国宪法序言的价值构造:特质与趋向》,《政治与法律》2019年第6期,第69页。

平的机制保障,"和谐"倡导的共建共享是普遍安全的路径选择,"和谐"倡导的合作共赢是共同繁荣的发展方向,"和谐"倡导的交流互鉴是开放包容的实现方式。但是,在现有的国际合作中,西方的"文化决定论"深远地制约着各国之间的平衡发展。如何在西方话语体系的垄断下防止资本主义国家"普世价值"的恶意渗透,如何对待价值的普世性与价值实现方式的特殊性,依旧是国际合作中实现平等对话的现实困境。因此,和谐的国际合作关系也须秉持爱国为根的价值认同,始终坚持"立足本土、洋为中用"的交流态度,牢固树立民族自信与道路自信的国家认同,全面贯彻"和而不同""贵和尚中"的合作精神,共同探讨平等协商、互利共赢的话语体系。

二、"和谐"要求敬业为先的职业道德观

中央有关部门负责人在就《社会主义核心价值观融入法治建设立法修法规划》答记者问中说道:"恪守职业道德是敬业的基本要求,要研究推动将职业道德规范转化为法律规范。"[1]职业道德是指人们在一定范围内所必须遵守的、与其行业相适应的行为规范。由此可见,"敬业"强调的是在社会分工协作的过程中,处于不同社会角色的个人,应承担起其岗位所赋予的职责。这里的"敬业"要与西方国家的劳动自由权相区分。西方的劳动自由是建立在洛克的劳动价值论之上的。洛克说:"就自然理性来说,人类一出生即享有生存的权利,因而可以享有肉食和饮料以及自然所供应的以维持他们生存的其他物品。""土地和其上的一切,都是给人们用来维持他们的生存和舒适生活的。土地上所有自然生产的果实和它所养活的兽类,既是自然自发地生产的,就都归人类所共有。""劳动使它们同公共的东西有所区别,劳动在万物之母的自然所已完成的作业上面加上一些东西,这样它们就成为他的私有的权利了。"[2]在洛克看来,人们通过双手进行工作,把自己的劳动力注入自然物之中,由此获得对自然物的所有权,并排除了他人对这个自然物的占有权。由此可见,西方国家更强调的是劳动的私益性,关注的是个人通过劳动所获

---

[1]《进一步彰显法律法规的社会主义核心价值观导向——中央有关部门负责人就〈社会主义核心价值观融入法治建设立法修法规划〉答记者问》,《人民日报》2018年5月8日第003版。

[2][英]洛克:《政府论(下篇)》,叶启芳、瞿菊农译,商务印书馆1964年版,第18—19页。

得的私人权利,所以西方国家所说的"敬业",是个体基于自我生存或发展的需要所表现出的对生产活动的积极态度。但是,这种以物质最大化为导向的劳动方式也导致了个体在生产活动中的异化。个体的劳动仅为了满足自己的权益需要,而不顾共同体发展的需要,个人的权利代替了社会的责任,不仅滋生了严重的"利己主义"倾向,而且使人也沦为物的奴隶。对此,马克思曾提出批评:"工人把自己的生命投入对象;但现在这个生命已不再属于他而属于对象了。"[1]"马克思的劳动价值论突出价值创造过程中人的主体性和人的首位性,就是要揭示人类社会发展的内在动力在于劳动者的主体地位的肯定,主体作用的发挥,主体精神的发扬,主体价值的实现。"[2]人在劳动中主体性的突出,使劳动过程中原来人对物的依赖关系,转变为人与人之间的真实关系。这种转变使人的劳动地位得到了确认,劳动成为"人的自由全面发展"的一种实现方式,不仅可以使个人摆脱物的奴役,而且人与人之间通过劳动,在社会生产中建立紧密的联系,也体现了人之所以为人的价值的尊严。"劳动本是人之为人特有的生存方式,人在劳动中生产产品满足自己的生存需求和实现人的全面发展的价值。"[3]

因此,在我国,劳动强调的是公益性,关注的是人通过劳动所具备的主体资格、社会属性与全面发展,并且基于"和谐"的共生关系,为了实现人与人、人与社会之间的和谐,更加注重发展出一种"满足社会正当期待"的职业道德观。这种职业道德观,从文化观念上来看,正是上文"尽其在我"的群己观经由"义理"向"各尽其责"的名分观转变的一种现实反映。例如,公职人员要以身作则、率先垂范,起到模范带头作用;公众人物要注重自身的社会影响,不做出与核心价值观相悖的社会行为;企业家要弘扬优秀企业家精神,爱国敬业、遵纪守法、创新创业、回报社会;法律工作者要自觉维护法律权威与社会公正;关乎人民群众身体健康和生命财产安全的重点行业从业人员,要大力弘扬艰苦奋斗、无私奉献、服务为民的精神。结合宪法文本,《宪法》第四十

---

[1] 参见《马克思恩格斯全集(第三卷)》,人民出版社2002年版,第268页。
[2] 朱哲、何林:《马克思劳动价值论中的劳动主体性思想及当代价值》,《当代经济研究》2019年第7期,第66页。
[3] 张庆熊:《"劳动光荣":以马克思劳动价值理论建构社会主义核心价值观》,《毛泽东邓小平理论研究》2015年第1期,第63页。

二条规定,"劳动是一切有劳动能力的公民的光荣职责","国家提倡社会主义劳动竞赛,奖励劳动模范和先进工作者"。从字面上看,"光荣"的字面意思是,由于做了有利于人民的和正义的事情而被公认为值得尊敬的。"光荣""劳动模范""先进工作者"作为一种社会附加的荣誉,自身就包含了社会的某种共同期待。从劳动本身来看,劳动创造了世界、劳动创造了历史、劳动创造了人本身,因而劳动是光荣的。所以,"光荣职责"一方面体现了劳动者通过自己的劳动创造美好生活的尊严,是对人主体性的凸显,也是奉献精神的内在动力;另一方面还体现了劳动过程中遵循职业操守的社会性,是对社会的责任担当,也是爱岗守岗的外在要求。《宪法》第五十三条关于"遵守劳动纪律"的规定,也体现了劳动的社会性。劳动纪律是职业道德在规范层面的要求,也是职业道德的底线。劳动纪律是由劳动者的共同利益和意志、用人单位的具体要求、社会的普遍需求以及相关法律法规构成的,在形成的过程中,反映了社会对某个职业群体的共同要求。"遵守"则是在职业道德层面,要求劳动者自觉维护与落实这种制度规范。《宪法》第四十二条规定:"国有企业和城乡集体经济组织的劳动者都应当以国家主人翁的态度对待自己的劳动。""主人翁"强调了在公有制经济组织工作的劳动者要有一种使命感与责任感,始终保持与工作单位血肉相连、心灵相通、命运相系的态度去对待自己的工作,自觉发扬奉献精神与吃苦耐劳精神,在公有制经济组织中为国家、为社会、为人民做出自己的贡献。公有制经济组织控制着国家经济的命脉,是社会经济发展与社会保障完善的重要经济基础,这种主人翁的态度是职业道德的最高境界,也是社会对公有制经济组织中的劳动者的殷切期待。《宪法》第四十二条中"国家提倡公民从事义务劳动"的表述,也表明了国家倡导从事公益劳动、服务社会的职业道德观。此外,《宪法》第二十七条规定的"国家工作人员与人民群众的关系""国家工作人员的宪法宣誓制度",以及宪法宣誓词中"维护宪法权威,履行法定职责,忠于祖国、忠于人民,恪尽职守、廉洁奉公,接受人民监督"等表述,也表明了人民群众的期待是国家工作人员职业道德观的重要标准。

综上所述,"和谐"导控下的"敬业",强调了劳动的公益性,劳动者在创造物质财富、履行职责的同时,还要承担其相应的社会责任,这种责任体现在,用恪守职业道德的行动回应社会的正当期待。

三、"和谐"要求诚信为本的商业交往观

诚信是一个人基本的道德品质,是个人安身立命之本,是交朋结友之基,也是社会进步之道。一个和谐的社会必然是一个讲求诚信的社会。在个人修养上,诚信能帮助个人坦诚面对自己的问题,正视自己的不足,忠于自己真实的想法,进而保持内心世界的稳定,防止价值判断的失准。在人际交往中,诚信是维系人际关系的道德底线,也是个人融入群体活动最重要的道德标签。在社会协作中,诚信能塑造一个团结友善的社会氛围,在这种社会氛围下,个体可以得到善意的帮助,分工可以达到有效的协作,不仅能提高社会运行的效率,而且能大大降低社会管理的成本。

但是,如何培育公民诚实守信的良好品质呢?诚信是个人身心和谐的一种体现,表现为意志与行为的一致。具体而言,荀子说:"君子养心,莫善于诚。"这说明"诚"是一个人内心的善念,是个人对自我的约束。孔子说:"人而无信,不知其可也。"这说明"信"是一个人外在的行为,是他人对自己的评价。"'诚'偏重内心的真诚,更为强调人们内在自觉地遵从自然的真实状态,是一种不自欺、不欺人的态度。'信'侧重外信于人,偏重语言的真实和能守信约,更为关注人的外部行为,是信守诺言、言行一致的外在行为表现。"[1]所以,"诚信"可以分为主观诚信与客观诚信。不过,在"诚"与"信"的关系上,中西方文明存在不同的理解。中国古代社会是以自给自足的小农经济为主,在这种经济环境下,人只和自然规律产生联系,生产的效益主要看个人是否尊重耕作的规律,所以这种文化更偏向于人的自省自律,把教化人的内心作为第一要务。因此,中国传统文化通过"内修诚心"达到"外信于人",更加侧重"诚"的修养。西方国家历史演化的进程是一种商业社会的变迁,为了商品交易的顺利进行,人与人之间需要频繁地订立契约,这时候契约的效力如何就是看一个人是否能兑现他约定的行为,所以这种文化更偏向于人的外在行为,把规范人的信约作为第一要务。申言之,西方文化注重通过

---

[1] 陈翠玉:《中西诚信传统比较及其对我国政务诚信建设的启示》,《北方法学》2019 年第 1 期,第 37 页。

制度与规范约束人的行为,进而形塑人诚信的心性。因此,在中国立法领域,诚信机制的建立相对于西方国家还比较落后,更多还是依靠伦理观念来促进诚信的培育。但是,这种伦理的教化还是有其局限性的,因为"信"的行为在现代社会往往是和利益挂钩的,所谓利欲熏心,就是指个人有可能出于"利"的考虑而放弃自己的"信"。只有在农耕社会,"诚"与"信"都是为了自己的"利",这时"诚"才能与"信"建立必然的联系。然而,现代社会讲究高度的分工协作,人与人之间要通过利益的交换来各取所需,一个人的"诚"往往是指向另一个人的"利",在"利"的驱使下,就有可能出现失信的行为,"诚"与"信"之间就不是必然联系的了。因此,在利益多样化的现代社会,诚信价值观的践行,不仅要通过道德的教化培育公民内在的修养,更要通过制度的约束规范公民外在的行为。"法律的规范和保障作用,使诚信价值观由道德观念与评价转变为主体义务与责任,由软性要求演化为硬性约束,将内心自律强化为外力制衡,从个体自觉集中到社会规范,把零散的标准上升到常态化的制度,法治是诚信核心价值观深入人心的有力保障和必由之路。"[1]申言之,只有通过"法"来制约"利","诚"与"信"才能达到和谐。并且,也正因为法律规范约束的是"利",而"利"又能够转化为法律语境下的权利与义务,这也为"诚信"入法提供了技术上的可行性。

根据上文的分析,培育公民诚实的内在品质与守信的外在行为须依靠制度的约束,但是在制度的构建过程中,"诚信"又应该如何入法呢?客观上看,宪法文本中关于诚信的明示条款大部分都是关于道德自律方面的,更适宜作为一种间接的价值秩序,并不适合作为诚信入法的直接理据。但是,这并不意味着"诚信"入法难以找到合适的宪法依据。笔者认为,既然"利"是阻断"诚"与"信"的关键因素,那么诚信价值观入法就应该以对"利"的正当保护作为基础。在商品经济高度发达的现代社会,维护良好的社会经济秩序是实现利益正当化的主要途径,而《宪法》第十五条与第二十八条强调的对社会经济秩序的保护,是"和谐"的秩序价值在经济领域的体现,因此,通过"和谐"构建的安全稳定的社会经济秩序应当作为诚信价值观制度构建的主要方面。并且,由于商业交往是社会经济秩序的基础,所以诚信价值观入法应将重心

---

[1] 吴弘:《诚信价值观融入信用立法研究》,《东方法学》2018年第1期,第83页。

放在商业交往领域的制度构建。当然,也正因为诚信价值观入法的规范依据主要来自经济秩序的和谐要求,因此,在制度构建的过程中,还应注意以下几个方面的问题:第一,诚信入法重在对"信"的行为进行评价,建立信用评价机制,而不是诚实评价机制,应当用客观的守信行为来反映一个人主观的道德意愿,不可混淆法律与道德的界限;第二,不可滥用"信用体系"去代替其他的社会管理,"信用体系"对被征信人的惩戒,应限制在商业交往领域,以商业行为的限制为主,不可随意侵犯公民的其他基本权利。目前,在国内,部分地方政府把闯红灯的行为列入个人征信记录,进而可能导致个人商业贷款受到限制,但是个人闯红灯的行为只能说明其在"诚"方面存在不足,尚不足以证明此人在"信"方面没有偿还的能力。还有部分被列入失信名单的"老赖",被取消了坐高铁的权利,甚至其子女就业与上学等问题都受到影响,这其中也存在侵犯公民自由权、劳动权与受教育权的问题。如此种种,也说明了"诚信"要在"和谐"中和之道的导控之下,要注意不同法律法规与公共政策之间的相互协调,防止价值的单极扩张。提请注意的是,以上论述并不意味着诚信价值观入法只局限于商业交往的过程中,只是因为商业交往在社会经济秩序中占据十分重要的地位[1],因此,规范好商业交往中的诚信行为是构建和谐社会的基本环节。申言之,凡是有利益往来的交互行为都应该受到"诚信"的保护,这里强调保护商业交往的诚信,旨在说明对经济秩序保护的优先性,例如刑法中关于金融诈骗的法定刑普遍高于一般诈骗。

综上所述,"诚信"在"和谐"的导控下,一方面强调通过商业领域的立法,从制度上约束与惩戒失信行为,培育公民诚实守信的良好品质;另一方面则强调诚信入法应区分"诚"与"信"的界限,主要通过限制商业行为进行惩戒,不可滥用"社会信用体系"。

四、"和谐"要求友善为上的人际伦理观

"友善"是"和谐"思想中仁爱价值的集中体现,强调"由己及人、克己为

---

[1] 例如杨登峰教授认为:"现代诚信观与市场经济发展需要相连接,很大程度上立基于契约诚信。"(参见杨登峰:《核心价值观"诚信"融入法治政府建设的几个问题》,《南京师范大学学报(社会科学版)》2018年第5期,第104-105页。)

人"的群己关系,是构建人与人之间和谐关系的道德纽带。首先,"友善"是一种睦邻友好、与人为善的相处方式。"友善作为德性,它的存在样态更多的是善意的行动(包括言与行)。"[1]因此,个人的友善可以向他人传递善意,人与人之间善意的串联,会形成社会的集体温暖,进而使生活在温暖集体中的个体更容易获得社会归属感。其次,"友善"是一种厚德载物、宽以待人的处事态度。"在现代多元社会中,'友善'是一种开放的道德姿态,它帮助人们在多元思想和文化中去找寻共同的价值追求,为共同善的实现而努力。"[2]友善强调包容与理解,包容人性的缺点、理解人性的弱点,以宽厚能容、积极乐观的态度去谅解他人的过错,进而使生活在宽容集体中的个体更容易获得社会认同感。再次,"友善"是一种博爱众生、一视同仁的交互模式。友善是发自内心的谦和与善意,不因个体社会地位的差异而产生区别。如果对身居高位的人表现出友善的关怀,但却对身处困境的人表现出冷漠的态度,那么这种"友善"只是伪善,是出于功利主义的谄媚。如果双方地位不平等,地位高者认为这种交往对于自己不值得,他愿意多'被爱',而不愿意以爱来回报对方,那么这种友善也是难以维持的。[3] 所以,真正的友善强调平等的互敬互爱,是一种交互性、反馈性的道德模式,在这种平等相待的社会环境里,个人的基本尊严可以得到维护,进而增强了个人的社会满足感。最后,"友善"是一种助人为乐、感恩怀德的待人准则。给予与感恩是相互的,给予培育了感恩,感恩鼓励了给予,因此一个践行无私奉献、助人为乐的人往往也是一个懂得知恩图报、感恩怀德的人。这种良好的感恩文化使个体在社会交往中更容易获得幸福感。

综上所述,友善为上的人际伦理观可以传递社会正能量,帮助社会共同体成员更好地获得社会归属感、社会认同感、社会满足感、社会幸福感,因此公民个人奉行上善若水的价值准则是实现"和谐"的伦理基础。

---

[1] 黄明理:《友善之为社会主义核心价值观论析》,《广西大学学报(哲学社会科学版)》2015年第5期,第31页。

[2] 李建华:《友善何以成为一种核心价值观》,《伦理学研究》2013年第2期,第2页。

[3] 参见廖申白:《亚里士多德友爱论研究》,北京师范大学出版社2009年版,第123页。

本 章 小 结

在第三章的论证中,我们得出了一个结论:只要这种多元一体的价值结构在实践中可以维系,各个价值的分别适用就可以通过整体释义的指导将符合"天理"的"人情"吸纳进"国法"的价值秩序当中。而元价值就是实现整体释义与分别适用相互统一的理论预设。因此,为了在价值多元化的实践难题中实现情与法的交融,我们建构了一条以元价值为导控的整全进路,以此协调整体释义与分别适用的关系。首先,我们论证了元价值如何在建构解释性联系的时候,既能实现多元价值的融贯,又能防止其他价值被过度通约——不破坏核心价值观的一体结构。其次,我们论证了价值在观念上的不可通约并不会导致实践上的价值对立,相反,在元价值的导控下,经由个案权利的表达,各个价值之间可以形成一个相互支持的整体。其次,我们论证了在多元价值分别适用的过程中,可以通过宪法的规范共识"排查"多元价值与元价值的正向关系,并借助依宪说理实现单一价值的释义与整体价值导向的一致性。综上三点,我们得出了价值分别释义与整体释义之间的协调路径,即建构解释、个案权利、依宪说理,此一路径的通融可以指引某个蕴含"人情"的法外价值经由元价值的导控重塑其自身的内涵,并获得进入法律体系的正当性依据。最后,按照这个导控进路,从价值构成的视角出发,分别讨论社会主义核心价值观中各个价值在元价值导控下的价值内涵。总之,本章主要论证的是社会主义核心价值观的释宪功能之一,即核心价值观的价值法则可实现法内外价值秩序的协调。

第五章　社会主义核心价值观中元价值对规范冲突的协调功能

本章将继续讨论社会主义核心价值观的另一个释宪功能,即规范冲突视角下,核心价值观可通过其价值法则实现法制的统一。

"法律价值是法律的本质,而法律则是法律价值的规范化。"[1]申言之,当价值与规范结合的时候,规范就成了价值的载体,这时规范的适用一方面要接受整体价值关系的制约,另一方面则要受到局部价值释义的指引。"任何法律体系中都包含有经过审慎选择而固定下来的价值,法律适用也必然是包含价值判断的实践。"[2]也就是说,当分别体现社会主义核心价值观中十二个价值的不同规范之间发生冲突时,核心价值观所型构的价值秩序可以为冲突的调和提供一套价值层面的规则。这一部分的讨论在上文中已有涉及。

但是,上文在讨论社会主义核心价值观的价值构造时,有两个基本的前提:一是价值关系体现的是价值内涵与共同体生活的一种动态关联,是核心价值观导控下的法律秩序与外部世界所建立的联系;二是社会主义核心价值观在讨论价值关系时,元价值的导控仅仅起到整合、协调与导向的作用,实质上核心价值观中各个价值之间仍然处于平等且无支配的状态。由于这两个基本前提的存在,如果单凭核心价值观的价值秩序调整普通法律秩序的内部关系,那么势必会破坏法制的统一性。例如,一个特别法规定了一个保护平等的规范,一个一般法规定了一个保护自由的规范,价值释义上的导控只能促进自由与平等的价值在个案中经由解释而成为一体,但不能保证两者在法

---

[1]　汪进元:《法治的价值选择与价值的法制建构》,《法商研究》2001年第1期,第53页。
[2]　许德风:《法教义学的应用》,《中外法学》2013年第5期,第943页。

律评价上得出相对稳定的结论。申言之,社会主义核心价值观中元价值对价值秩序的导控功能,旨在通过法律秩序与外部世界的联系作出相应的价值判断,并通过这种判断作出对应的规范选择,但是除此之外,规范的选择适用还要受到法律内部秩序的限制。

《立法法》所规定的三个优先原则——"上位法优于下位法""特别法优于一般法""新法优于旧法",以及蕴含在"元法律规则"[1]中的法不溯及既往原则,是构建与维持法律内部秩序的基础。不过,这四个原则所反映出的关于规范选择上的价值判断仍然要受到社会主义核心价值观的整体控制。因此,本章主要从法律规范的层面出发,通过社会主义核心价值观中元价值对《立法法》的三个优先原则与法不溯及既往原则的控制,确定法律秩序内部的适用规则,进而实现法与法的统和。

第一节 法制统一性的和谐建构:法与法的统和

一、在控制与实施之间的和谐

"从法律理想主义出发,主权国家通过制定具有内在逻辑性的体系化的成文法,甚至是通过法典化,实现其法律制度的系统化。因此,一个主权国家的法律体系由于成文法的逻辑性与体系性,应当是完备而和谐的。"[2]绝对的和谐统一是法律秩序的理想状态。但是,现实中由于立法主体的层次性、案件事实的复杂性、价值取向的多元性、法律语言的局限性、立法智慧的有限性、地域差异的必然性等主客观因素的影响,法律体系内部必然存在相互冲突的情况。正如维亚克尔所言:"法律的统一自始就只是一种拟制。"[3]为了

---

[1] 哈耶克认为存在一种"元法律规则",即关注法律应当是什么的规则,其中包含了"法不溯及既往原则"。(参见[英]哈耶克:《自由秩序原理》,邓正来译,生活·读书·新知三联书店1997年版,第260—264页。)

[2] 董皞:《论法律冲突》,商务印书馆2013年版,第83页。

[3] [德]维亚克尔:《近代私法史(下)》,陈爱娥、黄建辉译,上海三联书店2006年版,第444页。

使这种冲突能够在法律体系内部化解,最好的方式就是确立一个基本的规范等级体系。凯尔森的规范等级说认为:"法律秩序,尤其是国家作为它的人格化的法律秩序,因而就不是一个相互对等的、如同在同一平面上并立的诸规范的体系,而是一个不同级的诸规范的等级体系。这些规范的统一体是由这样的事实构成的:一个规范(较低的那个规范)的创造为另一个规范(较高的那个规范)所决定,后者的创造又为一个更高的规范所决定,而这一 regressus(回归)以一个最高的规范即基础规范为终点,这一规范,作为整个法律秩序的效力的最高理由,就构成了这一法律秩序的统一体。"[1]可见,经由规范等级所确立的法律秩序是法制统一的前提。

至此,我们似乎得到了一把可以实现法律理想主义的钥匙,那就是尽可能将较高等级的规范表述翔实,这样就可以避免其他较低等级规范之间的冲突。但是,实践经验告诉我们,这种一劳永逸的方式是不可能存在的。"法律和行政法规是适用于全国各地区、各部门和各行各业,是各部门制定规章的依据。从我国多年的立法实践看,法律、行政法规的规定有的比较原则、概括,而把一些具体解释性、专业性的规定,授权国务院各部门制定,这样一是可以避免法律、法规过于冗长繁琐,二是可以保持法律、法规的稳定性,减少过多的修改和调整。"[2]效力等级较高的规范因其施行范围广,自身稳定性要求高,往往须采用原则性与概括性的表述。"越是处于上位的规范性法律文件,其对社会事务容纳的量就越大,抽象程度就越高;越是处于下位的规范性法律文件,其对社会事务的容纳量就越小,抽象性程度也就越低。"[3]然而,这种抽象性高的表述方式在具体运行的过程中,也有可能会由于操作问题,导致法律适用的无序与恣意性,反而破坏了法的安定性。为了克服这一问题,就需要我们把一些较高等级的规范转化为具体的、专业的、可操作的较低等级的规范。但是,这种规范等级体系在现实的转化中又会面临一个问题:如何既在效力上服从较高等级规范的整体安排,又在适用上参照较低等级规范的实施规定?于是,在这种情况下,等级较高的规范与等级较低的规

---

〔1〕[奥]凯尔森:《法与国家的一般理论》,沈宗灵译,商务印书馆2013年版,第193页。
〔2〕孔祥俊:《法律方法论》,人民法院出版社2006年,第242页。
〔3〕胡玉鸿:《试论法律位阶划分的标准——兼及行政法规与地方性法规之间的位阶问题》,《中国法学》2004年第3期,第26页。

范之间的关系就变得微妙和紧张起来了。

　　通过上文的分析,我们可以得出一个结论:所谓理想与现实之间的矛盾,其实就是上位法与下位法之间的效力问题。那么接下来我们要做的工作就是,建构一个可以协调上位法与下位法之间关系的运行机制。"柏拉图说,每个等级都必须将其活动严格限制于适当履行本等级的具体职责。"[1]柏拉图的"和谐观"与"和谐"的中和价值不谋而合,旨在说明任何事物都有其合理的运行范围,不越界、不偏激才能达到和谐的境地。"在最高国家权力机关扮演监督者角色之时,其界限在于,尊重被监督机关依据宪法、法律而享有的专门权力。监督其他机关行使其法定职权,关键是从旁查看、督促、给予压力,而不是包办代替,不能否定后者行使其职权的完整性、独立性,不能导致代替其行使该职权或彻底剥夺其职权的效果。"[2]由此推知,不同等级规范的制定主体之间都有其对应的权力界限,各守本分是系统稳定运转的前提条件。例如,"法国宪法的目的是要把议会权力限制于制定重要立法原则上,我国《立法法》则是要保证全国人大及其常委会对重要事务的立法权"[3]。中央立法重在建构一套可以在全国推行的逻辑自洽的体系性规范,通过整体规划,为某一领域最基本、最重要、最普遍的问题设定一个指导性的框架,并以此约束较低等级规范的立法权限;下位法重在落实上位法已经确认的理性共识,结合特定情况,在上位法预设的范围内制定具体化、专业化、实效化的实施规定,并以此实现较高等级规范的立法意图。"下位法对于上位法的'细化'或者实施是其主要目的,对于上位法的'不变'是其基本原则。"[4]因此,高等级规范的核心功能是形成效力,旨在整体的控制;低等级规范的核心功能是方便适用,旨在具体的实施。

　　综上所述,"和谐"为上下位法冲突的处理提供了一个理性的协调机制:根据"和谐"的中和价值,上下位法要各守其适当的核心功能,下位法不能违反上位法去僭越那些已经由较高等级规范确认的事情,上位法也不能轻易取

---

〔1〕[美]博登海默:《法理学:法律哲学与法律方法》,邓正来译,中国政法大学出版社2004年版,第9页。
〔2〕黄明涛:《"最高国家权力机关"的权力边界》,《中国法学》2019年第1期,第112页。
〔3〕参见张千帆:《宪法学导论:原理与应用》,法律出版社2008年版,第294-295页。
〔4〕杨登峰:《法律冲突与适用规则》,法律出版社2017年版,第221页。

代下位法去支配那些更适合由较低等级规范调整的事情。

二、在求同与存异之间的和谐

"我们应该注意到邦国虽有良法,要是人民不能全部遵循,仍然不能实现法治。"[1]法的普遍约束力是法制统一的重要体现,这种普遍性要求"统一"不是一种压制性的整齐划一,而是一种具有包容性的和谐共存。法律规范调整的对象是真实的社会关系,而真实的社会关系由于主体、行为、时间、空间等因素的差异,就必然包含着特殊的要求,这种特殊性又因受到政治、经济、历史、文化等现实条件的限制,所以往往不是诉诸一般规定就可以妥善处理的,因此一个和谐的法律秩序,不仅要包含基本的一致性,还要容忍适当的差异性。"立法者用'相同的,同等对待'原则处理相同的事物时,就形成了一般法;用'不同的,特殊对待'原则处理特殊的事物时,就形成了特别法。"[2]于是,这里经由"和谐"的和合价值就引申出了基于一致性的一般法与基于差异性的特别法之间的关系问题。并且,在和合价值的指引下,我们可以发现,一般法与特别法之间的冲突关系,不同于上下位法、新旧法之间的冲突关系,这体现于:当上下位法发生冲突时,下位法如果与上位法相抵触,常以默示废止的方式宣告下位法的效力终止;当新旧法发生冲突时,除了适用上受到一些法律原则约束的情况外,新法的产生也就意味着旧法的变更或废止。所以,一般情况下,上位法与下位法、新法与旧法的冲突关系都是非此即彼的对立关系,是法律秩序防止病变所必须应对的问题。然而,一般法与特别法的冲突关系,更多的时候是立法者基于"求同存异"的有意安排,"一般法与特别法冲突关系基本上可以默认为是合法、有效、彼此相容的"[3]。但是,"如果法律渊源对人的行为的要求不同、标准互异,那就可能削弱法律规整人们行为的效果,从而最终危及整个法律秩序"[4]。所以,一方面我们要正视一般法与特别法共存的必要性与相容性,另一方面也要警惕两者之间的"存异"

---

[1] [古希腊]亚里士多德:《政治学》,吴寿彭译,商务印书馆1965年版,第199页。
[2] 杨登峰:《法律冲突与适用规则》,法律出版社2017年版,第235页。
[3] 同[2],第223页。
[4] 胡玉鸿:《试论法律位阶制度的前提预设》,《浙江学刊》2006年第2期,第141页。

对整个法律秩序的影响。基于上述两个理由,我们在处理一般法与特别法的冲突问题时,首先就要判断两者之间存在差异的理由是否充分。

不同于通过规范等级就可以基本划分的上下位法关系,或根据生效时间就可以直接辨识的新旧法关系,一般法与特别法之间的关系是不容易识别的。这就要求对规范内容本身进行合理性审查。可以说,对规范内容的合理性审查是判断差异是否应当存在的重要方式。但是,合理性的标准如何建立呢?罗马法学家保罗给个别法下的定义是:"个别法是立法当局为某些功利而引入的违背法的一般规则的法。"[1]罗马法上的个别法,在一定程度上就是现代法中所说的特别法。由此可见,特别法对一般法的违背往往是出于某种重要的目的,并且在立法者看来,为了实现这个目的值得牺牲部分法律体系的稳定。这就是合理的差别对待可以存在的基础。日本宪法学者芦部信喜认为:"恣意性的差别虽不被允许,但在法律上得以设定差别对待的事项(如赋税、刑罚),只要其和事实的、实质意义上的差异(例如,贫富之差、犯人性格的不同)之关系,在社会通常观念看来是合理的,这种差别对待就可认为没有违反平等。"[2]结合来看,"合理的差别对待"源于某个重要的目的,而差别对待的合理性又来自社会的共识,因此,我们也可以说,能够达成社会共识是容忍"合理的差别对待"的基本标准。核心价值观作为凝聚社会共识的最大公约数,是宪法价值的集中体现,何种程度的差异可以存在,就是要看"差别对待"的立法的目的是否符合核心价值观的要求。根据核心价值观的要求,"差别对待"的立法目的至少应该是正当的。"法律的权威必须经受正当性的考量,即使法律实证主义者也不会否认这一点。"[3]任何一种程度的差别对待,都会排除一部分人平等适用某一项规范的权利,所以只有正当的目的才能支持"被排除的权利"。笔者认为,正当可以分为立法者宣示的正当与事实上的实质正当,因为几乎每个制定机关在制定某个法律规范时都会赋予其"正当"的目的(例如以

---

〔1〕 [意]彭梵得:《罗马法教科书》,黄风译,中国政法大学出版社1992年版,第10页。

〔2〕 [日]芦部信喜:《宪法》,高桥和之增订,林来梵、凌维慈、龙绚丽译,北京大学出版社2006年版,第112-113页。

〔3〕 参见[英]拉兹:《法律的权威:法律与道德论文集》,朱峰译,法律出版社2005年版,第5-9页。

安全为目的限制公民的某种自由),但是这种宣示的正当,往往夹杂着立法者自身的价值取向,特别是在规章中,可能还包含了一些特殊部门利益的考量,这就导致了宣示的正当有的时候很难达到实质的正当。因此,"和谐"作为核心价值观的元价值,具备统摄、协调各个价值的功能,应是评价目的正当性的价值基准。例如,《公务员法》第三条规定:"公务员的义务、权利和管理,适用本法。法律对公务员中领导成员的产生、任免、监督以及监察官、法官、检察官等的义务、权利和管理另有规定的,从其规定。"公务员主要来自行政机关,是行政权的具体化,而监察官、法官以及检察官则分属监察权与司法权的范畴。行政权对应社会治理,侧重于执行力;监察权对应公务廉洁,侧重于独立性;司法权对应裁判公正,侧重于专业性。正是这三者的工作要求存在差异性,而且这种工作要求的差异性又是权力制约与职能分工的前提,所以在按照《公务员法》的一般规定进行统一管理的同时,也要尊重工作职责的特殊性。"依照修改后的《公务员法》第十七条规定:'国家实行公务员职务与职级并行制度,根据公务员职位类别和职责设置公务员领导职务、职级序列。'这一条是将原来《公务员法》中'领导职务''非领导职务'的设置调整为'领导职务''职级'。或许是由于两法修改时间接近,《法官法》(修订草案二次审议稿)未能及时进行调整衔接。当然,也可能是考虑到尽可能体现法官职业化和管理扁平化的特点,不做有'领导职务'字样的表述。"[1]2019年4月发布的《法官法》第二十六条依旧保留了"法官实行单独职务序列管理"的规定,正是司法工作特殊性的体现。这种为了实现权力制约性与分工协调性的目的,依据职能特殊性所产生的"差别对待",一方面是和谐"和合价值"的深刻体现,另一方面也是制定特别规定的正当理据。再如,在国家质量技术监督局制定的《特种设备质量监督与安全监察规定》(2018年3月6日废止)与建设部制定的《塔式起重机拆装管理暂行规定》的相关规定发生冲突的案例中[2],杨登峰教授与孔祥俊教授都认为,"这种同位法不是出自同一部门,且部门之间首先存在着职权范围上的划分,其规章的效力和适用范围首先取决于其职权范围,因而在法律效力上不具有特

---

[1] 侯猛:《从〈公务员法〉看新修订的〈法官法〉——以法官管理制度为主线》,《法律适用》2019年第9期,第25页。

[2] 具体案例参见孔祥俊:《法律方法论》,人民法院出版社2006年,第269页。

别与一般或者在先在后的可比性"。[1] 这种依职权划分来否认特别法与一般法关系的解释,体现了司法权对行政权的尊重,也是和谐"中和价值"中各守核心职能界限的表现。

综上所述,"和谐"为一般法与特别法之间冲突的处理提供了一个理性的协调机制:通过"和谐"的价值来判断"差别对待"的事项是否具备正当的立法目的,如果正当的立法目的不能达成,那么"差别对待"所指向的法律规范就不具备特殊性的合理依据,特别法优于一般法的原理与规则也就无法适用了。

三、在稳定与变化之间的和谐

法的安定性是依法治国的必然要求,也是实现和谐社会的基本保障。首先,从国家层面来看,有效的治理离不开法的稳定性。凯尔森认为:"人民所从属的那种国家权力不过是法律秩序的效力和实效,而领土和人民的统一就是从这一秩序的统一性中引申出来的。"[2] 政府的公共权力来自于国家法律的授权,但是如果作为治国理政根基的法律体系出现朝令夕改、先例难循的情况,那么势必会影响法律的效能与政令的通达。"在近代世界里,法律成了社会控制的主要手段。"[3] 在一个法律与政令无法获得普遍服从的社会,法作为强制秩序的实际约束力就会大大减弱,取而代之的就是通过个人意志与社会强力重新定义的"江湖规矩",而这种无序的争夺会使社会陷入一种失控的状态。"在任何一种情况下,社会控制使其有可能为最大多数人做最多的事情。"[4] 因此,在治理失效的领域里往往只有少数人能够最终获益。其次,从社会层面来看,良性的发展离不开法的稳定性。在一个不稳定的法律制度之内,"人们在为将来安排交易或制订计划的时候,就会无从确定昨天的法律

---

[1] 参见孔祥俊:《法律方法论》,人民法院出版社2006年,第271页。参见杨登峰:《法律冲突与适用规则》,法律出版社2017年版,第261页。
[2] [奥]凯尔森:《法与国家的一般理论》,沈宗灵译,商务印书馆2013年版,第366页。
[3] [美]庞德:《通过法律的社会控制》,沈宗灵译,商务印书馆2010年版,第12页。
[4] 同[3],第38-39页。

是否会成为明天的法律"[1]。稳定的预期是社会交互的前提,我们之所以选择做某件事情,是因为我们预计这件事情的结果可以满足我们的期待,这时法律制度的作用则在于为这种预期提供了一个合理且可预见的标准。但是,如果这种标准本身就不存在连续性与自洽性,那么一种行为就会由于无法准确预估其产生的后果,而尽可能地逃避与法度或政策产生交集,这种逃避带来的结果要么是发展的停滞,要么是发展的无序。最后,从个人层面来看,身心的安宁离不开法的稳定性。"法律所以能见成效,全靠民众的服从,而遵守法律的习性须经长期的培养,如果轻易地对这种或那种法制常常作这样或那样的废改,民众守法的习性必然削弱,而法律的威信也就跟着削弱了。"[2]而对"守法习性"削弱最严重的莫过于法律规范对民众身心安宁所产生的直接影响。人在社会中生活,身心基本的安宁就是依据今天的法律所做出的行为或所获得的权益,不会被明天的法律所禁止或剥夺。这是对人过去守法的肯定,也是对人将来守法的鼓励。如果法律制度不能保持这种稳定性与连续性,那么就将失去要求民众守法的理据。因此,从人与社会、国家和谐共处的视角来看,当把"和谐"纳入法的稳定性时,就要求法的秩序价值要为个体认知与行动之间的统一提供指引。"正如我们所知,社会生活中的秩序所关注的是建构人的行动或行为的模式,而且只有使今天的行为与昨天的行为相同,才能确立起这种模式。"[3]

但是,正如罗斯科·庞德所说:"法律必须稳定,但又不能静止不变。因此,所有的法律思想都力图协调稳定必要性与变化必要性这两种彼此冲突的要求。一般安全中的社会利益促使人们去探寻某种据以彻底规制人之行动的确定基础,进而使一种坚实而稳定的社会秩序得到保障。但是,社会生活情势的不断变化却要求法律根据其他社会利益的压力和种种危及安全的新形式不断作出新的调整。"[4]人类的认识能力是有限的,并且受到当时社会背景事实的限制,只能对某一段时期内的社会关系做出适当的规范评价。随

---

[1] [美]博登海默:《法理学:法律哲学与法律方法》,邓正来译,中国政法大学出版社2004年版,第339页。
[2] [古希腊]亚里士多德:《政治学》,吴寿彭译,商务印书馆1965年版,第81页。
[3] 同[1],第341页。
[4] [美]庞德:《法律史解释》,邓正来译,中国法制出版社2002年版,第1页。

着社会的发展与时代的变化,可能有部分关系就不再适合对其进行强制约束,或者有部分新生事物应当纳入法律调整的范围,这时原有的规范为了适应社会的变化,就要做出对应的修改,这就要求法律必须有一定的变化性。"社会在变化,人类在发展,需要立法加以规范的新生事物层出不穷,关于道德、秩序、公平、价值诸观念也并非一成不变。"[1]于是,在稳定与变化之间就产生了新法与旧法之间的冲突。法制的统一要求消除这种冲突,而法制的和谐就是将这场法律变革中无辜牺牲者所受到的损害降到最低限度。然而,这种"最低限度损害"的义理就在于,因尊重与信赖当时的法律规范所做出的行为或既得的权益,应当受到同一权威新的法律规范的认可与保护,除非当时的行为或既得权益的保护会严重危及社会的整体秩序的和谐,而成为不正当的利益。

综上所述,"和谐"为新旧规范间冲突的处理提供了一个理性的协调机制:根据"和谐"的安宁价值,首先,人对自己行为所产生的结果要能有一个相对稳定的预期,这种合理的预期来自于法秩序的整体稳定性;其次,虽然法律必然要适时发生变化,新的法律秩序要及时对旧法形成的法律秩序予以更替,但是这种变化要留给社会准备与适应的时间,而且要保护基于尊重与信赖旧法而获得的"正当利益"。

第二节　上位法优于下位法原则

一、从规范来源说到效力控制说的和谐导控

(一) 规范来源说的缺陷

法律位阶制度的确立,有利于明确不同类型的法律渊源之间在调整事项

---

[1] 董皞:《司法解释论(修订版)》,中国政法大学出版社 2007 年版,第 23 页。

上的权限范围,从而保证法律体系内部的和谐与统一。[1] 可以说,基于法律秩序和谐统一的价值追求,对于法律位阶存在的重要意义,在理论研究中并无争议。但是,对于划定法律位阶的标准,目前学界存在一定的争议。张根大教授认为,确定法律位阶的标准有两条:一是立法主体的地位高低,二是立法程序的限制多少。[2] 胡玉鸿教授认为,立法主体的地位高低与立法程序的限制多少并不能准确划定法律的位阶,应从权力的等级性、事项的包容性、权力的同质性来进行判定。[3] 顾建亚教授认为,制定机关的地位是划分位阶的形式标准,能否行使合法性审查权是实质标准。[4] 杨忠文教授等学者则认为,"法的效力等级与制定机关地位一致,仅仅是一般原则,在特殊情形下还需要考虑立法权的性质,才能正确认定法的效力等级"[5]。综合各位学者的观点,认定法律位阶的考量因素包括:立法主体的地位、立法权力的属性、立法程序的要求、法律涉事的范围等。依据这些因素大致可以确定宪法、法律、法规、规章之间的效力位阶和适用顺序。但是,宪法有根本制度与一般制度之分,法律有基本法律与一般法律之分,法规有行政法规与地方性法规之分,规章也有部门规章与地方规章之分。它们之间的位阶划分和适用顺序如何确定,往往才是理论上争论的焦点,也是实践中常见的难题。例如,在行政法规与地方性法规的问题上,胡玉鸿教授"权力同质性"的标准与顾建亚教授"行使合法审查权"的标准,就很难得出《立法法》第八十八条规定的"行政法规的效力高于地方性法规"的结论;杨忠文教授根据对立法权性质的考量,认为经济特区的变通规定基于全国人民利益的反映具备了高于地方性法规的效力,但是这一范式放到行政法规与自治条例的效力关系上,又会显得标准不一。

笔者认为,导致上述问题以及位阶认定标准陷入实践困境的原因主要在于:根据创制依据而推演出的效力来源说(或称规范来源说),并不能揭示不

---

[1] 参见胡玉鸿:《试论法律位阶划分的标准——兼及行政法规与地方性法规之间的位阶问题》,《中国法学》2004年第3期,第22页。

[2] 参见张根大:《法律效力论》,法律出版社1999年版,第169页。

[3] 同[1],第23-28页。

[4] 参见顾建亚:《法律位阶划分标准探新》,《浙江大学学报(人文社会科学版)》2006年第6期,第44页。

[5] 参见杨忠文、杨兆岩:《法的效力等级辨析》,《求是学刊》2003年第6期,第77页。

同效力规范之间的本质关系。

具体而言,我们在认定一个高位阶规范的同时,总是试图赋予这个高位阶规范地位或功能的合理性,但是所谓上位法优于下位法仅仅是一种法律方法抑或操作规则,我们应当聚焦的是这种方法自身的合理性与合法性问题,而不是一个法律规范是否应当成为高等级规范的问题。也就是说,我们要解决的是,上位法为什么是效力优先的法,而不是"上位法"是否应当是上位法的问题。"上位法和下位法的区分是指法律规范文件在效力上的高低优劣,并不是特指法律规范制定机关在行政上或行政级别上的上下高低级关系。"[1]例如,我们按制定机关的地位来确定法律位阶时,就将"制定机关的地位"作为法律规范处于高位阶的一个理由,而不是其效力优先的理由,所以当遇到同一立法主体制定的自治条例、单行条例与地方性法规的位阶问题时,划分位阶的理由就无法成为判断效力的依据。再如,我们按权力的属性来确定法律位阶时,将同一性质(功能)的权力作为划定上位法与下位法"地位关系"的理由,而不是其效力优先的理由,所以当遇到行政法规与地方性法规的位阶问题时,只好回到产生这一地位关系的功能区分上,但功能的区分仅仅说明了行政法规是行政权序列的上位法,地方性法规是立法权序列的下位法,并不能得出两者之间到底谁应当具备效力优先。也就是说,高效力的法律规范不等同于高位阶的法律规范,判定法律位阶的理由也不必然是判断法律效力等级的理由。"法律位阶与法律效力并不属于同一范畴的种属关系,在逻辑上不能用法律效力解释法律位阶。"[2]《立法法》的相关表述中,无论是"法律的效力高于行政法规、地方性法规、规章",还是"行政法规的效力高于地方性法规、规章"以及"地方性法规的效力高于本级和下级地方政府规章",都是效力等级上的判断,并未涉及具体的位阶划分。因此,就方法本身而言,效力视角的上位法不等同于位阶视角的上位法,要评价法的效力等级还应回归效力产生的机理上,而不能简单地借用法律位阶关系作为

---

〔1〕 刘家海:《论〈道路交通安全法〉与〈行政处罚法〉的抵触》,《法治论丛(上海政法学院学报)》2009年第3期,第125页。

〔2〕 邓世豹:《法律位阶与法律效力等级应当区分开》,《法商研究(中南政法学院学报)》1999年第2期,第58页。

判断依据。[1]

(二) 效力来源说的和谐控制

回归效力产生的机理,效力的产生可以认为是上位法控制功能的反应。但是,控制功能的发生机理不是源于法律的位阶关系,法律位阶理论中"上位法是下位法的创制依据",仅仅确定了一种控制方式,即下位法要在上位法的框架内立法立规,而这种控制方式并非产生控制力的根源。根据上文"和谐"的中和价值,上位法与下位法要各守其核心职能,上位法的核心功能在于控制,下位法的核心功能在于实施,也就是说,上位法在效力上优于下位法是其控制功能的要求,下位法在适用上优于上位法是其实施功能的要求,而控制又是实施的前提,所以概括为上位法优于下位法。但是,这种控制力并不来自于位阶关系或创制依据,而在于实现其控制功能的需要。实现重大性与全局性控制的法律规范自然享有整体性的效力,实现一般性与局部性控制的法

---

[1] 在上述学者的研究中,胡玉鸿教授关于法律位阶的认定标准十分合理且具备可操作性,但遗憾的是在他的文章中,胡教授沿用了用法律位阶解决法律效力等级的思路,例如文中论述道:"如果说自治条例和单行条例的效力等于地方性法规,那么以立法主体作为划分的标准就失去意义。""我们认为,如果上述有关法律位阶划分的标准能够得以成立的话,那么,行政法规并不具有高于地方性法规的当然效力。"(参见胡玉鸿:《试论法律位阶划分的标准——兼及行政法规与地方性法规之间的位阶问题》,《中国法学》2004年第3期,第22页、第30页。)但是,作为较早系统论述法律位阶与法律效力的著作,对后续的研究产生了深远的影响与重要的意义。并且,在后来的研究中胡教授也对自己的观点进行了修正:"第二个预设则体现了法律位阶制度与司法审查制度的区别,它意味着法律位阶制度只是针对规范性法律文件在体系内的内部整合,而不涉及规范性法律文件本身是否合法有效的问题。"(参见胡玉鸿:《试论法律位阶制度的前提预设》,《浙江学刊》2006年第2期,第145页。)杨忠文与顾兆亚教授虽然都注意到法律位阶与法律效力等级之间的差异,但是在论证过程中仍然存在依赖法律位阶来确定效力等级的情况,从而导致其理论在处理部分特殊情况时解释力不足。例如:"高级规则对低级规则,也即上位法对下位法的控制关系,是位阶高低不同的法之间由高而低的纵向控制关系。""总之,法的效力等级关系即不同位阶的法之间的效力渊源关系,是不同位阶的法之间控制关系的一项重要内容,也是法治精神的体现。""法的位阶及效力等级不同,其根据是在不同层次和范围上反映的人民利益,或说,法所反映人民利益的层次和范围不同,决定其位阶及效力等级不同。"(参见杨忠文、杨兆岩:《法的效力等级辨析》,《求是学刊》2003年第6期,第75页、第77页。)杨教授敏锐地观察到法的效力实质上是控制力的一种体现,也将"人民利益的层次与范围"这种全局性的考量因素纳入了控制力的范畴,但在控制力的来源上仍然没有摆脱位阶理论的影响,在一定程度上混淆了控制机理与控制方式的区别。再如:"可见,《立法法》所确立的解决法律冲突的效力规则'变通规定优于被变通规定',是'上位法优于下位法'规则在适用实践中的一个例外。"(参见顾建亚:《法律位阶划分标准探新》,《浙江大学学报(人文社科版)》2006年第6期,第48页。)这里,将变通规定纳入上下位法关系的例外,实际上仍然是将变通规定与被变通规定放在法律位阶关系所确定的效力等级中考量,认为被变通规定位阶高于变通规定,所以变通规定本应由于与被变通规定相抵触而不予适用,否则,不应认为这是一种适用的例外,而应是控制效力差异化后正常的"适用优先"。

律规范也自然限于局部性的效力。这就好比,三个孙子甲、乙、丙分别有自己的父亲和同一个爷爷,甲父是甲的"创制依据",乙父是乙的"创制依据",丙父是丙的"创制依据",他们各自形成一个位阶关系,但都服从于爷爷的命令,甲作为长兄,经爷爷授权掌管涉及整个家族利益的重要事务,这时只能说甲父不是乙的父亲,但不能说乙不应听从甲的命令。如果把这一关系中的爷爷看成全国人大及其常委会,把甲看成国务院,法的效力关系与位阶关系的区别也就十分清晰了。例如,《立法法》第七十二条规定:"省、自治区、直辖市的人民代表大会及其常务委员会根据本行政区域的具体情况和实际需要,在不同宪法、法律、行政法规相抵触的前提下,可以制定地方性法规。"该法第八十二条规定:"省、自治区、直辖市和设区的市、自治州的人民政府,可以根据法律、行政法规和本省、自治区、直辖市的地方性法规,制定规章。"对比两个表述来看,行政法规是规章的创制依据,并非地方性法规的创制依据,但不能否认行政法规对地方性法规的控制力。

通过上文的论述,创制依据只是规范等级或法律位阶的确定方式,而不是判断效力等级的标准,上位法的效力来自其控制下位法这一核心功能。这种核心功能的外在表现正如美国学者弗里德曼所说,"规则可以像金字塔那样按低级到高级排列。当规则发生冲突时,高级规则控制低级规则"[1]。而这种核心功能产生的内在机理在于,人民利益的层次与范围不同,越重要、越广泛、越紧迫的利益就要通过效力等级越高的规范进行确认。"由'基本法律'的重大性和全局性等特点,决定了它应当是国家法律体系中处于仅次于宪法又高于其他法律的一个十分重要的层次。"[2]但是,效力等级越高的规范,只能说明其规定的事项越具有重大性和全局性,是其具备控制力的体现,并不能表征其控制的强度与广度。也就是说,有效力等于有控制力,这种控制力有或无由被控制事项的属性决定,但有控制力和控制力强度、广度之间又是"质"与"量"的关系。控制的广度很好理解,效力等级高的规范对效力等级低的规范有控制力,但这种控制力只能限于其已规定的事项,例如虽然地方性法规规定的事项范围有可能大于行政法规,但行政法规对地方性法规

---

[1] [美]弗里德曼:《法律制度》,李琼英、林欣译,中国政法大学出版社1994年版,第46页。
[2] 韩大元:《全国人大常委会新法能否优于全国人大旧法》,《法学》2008年第10期,第12页。

仍然有控制力,地方性法规的规定只要不与行政法规的规定相抵触,地方性法规的规定还是有效的或可以适用的。换言之,事项的包容性只是认定法律位阶关系的一个条件,但效力源于控制的需要,在需要统一的事项范围内就会产生控制力,被控制的规范只要涉及这一部分事项,就要接受相应的控制,与两个规范之间是否具备完整的包容性无关。控制的强度则是指效力等级高的规范对效力等级低的规范的控制要求。根据"和谐"的和合价值,法制的统一要追求共同性,也要尊重差异性。这种求同存异的和谐观在此处的表现就是,既要承认控制力的存在,又要允许控制强度差异的存在。对比《立法法》第七十二条与第七十五条的规定,地方性法规的制定标准是"不抵触",自治条例和单行条例则是"不得违背法律或者行政法规的基本原则",以及"不得对宪法和民族区域自治法的规定以及其他有关法律、行政法规专门就民族自治地方所作的规定作出变通规定"。由此可见,地方性法规、自治条例和单行条例都受宪法、法律与行政法规的控制,只是控制的强度存在差异。根据《立法法》第七十四条的规定,经济特区法规的变通规定并没有权限的限制,但这可以认为是立法者为了照顾经济特区特殊性的刻意留白。"对于经济特区法规变通规定的限制,立法法没有作出明确规定,这样规定是考虑既能适应现在有些需要变通的情况,也为今后的发展变化,留下了空间和余地。"[1]但是,这并不意味着经济特区法规变通规定不受宪法、法律与行政法规的控制,因为从授权立法的实践来看,在各类授权决定中,均规定了"经济特区法规变通规定要遵循宪法的规定以及法律和行政法规的基本原则"[2]。所以,经济特区法规变通规定仍然受宪法、法律以及行政法规的控制,只是控制的强度存在差异。

(三)效力来源说的和谐进路

上文所述的控制力除了《立法法》的明文规定以外,在具体操作过程中还应设置相关的标准,否则会导致判定的困难。产生控制力的标准可以分为两个方面——权力等级(重要性)与影响范围(全局性),并且一个规范只有在权力等级与影响范围都大于另一个规范的情况下,前者才能对后者产生控制

---

[1] 张春生主编:《中华人民共和国立法法释义》,法律出版社2000年版,第197-198页。
[2] 参见孔祥俊:《法律方法论》,人民法院出版社2006年,第288页。

力。具体而言,权力等级的判定标准为,人民主权高于国家机关的权力,立法权高于同级行政权、司法权,中央权力高于地方权力。影响范围的判定标准为横向与纵向实施范围的综合考量,横向的范围系指立法事项在同一层级的实施范围,纵向的范围系指立法事项从中央到地方的实施范围,并且这种比对不是法律文件之间的简单比较,而是某一规则在其所属的法律文件中产生的辐射范围。例如,行政法规与地方性法规相比,在权力等级上,行政法规属于中央权力,高于地方性法规;在影响范围上,虽然地方性法规在同一层级上除了行政管理的事项,还包括诸如政权建设、政法工作等事项,但行政法规是在全国范围内实施的行政管理规定,正常情况下,二者发生规范冲突的场域是地方性法规关于行政管理事项的规定与行政法规的规定之间,因此,行政法规的影响范围或全局性大于地方性法规。所以,行政法规对地方性法规具备控制力,行政法规的效力也就高于地方性法规。结合这个例子,需要进一步说明的是,在根据权力属性分解出的法律位阶关系中,可能会有这样一种观点,不同质的权力如果超出自身的范围对其他权属的规范产生效力,那么会有权力侵犯之嫌。笔者认为,上位法是否有越权之嫌,是其作为上位法是否具备合理性与合法性问题,而不是它是否有对下位法形成效力的问题,根据创制依据划分的法律位阶理论解决的始终是规范来源与立法权限的问题,即"法从哪里来"与"法能做什么",但效力等级解决的是"一个规范为什么要遵守另一个规范"的问题,从产生控制力的机理上讲,二者会有重合,却不能等同。此外,还应当指出的是,效力是经过相互比对所产生的结果,被控制的规范如果与有控制力的规范相抵触则自然无效,但规范与规范之间也有可能存在没有相互控制力却规定不一致的情况,这时两者之间就不会产生这种非此即彼的结果,而是归于选择适用的问题。

综上所述,我们可以得到如下结论:效力源于控制的需要,而非位阶的划定;效力来源说揭示的仅仅是不同规范之间的"体"与"用"的关系,即一个规范是否为另一个规范的创制依据,但不能涵盖不同规范效力等级关系的全部;就法律方法而言,上位法就是能产生控制力的法;控制的广度与强度的不同并不影响控制力的有无;规范之间控制力产生的机理是基于重要性与全局性的考量。根据上述结论,在上位法与下位法冲突关系的处理方式上,我们就完成了从"效力来源说"向"效力控制说"的演变。

二、不同效力规范的冲突认定

在上文的论述中,我们讨论了一个规范对另一个规范能否产生效力的问题,并且根据效力划分了效力等级高的规范与效力等级低的规范,即上位法与下位法。那么,接下来我们要讨论的就是,在什么情况下效力等级高的规范可以对效力等级低的规范产生控制力,也即规范冲突的认定标准。

(一) 从效力等级上区别"不一致"与"相冲突"

董皞教授认为,"抵触"是指不同的法律规范在法律精神或原则问题上存在"质"的方面的矛盾,它们之间必然是不一致的;"不一致"则是指不同的法律规范在法律具体规定的方式、幅度或程度问题上,存在"量"的方面的差别,但并不必然是矛盾的。"冲突"一词主要是一个学理概念,在我国的法律规定中尚未被使用。但从字面意思来看,一般认为,"冲突"与"抵触"并无本质区别。[1] 胡建淼教授从立法、司法和学理等方面系统梳理了"抵触"的各种涵义,探讨了"抵触"与"不一致"、"抵触"与"法律冲突"之间的逻辑关系,最终以"纵横说""效力说"和"程度说"为基础,通过对《立法法》中"不一致"的广义理解,首次提出"抵触是纵向法规之间的不一致,并且是导致无效的不一致"观点。[2] 根据孔祥俊教授的研究,在我国法律实践中,同位阶的法律冲突一般表述为"不一致",如新法与旧法、特别法与一般法等的"不一致"。[3] 例如,《立法法》规定:同一机关制定的法律、法规、规章等,特别规定与一般规定不一致的,适用特别规定;新的规定与旧的规定不一致的,适用新的规定。异位阶的法律冲突表述为"相抵触",例如《宪法》第六十七条第(三)项规定,全国人大常委会"在全国人民代表大会闭会期间,对全国人民代表大会制定的法律进行部分补充和修改,但是不得同该法律的基本原则相抵触"。上述学者的观点都有一定的道理,但是从"和谐"的价值出发,笔者更赞同孔祥俊教授的观点。根据规范等级对"相抵触"与"不一致"进行区分,不仅可以完

---

[1] 参见董皞:《判定法律冲突之问题研究》,《法律科学(西北政法大学学报)》2014年第1期,第54页。

[2] 参见胡建淼:《法律规范之间抵触标准研究》,《中国法学》2016年第3期,第5页。

[3] 参见孔祥俊:《法律方法论》,人民法院出版社2006年,第154-157页。

善法律适用的可操作性,而且强调了上位法对下位法的普遍效力,更有利于在司法实践中实现法制的和谐统一。然而,须提请注意的是,根据上文的论证,"同一机关"是被涵盖在效力等级的判断标准之内的,而且《立法法》关于法律冲突的表述也仅对不同规范的效力等级作出了规定,未就位阶作出排序,因此,这里的"同位阶"更准确的表述应该为没有控制关系的规范,"异位阶"更准确的表述应该为产生控制关系的规范。也就是说,"相抵触"作用的场域是有控制关系的规范之间,"不一致"作用的场域是没有控制关系的规范之间。

(二)从构成要件上理解不同效力规范的"相抵触"

规范冲突的前提条件是:两个或多个法律规范针对的是同一事项,否则,就不存在冲突或抵触问题。而所谓"冲突"或者"抵触",是指下位法违反上位法的总意图、总目标、基本原则和具体规定,或者下位法的制定缺乏上位法的依据,即无权立法或越权立法等。

具体而言,最高人民法院《关于审理行政案件适用法律规范问题的座谈会纪要》(以下简称《座谈会纪要》)(法〔2004〕96号)关于下位法违反上位法的情形列举了10个方面,同时,对法律、法规进行修订后,其实施性规定未同时废止的,提出了三种处理方式。《座谈会纪要》中指出,下位法不符合上位法的常见情形有:"下位法缩小上位法规定的权利主体范围,或者违反上位法立法目的扩大上位法规定的权利主体范围;下位法限制或者剥夺上位法规定的权利,或者违反上位法立法目的扩大上位法规定的权利范围;下位法扩大行政主体或其职权范围;下位法延长上位法规定的履行法定职责期限;下位法以参照、准用等方式扩大或者限缩上位法规定的义务或者义务主体的范围、性质或者条件;下位法增设或者限缩违反上位法规定的适用条件;下位法扩大或者限缩上位法规定的给予行政处罚的行为、种类和幅度的范围;下位法改变上位法已规定的违法行为的性质;下位法超出上位法规定的强制措施的适用范围、种类和方式,以及增设或者限缩其适用条件;法规、规章或者其他规范文件设定不符合行政许可法规定的行政许可,或者增设违反上位法的行政许可条件;其他相抵触的情形。"法律、行政法规或者地方性法规经修改后,其实施性规定未被明文废止的,人民法院在适用时应当区分下列情形:"实施性规定与修改后的法律、行政法规或者地方性法规相抵触的,不予适用;因法律、行政法规或者地方性法规的修改,相应的实施性规定丧失依据而不能单独施行的,不予适用;实施性规定与修改后的法律、行政法规或者地方性法规不相抵触的,可以适用。"

虽然上述的归纳对于认定下位法与上位法相抵触的情形有较好的指导作用,但其中的一些问题还需要进一步地分析与解读。因此,学者们在此基础上也做了丰富且颇有建树的研究。其中,孔祥俊教授的构成要件冲突说具有很好的可操作性。他认为法律冲突可理解为:(1)适用条件和范围的冲突,是指对承担义务或者享有权利的条件和范围作出了不同的规定,这些条件包括身份、时间、地点、事实等;(2)权利义务设定的冲突,例如违反了上位法的禁止性规范、命令性规范和授权性规范等,增加了义务、减少了权利,或者增加了职权、减少了职责等;(3)法律后果规定的冲突,例如减少了奖励性后果,增加了处罚性后果等。董书萍教授归纳了17种"抵触"情形[1],其中对"下位法限制上位法规定的权利"情形的细化,以及对"导致不同法律后果的抵触"与"地方先行立法权与中央专属立法权的抵触"两种情形的内涵与外延的拓展,对该领域的研究起到了很好的补充作用。胡建淼教授则首先将上位法与下位法的抵触分为原则抵触与规则抵触[2],原则抵触是指下位法的规定内容与上位法的指导思想、基本原则和基本精神不一致,规则抵触是指下位法的具体规定与上位法的具体规定不一致,这种区分与上文所述上下位法的控制强度说不谋而合。杨登峰教授从行政法领域出发,将下位法规范与上位法规范之间的关系分为"设定"关系和"规定"关系[3]。杨教授在其论述中,一方面强调"规定性规范"的抵触应采用从规范构成要件之形式变化到权利义务之内容变化的双重认定标准;另一方面则强调"设定性规范"的抵触须注意上位法设定权具有优先性和独占性,并认为"已有上位法而没设定的情形"应理解为"不设定",而且这种情形主要是针对减损权利或增加义务的立法事项,规章与地方性法规的认定标准也不尽相同。杨教授在控制强度上的

---

[1] 参见董书萍:《法律适用规则研究》,中国人民公安大学出版社2012年版,第101-102页。
[2] 参见胡建淼:《法律规范之间抵触标准研究》,《中国法学》2016年第3期,第20-21页。
[3] 参见杨登峰:《法律冲突与适用规则》,法律出版社2017年版,第49-62页。

进一步区分,对本书的写作也有很大的启发。

(三) 从价值功能上定位"高等级规范"的作用

可以说,上述学者的研究基本上对"相抵触"的构成要件进行了全面且系统的论证,但是类型化的认定标准也会产生一些问题。例如,刘志刚教授就提出,如果按照《座谈会纪要》中所确立的判断下位法是否与上位法相抵触的指导原则,自治条例、单行条例与法律、行政法规已经构成了相抵触的情形,从根本上丧失了"效力优先、适用优先"规则的基础。[1] 因此,为了克服类型化认定的一些缺陷,本书在此主要从法制和谐统一的角度再作出相应的补充。

根据"和谐"的中和价值,不同等级的规范都有其对应的作用。从宏观上看,上位法对下位法的作用主要是形成控制;从微观上看,上位法对下位法的控制还应细化控制广度与控制强度。而控制广度与控制强度的细化,是为了达到一种能动的和谐,既能保证上位法对下位法适当的控制,又能防止上位法调控过严影响下位法应有的作用。

首先,就控制的广度而言,产生控制力的范围应限于具体的法律规则,而非单一的法律文件。"上位法的优先不是法律文件的优先,对其的界定不能停留在法律文件层面,不能理解为是针对一个法律文件所涉及的所有法律事项,而应理解为是针对法律所调整的一个事项或者一个行为。"[2] 具体而言,从第一个层面上说,上位法对下位法的控制并不要求上位法在立法事项上能涵盖下位法。在这种情况下,如果有两部上位法对下位法所涉及的事项有控制力,其中一部与下位法相抵触,另一部没有抵触,那就要先解决两部上位法的规范冲突问题,并根据这两部法律规范共同上位法中的有关规定进行判定,如上一级规范还未能解决则继续回归到更上一级的规范,直到效力最高的基础规范。从第二个层面上说,没有制定上位法的,不是指没有一部对应的上位法存在,而是指上位法中没有就某一行为或事项做出法律上的评价,"相抵触"是在具体的法律规范之间,上位法预设的范围系其立法事项的范围,当下位法的立法事项超出某部上位法的范围时,二者之间不一定就是"相

---

[1] 参见刘志刚:《法律规范的冲突解决规则》,复旦大学出版社2012版,第86页。

[2] 参见杨登峰:《法律冲突与适用规则》,法律出版社2017年版,第60页。

抵触"的情形,这时还要根据控制强度确立的上位法"专属立法权"[1]的相关规定进行判断。

其次,就控制的强度而言,除了上文所说的原则抵触与规则抵触之外,当上位法没有就某一事项作出规定时,还应根据上位法赋予下位法的立法权限确定控制的强度,进而判断两个规范之间是否发生抵触。例如,法律对法规与规章的控制强度是不同的。《行政处罚法》第十条至第十三条分别规定,"行政法规可以设定除限制人身自由以外的行政处罚","地方性法规可以设定除限制人身自由、吊销企业营业执照以外的行政处罚","尚未制定法律、行政法规的,前款规定的国务院部、委员会制定的规章对违反行政管理秩序的行为,可以设定警告或者一定数量罚款的行政处罚","尚未制定法律、法规的,前款规定的人民政府制定的规章对违反行政管理秩序的行为,可以设定警告或者一定数量罚款的行政处罚"。由此可见,在行政处罚中,同样是没有上位法规定的情形,法规创设权的范围是大于规章的,与之相对应的"抵触情形"也不同。申言之,上位法对下位法的控制强度有三个等级,第一级即不允许下位法对某个事项作出规定;第二级即允许下位法的某个规定存在,但内容上不得与上位法发生"相抵触"的情形;第三级即下位法可以在内容上与上位法"相抵触",但不得违反上位法的基本原则或特别规定。例如,《行政处罚法》第三十三条规定:"违法事实确凿并有法定依据,对公民处以五十元以下、对法人或者其他组织处以一千元以下罚款或者警告的行政处罚的,可以当场作出行政处罚决定。"《道路交通安全法》第一百零七条规定:"对道路交通违法行为人予以警告、二百元以下罚款,交通警察可以当场作出行政处罚决定,并出具行政处罚决定书。"两者在法律后果上的差别是否可以认为存在"相抵触"的情形呢?有人认为,《道路交通安全法》与《行政处罚法》同属法律,不存在相抵触的情形,司法机关应当适用特别法优于一般法或新法优于旧法的规则进行处理。笔者对此并不认同,理由是:《行政处罚法》与《道路交通安全法》分别是全国人大与全国人大常委会制定的法律,二者之间是否

---

[1] 例如《立法法》第八十条:"没有法律或者国务院的行政法规、决定、命令的依据,部门规章不得设定减损公民、法人和其他组织权利或者增加其义务的规范,不得增加本部门的权力或者减少本部门的法定职责。"第八十二条:"没有法律、行政法规、地方性法规的依据,地方政府规章不得设定减损公民、法人和其他组织权利或者增加其义务的规范。"

存在层级上的冲突,《宪法》与《立法法》均未明确规定,如果司法机关适用特别法优于一般法的规则进行处理,根据《立法法》第九十二条的规定,无疑就是肯定了全国人大与全国人大常委会为同一机关,这种判断违背了宪法判断回避的基本原则。因此,在这一类问题上,笔者的思路是:第一,根据权力的等级,人民主权高于其他国家机关的权力,全国人大作为更接近人民主权的最高国家权力机关[1],全国人大制定的《行政处罚法》的权力等级高于全国人大常委会制定的《道路交通安全法》,并且《行政处罚法》的相关规定辐射到全国行政处罚事项的各个职能部门,影响范围上大于《道路交通安全法》的行政处罚规定,至此认定《行政处罚法》对《道路交通安全法》具有控制力;第二,从控制强度上看,根据共同的上位法《宪法》第六十七条的规定,全国人民代表大会常务委员会"在全国人民代表大会闭会期间,对全国人民代表大会制定的法律进行部分补充和修改,但是不得同该法律的基本原则相抵触",进而推知全国人大制定的法律对全国人大常委会制定的法律的控制强度在于"不与基本原则相抵触";第三,《道路交通安全法》的相关规定既然符合控制强度的要求,即不认为其与效力等级较高的《行政处罚法》相抵触,所以根据下位法适用优先的规则,选择更符合具体情况、更详细的《道路交通安全法》作为裁判依据。这一思路既避免了对基本法律与其他法律之间的位阶判定,又尊重了宪法的权威与法制的统一,做出了一种合宪性的规范选择,进而将司法权限制在根据个案进行规范选择的专业领域。

综上所述,在认定下位法与上位法是否相抵触时,除了构成要件中列明的具体类型之外,还要从控制的广度与强度出发,对上下位法的冲突关系进行判定,并注重从法律的整体秩序中寻找答案。

三、上位法优先原则的适用例外

在上文的论述中,已经涉及下位法适用优先的问题,但是关于上位法效

---

[1] 韩大元教授认为:"与全国人大代表的产生途径的民主性、代表的广泛性相比,全国人大常委会组成人员的民主性与民意代表性都是相对不足的,由此决定了全国人大与全国人大常委会不同的宪政基础。"(参见韩大元:《全国人大常委会新法能否优于全国人大旧法》,《法学》2008年第10期,第5-6页。)

力优先与下位法适用优先的关系,这里还需要进一步进行说明。上位法的效力优先是法制和谐统一的应然要求,其核心功能在于保障一国法律秩序的统一性与协调性。但是,上位法基于这种整体的控制力,其相对于下位法而言,前者在事实与规范的拟合上往往偏向于采取更为抽象的表述。"为了高度概括有关的法律事实,充分反映客观事物的复杂情形,防止以偏概全的弊端,有时不得不使用一些模糊语言。"[1]可以说,上位法的概括性与原则性的表述虽然增加了规范适用的难度,但是如果使用较为具体的表述,不仅会降低上位法整体的控制力,而且会增加其自身受到冲击的可能性。因此,从法制的和谐统一来看,上位法必须使用一些"模糊性"的语言。虽然"模糊性"的语言增加了规范适用主体选择与解释的空间,但是主体与背景事实的不同又导致这种选择与解释必然会产生较大的差异,而这种差异就造成了法律秩序在实践层面的混乱。所以,下位法在与上位法不相抵触的情况下,还要尽可能地制定更加精确、具体、可操作的实施规定,保障法律规范在实践层面的相对统一。上位法效力优先与下位法适用优先正是基于法制统一的需要而产生的规则,是法律秩序和谐的实然要求。所以说,这里所谓的"适用例外"其实是一套相对于"效力优先"的适用规则,是强调上位法效力优先的前置性与普遍性,而不是一种个别性的例外。

　　从具体方法上看,上位法优先适用是建立在下位法与上位法相抵触的前提之下,如果下位法与上位法不抵触,而且比上位法规定得更明确、更具体、更有针对性,则应该优先适用下位法。最高人民法院发布的《全国经济审判工作座谈会纪要》(法发〔1993〕8号)明确指出:"……。第二,法律的效力高于行政法规,行政法规的效力高于地方性法规。行政法规的规定与法律的规定有抵触的,应当适用法律的规定,地方性法规的规定与行政法规的规定相抵触的,适用行政法规的规定。第三,行政法规为了贯彻执行法律,地方性法规为了贯彻执行法律、行政法规,就同一问题作出更具体、更详细规定的,应当优先适用。……"依据《宪法》和《立法法》的规定,宪法的效力最高,法律、法规、规章等的效力依次下降。这些规定体现了效力优先原则。但是,所有下位法都是对宪法和上位法的具体化、明确化;同时,法律和行政法规一经颁

---

[1] 王洁主编:《法律语言学教程》,法律出版社1997年版,第45页。

布,都会授权部门立法机关或地方立法机关制定实施性规定和变通性规定。因此,在依法处理具体的人和事时,下位法优先适用是必然的。但是,须指出的是,这种必然性也隐含着一定的条件,这与上文所述的基于"和谐"价值的下位法的核心功能有关。下位法的核心功能在于实施,所以下位法适用优先一定是在个案中的考量,只有证明下位法的内容与个案事实之间具有更高的关联性与拟合度,并与上位法不相抵触的情况下,下位法才具备当然的适用优先。"一般来说,实施性规定由于具有内容较为具体、操作性较强的特征,因此,在适用过程中应当优先适用。优先适用与法律规范的位阶是两个不同的概念。法律规范的位阶主要是针对上位法和下位法的关系使用的概念;适用优先主要是指根据法律规范的内容,一般来讲,越是具体的、具有可操作性的规定就越具有适用的优先性。美国学者认为,作为实施性规定的规章与法律具有相同的效力,对于受管理的对象而言,作为实施性规定的规章的规定比上位法的规定更具有实际作用。从行政执法的实际来看,行政机关总是优先适用更具有操作性、较为具体的实施性规定。"[1]当然,下位法不完全都属于实施规定,但是这段话也在一定程度上反映了下位法适用优先的前提条件,即其具备具体、明确、可操作的特点。

虽然目前学界在上位法与实施性规定的冲突关系中,已经基本达成了"效力优先、适用优先"的共识,但是在自治条例、单行条例与经济特区法规变通规定的适用问题上,仍存在一定的争议。第一种观点认为,自治条例、单行条例、经济特区法规变通规定虽然与法律和行政法规属于下位法与上位法的关系,但自治条例、单行条例、经济特区法规变通规定相较于法律、行政法规的优先性应视为"上位法优于下位法"规则的一种例外,不能适用"效力优先、适用优先"的规则。[2]第二种观点认为,上位法优于下位法属于效力优先,不存在例外。自治条例、单行条例和经济特区法规的位阶低于法律、行政法规,其变通规定在与上位法的基本原则不抵触的情况下,优于法律、行政法规不是效力优先的例外,而属于适用优先。[3]第三种观点认为,二者发生冲

---

[1] 江必新、梁凤云:《行政诉讼法理论与实务》,北京大学出版社2011年版,第1085页。
[2] 参见刘志刚:《法律规范的冲突解决规则》,复旦大学出版社2012版,第84-94页。
[3] 参见吴恩玉:《上下位法间的效力优先与适用优先——兼论自治法规、经济特区法规和较大市法规的位阶与适用》,《法律科学(西北政法大学学报)》2010年第6期,第33-35页。

突时,应按照特殊规定优于普通规定的原则,适用自治条例、单行条例、经济特区法规变通规定等。[1] 在此,笔者赞同第二种观点。具体来说,第一种观点中,自治条例、单行条例、经济特区法规变通规定受法律、行政法规的控制符合前文所述的控制力的产生机理,可以形成效力上的上位法与下位法关系,笔者认同这一观点。但是,这种观点的后半部分认为变通规定与法律、行政法规相抵触,而应采用例外的方式进行适用,笔者则不认同。法律、行政法规对变通规定的约束力是控制强度的问题,只要变通规定不与上位法的基本原则或特别规定相抵触,依然可以认为变通规定在现有法律体系内的效力,无须采取例外的方式进行处理。第三种观点中,将变通规定与法律、行政法规的关系视为特别法与一般法的关系,不符合《立法法》第九十二条"同一机关"的要求,在现有实施性规定适用优先理论可以解决变通规定适用问题的情况下,实无须对既定的规范作出例外处理,这有悖于法制和谐统一的整体要求。而且,根据《立法法》第九十条的规定,变通规定的适用范围已被限制在地方事务当中,本来就是基于民族自治与经济特区试验立法的需要,具有明显的针对性,结合个案事实,在一定空间内采用下位法适用优先的规则并无不妥。

此外,须特别注意的是,关于宪法与法律的适用顺序问题,宪法适用分为直接适用与间接适用两种。一般来说,国家机关的组建、宪法自身的修订、选举官员的任期与连任、候选人的年龄等条文应该直接适用,当然也是优先适用;宪法基本权利规范及其他宪法规范,只能通过法律的制定与实施得到适用,即宪法的间接适用。因此,在依法处理具体的人和事时,法律应该优先适用。而且在刑事案件、行政强制和行政处罚案件中,只能适用《刑法》和《行政强制法》《行政处罚法》。只有当法律、法规、规章等出现了违宪的嫌疑,而且依法启动了合宪性审查时,宪法规范才能直接、优先适用。尽管如此,宪法适用也应该遵循穷尽其他救济途径、宪法判断回避、合宪性推定等原则。

四、下位法的合法性审查与处理

如上所述,上位法优先适用的前提条件是下位法抵触上位法。某一下位

---

[1] 参见董皞:《论法律冲突》,商务印书馆 2013 年版,第 228-229 页。

法一旦被确定违反上位法之后,上位法优先适用,只是意味着下位法在本案中不予适用。但是,它是否还面临被撤销或者废止,甚至被确认为无效?这些当然是应该进一步追问的问题。

《立法法》第九十七条规定:"改变或者撤销法律、行政法规、地方性法规、自治条例和单行条例、规章的权限是:(一)全国人民代表大会有权改变或者撤销它的常务委员会制定的不适当的法律,有权撤销全国人民代表大会常务委员会批准的违背宪法和本法第七十五条第二款规定的自治条例和单行条例;(二)全国人民代表大会常务委员会有权撤销同宪法和法律相抵触的行政法规,有权撤销同宪法、法律和行政法规相抵触的地方性法规,有权撤销省、自治区、直辖市的人民代表大会常务委员会批准的违背宪法和本法第七十五条第二款规定的自治条例和单行条例;(三)国务院有权改变或者撤销不适当的部门规章和地方政府规章;(四)省、自治区、直辖市的人民代表大会有权改变或者撤销它的常务委员会制定的和批准的不适当的地方性法规;(五)地方人民代表大会常务委员会有权撤销本级人民政府制定的不适当的规章;(六)省、自治区的人民政府有权改变或者撤销下一级人民政府制定的不适当的规章;(七)授权机关有权撤销被授权机关制定的超越授权范围或者违背授权目的的法规,必要时可以撤销授权。"

由上可知,法官和行政执法人员在适用法律过程中,发现拟适用的下位法与上位法有冲突时,一方面应该选择适用上位法,另一方面建议下位法原制定机关作出修订或者废止。也可以根据《立法法》的相关规定,建议上级有权机关废除或撤销该下位规范。目前,司法实践中通行的做法是,层报到最高人民法院,由其处理。

第三节 特别法优于一般法原则

一、特别法与一般法关系的和谐样态

在上文的论述中,已提及特别法与一般法的判别问题,但主要集中在特

别法与一般法的产生机理上,可以说仅仅是解释了为什么我们要在一个法律体系之中制定"违反"一般法的特别法,以及特别法存在的前提条件是什么。但是,"特别法优于一般法"作为一种适用方法,只知其源流是远远不够的,还要注意厘清这种方法具体的适用方式与适用条件。"特别法优于一般法"的适用规则,首先需要弄清的问题就是如何界定特别法与一般法的关系。诚如上文所述,特别法与一般法的关系是不易识别的,识别的难度在于什么法是特别法或什么法是一般法的问题,在一个法律体系内很多时候是没有明确规定的。这就要求我们构建一套具体的标准,用以甄别不同法律规范之间在什么情况下可以形成特别法与一般法的关系。本部分内容主要是从特别法与一般法的关系形态出发,讨论特别法与一般法关系的存在形式,至于其实质判断将在下一部分的内容中具体展开。

(一)"同一机关"与"同一位阶"的区分

特别法与一般法的关系,源于罗马法的个别法与共同法的概念。在罗马法中,个别法是指基于某种特殊原因或者特殊情况对某个一般规范加以变通的个别规范,是一般规范的例外,也是对一般规范的违反,但这种"违反"是一种"法律许可的违反或不一致"。从理论上说,二者的关系主要表现在同位法之间,具体形式有:第一,不同法规文件之间的一般与特别关系,如《产品质量法》与《药品管理法》、《治安管理处罚法》与《道路交通安全法》等;第二,同一法规文件中,总则与分则之间、原则与规则之间、一般规定与具体规定之间;第三,同一法律条文中的一般规范与特别规范,如《刑法》中的一般抢劫与入户抢劫、一般盗窃与盗窃特定款物等。但是,同位法或者效力同级的法律规范能否理所当然地作为"特别法优于一般法"适用规则的前提条件呢?《立法法》第九十二条规定:"同一机关制定的法律、行政法规、地方性法规、自治条例和单行条例、规章,特别规定与一般规定不一致的,适用特别规定;新的规定与旧的规定不一致的,适用新的规定。"由此可见,《立法法》对"特别法优于一般法"适用规则的前提条件是"同一机关"。但是,进一步来看,这里的"同一机关"是否能理解为"同位法"呢?顾建亚教授认为:"《立法法》中的'同一机关'即为'同一制定机关',换言之,同一机关制定的法律规范之间实质上是'同一制定机关'的法律规范之间。其同一性应理解为'同一个'或

'同一名称'的机关,而不是'同一层级''同一系统'或'同一职能'的机关,比如国务院各部委、直属机构之间属于同一层级的机关,制定的部门规章也具有同等的法律效力,但不是同一个机关或同一名称的机关。"[1]陈运生博士也认为:"不同机关制定的同位阶法律之间之所以不能形成特别法律关系,因为不同法律的立法目的本身即非相同。"[2]笔者认同以上观点。如上文所述,特别规定是基于"必要的差别对待"对既定法律体系的一种"违反",出于法制和谐统一的目的,这种"违反"应当被控制在一定的范围之内。换言之,只有相同的立法者才能对这种"必要的差别对待"作出合理的"有意安排",否则出于不同的立法目的、调整范围、适用条件的法律规范就会出现不合逻辑的冲突,不仅违背了特别法作为立法者"有意安排"的初衷,还会大大增加法律体系内部调和的难度。例如,在部门规章之间,司法者本应做的是根据上位法对规章的合法性进行审查,但如果适用特别法优于一般法的规则,那么就会迫使司法者去回答行政机关职权划分的问题,违背了核心职能回避的原则;在部门规章与地方性法规之间,两者之间不具有共同的空间效力范围,一个涉及行政管理事项的专业性,一个是不同地方事务的差异性,各有其特殊性,而且不存在效力等级关系,很难证明两者的差异是立法者有意为之的结果,如果适用特别法优于一般法的规则,那么司法者就要权衡行业差异与地域差异的分量,这无疑使司法权同时介入了对行政权与立法权的基本判断,超出了司法权应有的范围。所以,从法制和谐统一的角度看,"同一机关"应当被严格限缩在"同一名称的制定机关",不应扩大解释为"同一位阶"或"同一效力等级"。

这里有争议的问题是,全国人大和全国人大常委会、地方人大和地方人大常委会是否属于"同一机关"。对此,学界有三种不同的观点。一是同一机关说,认为由于《宪法》《立法法》的规定以及立法实践中并不区分全国人大与全国人大常委会通过的规范性文件的效力,再加上全国人大常委会作为全国人大的常设机关,代表全国人大行使其日常权力的机关,因此,全国人大与全国人大常委会之间并非简单的上位与下位的关系,二者应视为同一机关,

---

[1] 参见顾建亚:《"特别法优于一般法"规则适用难题探析》,《学术论坛》2007年第12期,第124—125页。

[2] 陈运生:《法律冲突解决的方法论研究》,山东大学2017年博士学位论文,第91页。

其通过的法律具有同样的效力。[1] 二是不同机关说(或称上下级机关说),认为全国人大与全国人大常委会的宪政基础、宪法地位、宪法职权、立法程序各不同,不是同一个机关。[2] 三是关系待定说,认为《立法法》只有宪法、法律、行政法规等层次的区别,没有"基本法律"与"一般法律"之分,因此不能说"基本法律"与"一般法律"是两个位阶,因此全国人大与全国人大常委会是否属于"同一机关",并不会导致"基本法律"与"一般法律"之间产生位阶差异。[3]

在此,笔者基本认可"不同机关说"。具体而言,同一机关说和关系待定说中,论证的理据主要是《立法法》的规定中并未区分"基本法律"与"非基本法律"的效力等级,但是未区分不代表无效力,更不能表征二者的"同一性"。第一,《宪法》第六十二条第(十二)项规定全国人大有权"改变或者撤销全国人民代表大会常务委员会不适当的决定",《立法法》第九十七条第(一)项也规定:"全国人民代表大会有权改变或者撤销它的常务委员会制定的不适当的法律,有权撤销全国人民代表大会常务委员会批准的违背宪法和本法第七十五条第二款规定的自治条例和单行条例。"由此可见,全国人大对全国人大常委会的活动(包括立法活动)具有控制权,在立法方面的控制来自全国人大对法律规定的认识,这种认识很大程度上可以表现在全国人大准备制定或已经制定的法律文件当中,因此,不能认为全国人大与全国人大常委会制定的法律之间不存在控制力。第二,根据《宪法》第六十七条第(三)项规定,"在全国人民代表大会闭会期间,对全国人民代表大会制定的法律进行部分补充和修改,但是不得同该法律的基本原则相抵触",这里的"该法律"就是指全国人大制定的法律,而未区别基本法律与非基本法律,可以推知全国人大常

---

[1] 参见樊崇义、冯举:《新〈律师法〉的实施及其与〈刑事诉讼法〉的衔接》,《中国司法》2008年第5期,第22页。参见杨登峰:《法律冲突与适用规则》,法律出版社2017年版,第262-263页。

[2] 韩大元、顾建亚、刘家海、梁三利等学者持这一观点。参见韩大元:《全国人大常委会新法能否优于全国人大旧法》,《法学》2008年第10期,第5-9页。参见顾建亚:《"特别法优于一般法"规则适用难题探析》,《学术论坛》2007年第12期,第125页。参见刘家海:《论〈道路交通安全法〉与〈行政处罚法〉的抵触》,《法治论丛(上海政法学院学报)》2009年第3期,第123-126页。参见梁三利《全国人大和全国人大常委会制定法冲突的问题与出路——刘家海诉交警部门行政处罚案引发的思考》,《法治论丛(上海政法学院学报)》2008年第5期,第69-70页。

[3] 参见陈虹伟:《陈光中:律师法不是刑诉法的下位法》,《法制日报》2008年8月3日第04版。

委会的修法意见须服从全国人大的立法意志,从广义上讲,修法也是立法的一种形式,形成修法意见的基本认识同样也可以体现在全国人大常委会准备制定或已经制定的其他法律当中,那么就可推得即使是全国人大常委会制定的法律也不应与全国人大制定的法律的基本原则相抵触。第三,全国人大作为制定主体并非一个法律文件成为基本法律的充分条件,对于某个时期来说特别重要的立法事项,也许并不属于基本法律的范畴,但也可能通过全国人大制定。"比如,中外合资企业法、中外合作企业法和外资企业法等,实际是改革开放之初,国家确立的对外开放、引进外资的政策具有特别重要的意义,因此,相关方面的法律须有全国人大制定。"[1]如果全国人大与全国人大常委会可以认为是同一机关,那么上述非基本法律为何必须经由全国人大制定。既然在非基本法律的制定上,都有制定主体的区别,又怎能以《宪法》《立法法》未明示的基本法律与非基本法律的效力等级来默认全国人大与全国人大常委会的同一性。

综上所述,究其原因,法律是立法者意志的反映,全国人大制定的法律是最接近人民公意的意志反映,全国人大常委会制定的法律是授权立法的国家机关的意志反映[2],二者在权力来源、宪法地位、宪法职权等方面有着本质的区别,即使全国人大常委会在立法活动中起到了十分重要的作用,但也不能将广泛代表人民意志的、由近3 000名全国人大代表组成的国家最高权力机关与从全体代表中选出的不到200人组成的常设机构之间的意志混同。因此,如果认为全国人大与全国人大常委会制定的法律之间没有效力等级之分,并将二者视为同一机关,从而适用《立法法》第九十二条的"特别法优于一般法""新法优于旧法",那么无疑是用国家机关的意志代替了全体人民的意志,如此一来,《宪法》第六十二条第(三)项与第六十七条第(二)项关于立法权限的划分,也就失去了现实意义。可以说,抽象的民意机关如果不能在权威上对具体的国家机关形成约束,那么人民的民意也就随之陷入国家理性调整的范畴,这完全背离了立宪主义的基本原理。

此外,须提请注意的是,虽然基本法律与非基本法律有效力等级之分,但并不意味着基本法律不能因非基本法律而调整,如果非基本法律中新的规定

---

[1] 韩大元:《全国人大常委会新法能否优于全国人大旧法》,《法学》2008年第10期,第10页。
[2] 《宪法》第六十二条全国人大职权的兜底条款:"应当由最高国家权力机关行使的其他职权。"第六十七条全国人大常委会职权的兜底条款:"全国人民代表大会授予的其他职权。"

更有利于人权的保障或更符合社会发展的现实需要,那么基本法律也应当吸取非基本法律的经验成果,并及时完善,但绝非是新法对于旧法的更替或废止。至于某一部法律,到底应当由全国人大制定还是全国人大常委会制定,这涉及立法背景与社会共识的考量,更多的是一种政治决断的安排,也不应由法律方法本身进行确认。全国人大与其常委会之间的关系在性质上和地方人大与其常委会之间的关系是一样的,因此,根据上文的论证,地方人大与其常委会也应视为不同机关。

(二) 异位法之间不会形成特别法与一般法的关系

有学者认为,异位法之间也存在着一般规范与特殊规范的关系,如民族自治机关的变通性规定、经济特区的变通性规定等。例如,汪全胜教授就将异位阶的一般法与特别法的关系分为"下位法执行上位法时的特别法与一般法的关系"与"下位法变通上位法时的特别法与一般法的关系"两种。[1] 孔祥俊教授也认为:"实际上,特别法与普通法的关系不限于同位法之间(尽管一般的著作都是这样说),异位法(不同位阶的法律规范)之间仍然存在特别规定与一般规定之间的关系。我们可以将特别规定与一般规定的关系归纳为三种基本情形:同一机关制定的法律规范之间的特别规定与一般规定之间的关系;变通规定与原规定的关系;下位法与上位法的特别规定与一般规定的关系。"[2] 如果简单地套用罗马法的个别法原理,这一观点是成立的。

不过,在罗马法时期,没有具有根本法意义的宪法,各法之间的等级也不甚明确,不存在上位法优先原则的适用问题。但是,在现代社会,除了宪法是根本法之外,其他法规文件之间也存在着严格的效力等级之分,不同效力等级之间也有不同的控制强度之别。从广义上说,法律法规是宪法的特别法,下位法是上位法的特别法。但是,过宽地理解特别法与一般法的关系,将特别法优先原则用于处理异位法之间的冲突,会导致上位法优先与特别法优先两原则在适用上的混乱,忽略不同效力等级规范之间的控制关系,甚至会出现违宪的下位法向特别法逃跑。杨登峰教授对此作出过深刻的评价:"按此,

---

[1] 参见汪全胜:《"特别法"与"一般法"之关系及适用问题探讨》,《法律科学(西北政法学院学报)》2006年第6期,第51页。

[2] 参见孔祥俊:《法律方法论》,人民法院出版社2006年,第268页。

如果下位法为执行上位法的法律规范,且下位法的规定与上位法的规定相一致,则即便上位法与下位法在构成要件上有粗疏(或抽象)与详细(或具体)之差别,也因其'相一致'而不能归入法律冲突。"[1]可以说,在异位阶的法律规范之间适用特别法优于一般法的规则,会导致上位法对下位法的控制力度大大削弱,从而造成法律体系的混乱,在法制和谐统一的大前提下,异位阶的特别法与一般法的关系类型并不可取。

综上所述,在法制和谐统一的目标导控下,特别法与一般法的关系形态仅限于"同一名称的制定机关"所制定的法律规范之间,不可混淆上下位法"效力优先、适用优先"与"特别法优于一般法"两种规则的适用前提。

二、特别法与一般法的识别标准

(一)三种学说的比较

在"三个优先"原则中,对特别法优先的认定相对比较困难。因为上位法优先是基于相对固定的效力等级关系,新法优先主要考虑生效时间,但特别法优先的认定,须考虑的因素是多方面的。尽管各国都采用了这一法律适用原则,但是在理论上,何为特别法?其认定标准是什么?迄今为止,还没有形成一致的结论。

目前,代表性的观点有如下三种:第一,适用范围说认为,特别法适用的时间、空间以及人和事的范围不同于一般法。[2] 第二,逻辑结构说认为,构成要件的包容性和法律后果的排斥性是形成特别法与一般法关系的决定因素。杨登峰教授支持这一观点,并提出"规范制定主体的同一性""规范事实构成要件的包容性"以及"规范法律后果要件的排斥性"三个审查原则。[3] 第三,相同法益说认为,任何法律的目的都在于保护一定的法益,特别法与一般法之间的竞合在于有相同的法益或者"法益上存在着共同之处"。在张明楷教授与周光权教授的论著中,也不同程度地对此观点进行了阐述。张明楷教授认为,"一般认为,补充法条的特点在于,为了避免基本法条对法益保护

---

[1] 杨登峰:《法律冲突与适用规则》,法律出版社 2017 年版,第 225 页。
[2] 参见汪全胜:《"特别法"与"一般法"之关系及适用问题探讨》,《法律科学(西北政法学院学报)》2006 年第 6 期,第 51 页。
[3] 同[1],第 260 页。

的疏漏,有必要补充规定某些行为成立犯罪",而"补充关系,充其量只是特别关系的另一种表述"。[1] 周光权教授认为:"特别关系的形成,最基本的条件是对于同一事实,不同的规范之间具有同一性。这种同一意味着整体犯罪事实(实行行为及其所侵害的法益)的完全相同或部分重叠。"[2]陈运生博士在归纳总结的基础上,提出了"法益的共同性"对于形成特别法与一般法关系的重要意义:"当法律规范的构成要件交集时,它们就像两个相交的圆一样,出现了重叠,此时冲突关系的认定,即不能从逻辑标准或者同一事项标准上进行,而必须从目的论上去评判其法益。"[3]

比较而言,适用范围说源自于萨维尼的冲突法理论,萨维尼认为,"在任何一个国家内,特别法可以产生于不同等级和层次,从最狭窄的场所范围,随着其适用范围的不断扩大而一直到该国的普通法"[4]。这一理论在国内法学理论和实务界流传较早,运用广泛,注重特别法与一般法在调整范围上的交叉与重合以及对特别法调整对象的属性和功能差异等方面的识别。逻辑结构说来自于拉伦茨的特别法理论,拉伦茨认为,"特殊规范的适用范围完全包含于一般规范的适用范围内",且"只有当法律后果相互排斥时,逻辑上的特殊关系才必然会排斥一般规范的运用"。[5] 这一理论近几年在国内法学界较为盛行,在特别法的认定上强调规则要件的重合性与法律后果的差异性。相同法益说注重特别法与一般法在实质上的同一性,可以说是对逻辑结构说的补充。实际上,三种学说之间是一种传承吸收、相辅相成的关系,一个学说的产生是为了解决另一个学说的局限性,所以,关于特别法与一般法识别标准的讨论不在于否定哪一种学说的合理性,而在于厘清三种学说之间如何形成一个逻辑自洽的体系。

(二)三种学说的逻辑关系

1. 适用范围说的缺陷

首先,适用范围说会导致上位法对下位法的控制不足。适用范围说的原

---

[1] 张明楷:《法条竞合中特别关系的确定与处理》,《法学家》2011年第1期,第33-36页。
[2] 周光权:《法条竞合的特别关系研究——兼与张明楷教授商榷》,《中国法学》2010年第3期,第164页。
[3] 陈运生:《法律冲突解决的方法论研究》,山东大学2017年博士学位论文,第86页。
[4] [德]萨维尼:《法律冲突与法律规则的地域和时间范围》,李双元、张茂、吕国民等译,法律出版社1999年版,第11-12页。
[5] 参见[德]拉伦茨:《法学方法论》,陈爱娥译,商务印书馆2003年版,第146-147页。

旨在于减少效力成本,把一般法视为法律适用的基本指南,当一般性规则在规范与事实之间呈现出适用性不足时,特别法就成为防止这种基本性的权威受到侵害而专门设置的例外。"特别法于此就起到了两重作用:作用之一是减缓了相冲突之一方(即一般法)因不被适用而带来的消极影响,并通过一般适用规则的补充而为此后的法律适用提供了基本的指南;作用之二是使法律的明确性原则和最密切联系原则得以彰显其意义,并最终成为'适用优先'的基本要求。"[1]可以说,适用范围说的主要考量还是在于"适用",当两个法律规范发生冲突时,通过具体明确的人、事、时间、空间来判定哪种规范更加符合个案事实,并将这种更符合特定情况的规范视为特别规定予以适用。这种规则与上下位法冲突关系中的"适用优先"在作用机理上有着高度的相似性。然而,这也是导致适用范围说陷入困境的主要原因。当以是否适用作为判断"优先"的标准时,适用范围说必然会认同在异位阶的法律规范之间产生特别法与一般法关系,但是,特别法的核心功能在于"必要的差别对待",其主要特征体现在一个特别规定在合适的条件下,可以"有意违反"另一个一般规定,这与上下位法的冲突关系有本质的不同。如果把特别法与一般法的关系套用到上位法与下位法的关系当中,势必会造成上位法对下位法的控制不足,致使个别下位法可能借"特别法之名"行"违反上位法之实"。

其次,适用范围说会导致"特别法优于一般法"的适用规则缺乏稳定性。适用范围说存在一个重大的理论缺陷:立法事项的特殊性与一般性有的时候是相对的,特别在构成要件存在交叉的情况下,从不同角度观察,可能得出完全不同的结论。即使在两个法律规范的人、时间、空间都一样的情况下,关于"特别事项"与"一般事项"的辨别依然比较困难。例如,对比《侵权责任法》第四十七条和《食品安全法》第一百四十八条第二款[2],如果从"事"[3]的类别上看,食品生产属于产品生产的一种类型,存在缺陷的产品可以涵盖不

---

[1] 陈运生:《法律冲突解决的方法论研究》,山东大学2017年博士学位论文,第79页。

[2] 《侵权责任法》第四十七条规定:"明知产品存在缺陷仍然生产、销售,造成他人死亡或者健康严重损害的,被侵权人有权请求相应的惩罚性赔偿。"《食品安全法》第一百四十八条第二款规定:"生产不符合食品安全标准的食品或者经营明知是不符合食品安全标准的食品,消费者除要求赔偿损失外,还可以向生产者或者经营者要求支付价款十倍或者损失三倍的赔偿金。"

[3] 法的属事效力是指法对什么样的行为有效力,适用于哪些事项。(参见汪全胜:《"特别法"与"一般法"之关系及适用问题探讨》,载《法律科学(西北政法学院学报)》2006年第6期,第51页。)

符合安全标准的食品,前者是一般法,后者是特别法;如果从"事"的主观方面看,前者要求生产者"明知",后者不限于生产者"明知",前者又可看作后者的特别法。[1] 再如,《食盐专营办法》第四条与《饲料和饲料添加剂管理条例》第三条[2],分别规定了两个不同的行政部门对食盐与饲料添加剂的管辖权,但是如果涉及饲料添加剂氯化钠的管理,到底谁才具有特殊性呢?"如果着眼于饲料加工添加剂的范围,则食盐是添加剂的一种;如果着眼于食盐的范围,则饲料添加剂氯化钠属于畜牧用盐,即属于食盐的一种。"[3] 从上述两种不同的视角出发,将《食盐专营办法》或《饲料和饲料添加剂管理条例》视为对方的特别法,在适用范围说看来,似乎都有其道理。但是,上述的这些情况无疑增加了司法者选择适用法律规范的恣意性,进而导致适应规则的不稳定性。

最后,适用范围说会导致法律效果的减损。特别法的一个重要特征是"不同情况、区别对待",这是立法者基于"差别对待的必要性"所作出的"有意安排"。但是,适用范围说在情况上的区分,并不能保证后果上的不同。特别在一些补充关系的法律规范之间,如果仅通过适用范围说进行观察,那么可能会导致适用范围窄的法律规范只能实现部分的法律效果。如此一来,特别事项不仅不能体现其"特别"之处,而且会造成实施效果的减损。例如,《合伙企业法》第九十六条规定:"合伙人执行合伙事务,或者合伙企业从业人员利用职务上的便利,将应当归合伙企业的利益据为己有的,或者采取其他手段侵占合伙企业财产的,应当将该利益和财产退还合伙企业;给合伙企业或者其他合伙人造成损失的,依法承担赔偿责任。"根据适用范围说,分号之后的法律规范在适用范围上被分号之前的法律规范包容,但是如果将分号之后的法律规范视为特别法,那么当侵占的利益高于受害人的损失时,违法人就只须承担赔偿责任,甚至从违法行为中获利,这明显不符合立法者的旨意。

---

[1] 参见周江洪:《惩罚性赔偿责任的竞合及其适用——〈侵权责任法〉第47条与〈食品安全法〉第96条第2款之适用关系》,《法学》2010第4期,第113页。

[2] 《食盐专营办法》第四条规定:"国务院盐业主管部门主管全国盐业工作,负责管理全国食盐专营工作。县级以上地方人民政府确定的盐业主管部门负责管理本行政区域的食盐专营工作。"《饲料和饲料添加剂管理条例》第三条规定:"国务院农业行政主管部门负责全国饲料、饲料添加剂的监督管理工作。县级以上地方人民政府负责饲料、饲料添加剂管理的部门(以下简称饲料管理部门),负责本行政区域饲料、饲料添加剂的监督管理工作。"

[3] 杨登峰:《法律冲突与适用规则》,法律出版社2017年版,第253页。

2. 逻辑结构说的补充作用

可以说,逻辑结构说就是为了克服适用范围说的缺陷应运而生的。逻辑结构说的要旨在于通过构成要件的包容性与法律后果的排斥性,将特别法与一般法关系中的事项辨识与效果评价限定在一个较易操作的层面,减少这一适用规则的外部风险与内在干扰。但是,这种限缩的处理方式在提高规则操作性的同时,也降低了其普适性。因为规范之间在构成要件上除了形成包容关系之外,还有大量的交叉关系、补充关系存在。杨登峰教授注意到了这一点,在其著作《法律冲突与适用规则》一书中,利用逻辑结构说讨论特别法与一般法的关系之后,另设置了专门的章节对"法律规范构成要件交集的情形"进行了论述。[1] 拉伦茨也主张:"于此仍取决于该规范的意义、目的及其背后的价值判断。基于某些特殊的理由,法律可能想将特定事件作一致而终局的规定。假设因为部分这类事件也符合其他规范的构成要件,因而将其他规范也适用于此,则前述作特别规定的目标,与此部分就不能达成了。"[2] 可见,国内外学者在构成要件产生交集的情况中,都承认了逻辑结构说的"特别法与一般法的识别标准"会有一定的局限性。

综上可见,无论是适用范围说还是逻辑结构说,都存在一定的局限性,前者在判定结果上缺乏稳定性,后者在判定范围上缺乏普适性,其原因在于这两种识别方法都只注重对法律规范外部特征的分析,没有从规范的实质层面着手,进而无法完整地认识到特别法的"特别"之处。正如我国台湾学者蔡圣伟说的一样,逻辑关系的考量有助于我们认识特别法的外部特征,但不能取代实质判断。[3] 相同法益说就是为了应对这种基于外部特征判断的局限性而产生的一种识别进路。

3. 相同法益说的价值超越

在上文中关于法制统一的和谐构建的论述中,我们强调了特别法与一般法形成的机理是"差别对待的必要性",而这种必要性必须经过目的正当性的考量。其中,考量目的正当性的重要标准为是否符合社会的价值共识。申言

---

[1] 参见杨登峰:《法律冲突与适用规则》,法律出版社2017年版,第278-287页。
[2] [德]拉伦茨:《法学方法论》,陈爱娥译,商务印书馆2003年版,第147页。
[3] 参见蔡圣伟:《从刑总法理检视分则的立法》,《月旦法学杂志》2008年第157期,第267-293页。

之，一种规范为了建构一套普适的社会规则，需要在有交集的事物之间归纳其最本质的共性，并通过这种共性对不同事物作形式上的分类对待，这时"相同事物、相同对待"的一般法反映了同一类事物所共有的基础利益；另一种规范为了防止同类处理对特别情况的保护不足，需要在同一事物中找到增加基础利益实现难度的特别情况，并通过考量这种特别情况的正当性，对同一事物作实质上的差别对待，这时"不同情况、区别对待"的特别法反映了同一类事物不同的利益诉求。也就是说，特别法的立法目的不在于违反一般法，而在于降低存在差异的同一类事物实现基础利益的难度。例如，男人和女人的共性是"人"，"人"都有通过劳动改善生活的权利，这种权利在"利益"方面体现为对生活资料的获取，在"价值"方面则体现为获取生活资料的机会平等，但男人和女人由于生理结构不同，在获得劳动机会的难易程度上存在差异，这种差异不仅增加了女人实现劳动权的难度，而且不符合和谐平等观的社会共识，因此，我们就要再设立一个特别规范，通过促进"条件平等"去抵消这种差异所产生的影响。再如，贷款诈骗和普通诈骗在"利益"方面都体现了对财产权的侵害，在"价值"方面都体现了对交易诚信的危害，但是贷款诈骗损害的是商业交互诚信，商业交互包含着市场经济的秩序价值，一旦商业交互诚信受到破坏，那么市场经济秩序就会陷入紊乱，进而危及更多不特定主体的交易活动，交易诚信在大部分情况下就难以保障了。因此，对商业交互诚信的特别保护，不仅可以促进交易诚信的整体实现，而且符合社会的价值共识，这就要求我们设立一个特别规范予以保护。

通过上述例子可以看出，判断一个法律规范是否属于特别法，除了要考虑特别法的外部特征，还要从差异的价值层面上进行实质分析。也就是说，特别法之所以优于一般法的理据在于，在社会的价值共识中，特别法所保护的价值比一般法更为重要。正如德国学者齐佩利乌斯所说："法律思考所使用的一种特别重要的理性考量模式是同等对待原则。该原则要求对实质上相同的事物同等对待，而对实质上不同的事物不同对待。这一概念建构过程首先以发现被比较的事实状况的相同之处和不同之处为开端，然后对此种不同之处是否可构成不同对待的正当理由，甚至是否要求不同对待进行考察。"[1]除此

---

[1] [德]齐佩利乌斯：《法学方法论》，金振豹译，法律出版社2009年版，第21页。

之外,这种价值的可比性要求特别法与一般法是基于共同的立法目的。法益是价值在立法目的中的具化,可以说一个事物如果没有价值,也就没有了法益保护的必要。所以,当我们通过价值的实质判断来区分特别法与一般法时,法益的共同性也就成了一个重要的标准。提请注意的是,这里没有对"利益"进行评价,原因在于"利益"是可以计量的,可以通过逻辑结构说的构成要件进行识别,但是"利益"和"价值"共同组成了一种法律规范所保护的法益,因此在实质判断中更多地考虑的是"利益"在类别上的同一性。

综上所述,我们原则上赞同相同法益说的观点。同时也进一步强调,形成一般法与特别法之关系的关键点在于二者具有保护法益的共同性。例如《产品质量法》与《药品管理法》的有关规定之所以构成了一般法与特别法的关系,是因为二者保护的法益都包括了产品质量和消费者人身安全;又如一般抢劫与入户抢劫所保护的法益都包括了财产权和人身权。但是,特别法之所以"特别",主要是因为,特别法所保护的法益具有超越性或者附随性。例如,《药品管理法》相对于《产品质量法》而言,其特殊性在于,药品属于特殊产品,对人的身体、精神甚至生命的伤害比一般产品会更大。再如,相对于一般抢劫而言,"入户抢劫"所保护的法益,还包括家庭隐私权、老人妇女儿童的特殊权益等。当然,区别一般法与特别法,还应综合考虑事实构成要件、法律后果、个案事实、立法目的等多方面的因素,进而确定特别法的"特别"之处。

三、《立法法》中特别法优先适用的条件

上文论述了特别法的关系形态与识别标准,前者讨论的是特别法与一般法关系的存在类型,后者讨论的是如何在两个法律规范之间辨识出特别法的问题。它们共同构成了法律规范之间可以形成特别法与一般法关系的前提。接下来,我们需要专门讨论的就是"特别法优于一般法"规则的适用条件。由于特别法与一般法的关系一旦形成,被认定为特别法的法律规范就具备了优先适用的条件,因此,"特别法优先"规则的适用条件在上文的论述中已有部分的涉及。但是,由于"特别法优先"是解决"特别法与一般法冲突关系"的基本规则,分散的论证不利于描绘出规则适用条件的全貌,所以这里需要对上述理论进行系统化的整理与拓展,进一步提炼出适用"特别法优先"规则的

条件要素。

《立法法》第九十二条规定:"同一机关制定的法律、行政法规、地方性法规、自治条例和单行条例、规章,特别规定与一般规定不一致的,适用特别规定。"第九十四条规定:"法律之间对同一事项的新的一般规定与旧的特别规定不一致,不能确定如何适用时,由全国人民代表大会常务委员会裁决。行政法规之间对同一事项的新的一般规定与旧的特别规定不一致,不能确定如何适用时,由国务院裁决。"显然,我国《立法法》中关于特别法优先原则的适用条件,包括三个方面:"同一机关""同一事项""不一致";二者的处理范围限于同位阶,而且是同一机关制定的法律之间、法规之间或者规章之间的冲突,不包括异位法之间的冲突。但是,关于"同一机关""同一事项""不一致"的理解还有必要作进一步的说明。

(一) 关于"同一机关"的理解

所谓"同一机关",指的是相互冲突或者不一致的法律、法规或规章的同一制定机关,即共同的制定机关。《立法法》第九十四条规定,法律之间的不一致,由全国人大常委会裁决;行政法规之间的不一致,由国务院裁决。第九十五条第(一)项规定,同一机关制定的新的一般规定与旧的特别规定不一致时,由制定机关裁决。这些已经明确限定了"同一机关"的含义和范围。但是,理论上对"同一机关"的理解上有分歧,如同一层级机关说、同一系统机关说等。当然,最有争议的是:全国人大与其常委会制定的法律是否为同一机关制定的法律?

根据上文中对特别法与一般法关系形态的分析,这里的"同一机关"应理解为"同一名称的制定机关",例如,全国人大与其常委会不属于同一机关,国务院各部委之间不属于同一机关,不同省的省级地方人大之间也不属于同一机关。也就是说,只有同一名称的机关所制定的法律规范之间才存在特别法与一般法的关系,即使两个法律规范之间不形成位阶差异或效力关系,但如果不是同一名称机关所制定的法律规范,那么并不会构成特别法与一般法的关系,更别说适用"特别法优于一般法"的规则。

至此,也许会有一种质疑的声音,即如果全国人大与全国人大常委会不是同一机关,那么全国人大常委会裁决法律冲突的依据是什么。笔者认为可以从以下三个方面进行理解。

首先,从职权上看,全国人大常委会具有对全国人大制定的法律之间"新的一般规定与旧的特别规定的不一致"的情况作出裁决的权力。法律之间新的一般规定与旧的特别规定的不一致可以分为三种情况:全国人大制定的法律之间不一致,全国人大常委会制定的法律之间不一致,全国人大制定的法律与全国人大常委制定的法律之间不一致。第二种情况中全国人大常委会作为规范的制定机关,享有当然的裁决权;第三种情况中,根据上文的分析,应该归入上位法与下位法的关系,进而不适用《立法法》第九十四条中"特别规定与一般规定不一致"的裁决机制,否则就相当于让全国人大常委会在自己制定的法律与全国人大制定的法律之间作出裁决,这有悖于公正性。或者说,即使出现第三种情况时,由全国人大常委会作出裁决,那也是根据全国人大制定的法律作出的有权解释,并不是径直作出判定。因此,只须分析全国人大常委会是否有权在全国人大制定的法律之间作出裁决。根据《宪法》第六十七条第(四)项的规定,全国人大常委会有解释法律的权力;《立法法》第四十五条第二款规定,"法律的规定需要进一步明确具体含义的",以及"法律制定后出现新的情况,需要明确适用法律依据的",由全国人大常委会作出解释;《立法法》第五十条规定,"全国人民代表大会常务委员会的法律解释同法律具有同等效力"。既然全国人大常委会对全国人大制定的法律有解释的权力,而且立法解释可以与被解释的法律并行适用,那么法律适用作为法律解释的结果,全国人大常委会也可以通过立法解释予以明确。

其次,从职能上看,裁决要求裁决机关具有判断力,而非具有创设力。裁决法律冲突是一种"个案立法"的行为,是在"不能确定如何适用"的情况下作出的一种终局性的裁判,其并不涉及法律本身的变更或修改。并且,正如司法机关可以通过专业的法律方法对法律规范进行选择适用一样,全国人大常委会在每一部法律的制定过程中都起到关键作用,这也决定了其具备足够的判断力,可以在法律适用机关不能确定如何适用时,对规范选择是否符合立法者的原意或立法的目的作出裁决。

最后,从效能上看,全国人大常委会作出裁决,可以防止诉讼期限的进一步延长。在理想状态下,由原制定机关对法律规范的选择适用作出裁决是最为合理的,但是全国人大因其广泛性与至高性,正常情况下只在每年特定的时间召开全国人民代表大会,并对一段时期内国内发生的重大事件作出建制上的决定,但个案法律的选择,或者说个案正义的实现,是有时效性的,正所谓"迟到的正义非正义"[1],这就要求有一个常设机构及时对难以明确的法律冲突作出终局性的裁决。全国人大常委会作为最接近最高权力机关的常设机构,由其对个案法律冲突作出裁决,可以减短诉讼的期限,也是在现实情况下处理法律之间"特别规定与一般规定不一致"的最优选择。

综上,结合上文对"同一机关"的论证,"同一名称制定机关"是"特别法优于一般法"规则的基本前提,也是首要的适用条件。

(二)关于"同一事项"的理解

同一事项或者同一案件事实是两个或者多个法条发生竞合与冲突的核心条件。舍此,则无竞合与冲突可言。但是,核心的问题往往也是最难把握的问题。如果过于严格地理解"同一事项",即特别法与一般法共同调整的是完全相同的事项,则特别法没有存活的空间。因为法律的调整对象和范围都是特定的,无所谓"同一事项",进而,各国法律确认的"三个优先原则"都是多余的。如果过于宽泛地理解"同一事项",则扩大了特别法优先原则的适用范围,将导致一般法被泛化为特别法,一国的整体法秩序和法的基本原则被践踏、被破坏,严重背离法制和谐统一的最高目的。并且,同样也会出现对特别法存在与否的质疑。我们认为:对"同一事项"的理解,应该从主体、行为、法益、条件事实等方面综合考虑,进而识别出特别法的"特别"之处。例如,《侵权责任法》第四十七条与《食品安全法》第一百四十八条第二款。首先,从法益的同一性来看,在共性上,两者保护的法益都包括产品质量与消费者人身安全;在差异上,前者保护的法益是产品安全,以及消费者的重大人身安全,后者保护的法益是食品安全和消费者的人身安全。其次,从事实构成要件上看,在共性上,两者针对的都是产品不符合安全标准致人受损的情形;在差异上,前者是生产者或销售者明知产品有缺陷,仍然生产、销售致人死亡或健康严重受损,后者是生产者生产不符合食品安全标准的食品类产品,或销售者明知食品类产品不符合食品安全标准却仍然销售,致人健康受损的情

---

[1] 参见[意]卡佩莱蒂等:《当事人基本程序保障权与未来的民事诉讼》,徐昕译,法律出版社2000年版,第17页。

形。综而观之,两个法律规范虽然在主体、行为、法益等方面不完全相同,但是都可以找到共性的部分,这时就可以认定两个法律规范之间处理的是"同一事项"。因此,在"同一事项"的理解上,我们强调的是两个规范之间在事实构成要件和法益上的交叉性,并不要求两者具备完整的包含关系。"两个相交叉的法律规范之间并未构成理想的特别法律关系,但是所涉事项具有同一性并且所保护的法益又相同时,也可能构成特别法律关系。"[1]当然,至于针对"同一事项"的法律规范之间何者更具有特殊性,则还要通过个案的事实、立法的目的、法益的性质来进行综合的衡量,具体见上文的讨论。

(三)关于"不一致"的理解

"不一致"不同于"抵触",后者的本来意义是"冒犯、顶撞",显然有以下犯上的意涵。因此,我国立法实践中用"抵触"表述下位法与上位法之间的冲突关系,"不一致"则是指"有分歧"。"特别法与一般法的不一致"主要体现在两个方面:构成要件的不一致和法律后果的不一致。首先,构成要件的不一致要求规范之间在事实构成要件与法益上,至多有一个形成重合关系且各自都不能有相离关系存在。上文"同一事项"的适用条件采取构成要件具有"交叉性"的观点,认为交叉关系是法律规范之间可以形成"同一事项"的最低标准,在此标准之上,法律规范之间还可以形成包含关系与重合关系。而根据"不一致"的要求,法律规范之间的事实构成要件或法益不可同时形成重合关系,因此,在事实构成要件或法益上,至多只能有一个形成重合关系;但是,如果在事实构成要件或法益上,其中有一个处于相离关系,那么"同一事项"的适用条件就不能成立了,这时再讨论"特别法与一般法不一致"的要求就没有意义了。其次,法律后果上的不一致要求法律规范之间产生的效果相互排斥。所谓相互排斥,就是指法律后果之间不能同时适用的情况。也就是说,如果说甲、乙规范的法律后果排斥,那么适用了甲规范的法律后果 A,则乙规范的法律后果 B 就不能再补充适用或并行适用。因此,这里的排斥性具体来说是指在法律后果之间只能"择一适用"的情形,而不是指两种法律后果的具体内容不能产生交集。现在的问题是,特别法优先的适用条件中的"不一致"是指构成要件不一致还是法律后果不一致,抑或要求都不一致。对此,

---

[1] 陈运生:《法律冲突解决的方法论研究》,山东大学 2017 年博士学位论文,第 106 页。

德国学者迪茨认为,从逻辑结构上看,如果特别规范的构成要件除包含所有一般规范的要素之外,还存在着一个额外的因素,即形成了特别规范的特殊性及其与一般规范的"不一致"。但拉伦茨指责说,这种一般化的结论不正确。他认为,特别规范与一般规范之间在构成要件和法效果上存在着重合、交叉、补充、修正和排斥等关系,只有当二者的法效果相互排斥时,特别法才能取代一般法而优先适用。[1] 笔者认同拉伦茨的观点,因为法律规范之间在构成要件上形成包含或交叉的关系,只能说明其调整的对象具有相似性或特殊性,但不是其优先适用的充分条件。换言之,特别的保护可以通过法律规范的优先适用实现,也可以通过法律规范的补充适用实现,法律后果上具有排斥性才是"特别法优先适用"规则的必要条件。

四、特别法优先的适用例外

(一) 一般法明确排除了特别法的适用

尽管特别法认定的实质标准理论上有争议、实践中有难度,但是,从一般法条文中能够发现一些"准用性""指示性"规定,可以据以判断一般法是否允许特别法优先适用。从立法技术上看,一般法的"准用性""指示性"规定表述为:"但是,其他法律另有规定的除外",或者"其他法律对……有特别规定的,从其规定"等。《刑法》中的特殊规定,主要是对一般犯罪的从重、加重,或者从轻、减轻,或者免予刑事处罚等。这一类"准用性"规范是一般法明确指示的特别法优先适用。

但是,如果一般法明确排除了特别法的适用,则构成了特别法优先原则的适用例外。例如,《行政复议法》第四十二条规定:"本法施行前公布的法律有关行政复议的规定与本法不一致的,以本法的规定为准。"值得一提的是,最高法院2004年的《座谈会纪要》指出,"新的一般法"与"旧的特别法"发生冲突时,如果"新的一般法"明确废止了"旧的特别法",则适用"新的一般法"。本书认为:如果"旧的特别法"被废止了,就失去了法律效力,则不存在二者的冲突问题。

---

[1] 参见[德]拉伦茨:《法学方法论》,陈爱娥译,商务印书馆2003年版,第146页。

(二) 特别法与一般法并行适用

一般来说,特别法是对普通法的具体化和特定化,或者说是对一般法的扩张、限缩、补充和修正等,二者之间在构成要件上有重合、交叉的关系。如果特别法与一般法在构成要件上基本重合,而且在法律后果上也不存在相互排斥的情况,则二者可以并行适用,没有特别法优先适用的余地。立法者之所以允许这样的特别关系存在,是因为二者的立法目的和隐含的价值诉求存在差异。只有当特别法在法律后果上明显排斥一般法的适用时,一般法的适用才会退居次要位置,否则特别规定的意义和目的就难以达成。

应该说,当二者在构成要件上基本重合,仅仅是法律后果不一致,就可据以认定特别法优先适用,当然是相对容易一些。例如,《刑法》中的"一般抢劫"与"入户抢劫",二者在主体、主观方面完全重合,只是客观方面和处罚结果上有区别,因此,"入户抢劫"是一般抢劫的特别规定,应当优先适用。又如,《产品质量法》与《药品管理法》之间是一般与特别的关系,二者的交叉点都是"产品质量"和消费者的"生命健康",但是二者的区别在于:药品生产者和经营者必须取得特别许可,而且药品采用的是国家强制标准。

不过,在很多情况下,特别法与一般法在构成要件上只是部分交叉或者隐形重叠,尽管在法律后果上相互排斥,但是,对于二者的调整对象是否为"同一事项"的判定,在理论上和实践中都是难题。按照德国学者齐佩利乌斯的观点,不能简单地从逻辑结构上分析特别法与一般法的关系,而应该从立法目的和保护法益等方面综合考量,决定是否适用特别法优先原则。[1]

(三) 特别法的合宪(法)性审查

现行《立法法》明确列举了遵循宪法的基本原则、维护法治的统一和尊严以及民主立法和科学立法等立法原则。同时,还根据法律保留原则,规定了专属于全国人大的立法范围,也对授权立法、行政立法、地方立法等的内容和范围作了限制性规定。如果特别法在程序、实体和价值等方面违反了立法法、上位法和宪法等,当然不能适用,更谈不上优先适用。当然,特别法是否

---

[1] 参见[德]齐佩利乌斯:《法学方法论》,金振豹译,法律出版社2009年版,第55页。

违反上位法和宪法,是一个合宪(法)性审查和判断问题。应该综合运用文义、体系、历史和目的解释等方法,尤其注重总原则涵摄子原则、原则涵摄规则、上位法涵摄下位法以及利益考量、价值权衡和实践调和等分析方法,多视角、多渠道地进行分析和判断。

同时,我们也应该知道,特别法优先原则的适用,旨在应对社会生活的复杂性和多样性,解决法律适用的普遍性与特殊性之间的矛盾。特别法优先适用,说到底是一个平等保护的问题,即相同的情况相同对待,不同的情况不同对待。相对于一般法而言,特别法优先的重点在于"特别性"。既然如此,对特别法的合宪(法)性审查,首先应该尊重特别法的"特殊性",不能轻言违反上位法和宪法,否则,特别法优先原则就失去了存在的意义。这个"特殊性",可能在时间、空间、主体、对象、行为和法益等方面表现出来。因此,在合法性与合宪性审查中,首先是确认"特殊性"在时间、空间、主体、对象、行为和法益等方面是否存在及其合理性,其次是审查"特殊规范"是否违反人性尊严、平等保护、正当程序等原则,最后是审查"特殊规范"的制定是否有明确的法律依据。

第四节 法不溯及既往原则

一、法不溯及既往原则的和谐内涵

一般来说,法律是对未来行为的预设,主要适用于法律颁布生效后发生的行为和权利。如果将新的法律适用于其生效之前的行为和权利,那就构成了溯及既往的法律。同时,溯及法律也有"有利溯及"与"不利溯及"之分。只有当一部法律或者其中的条文溯及适用的后果减少甚至剥夺了人民的既得利益或者信赖利益,或者增加了人民的负担、义务和责任,才属于法不溯及既往原则所禁止的范围。显然,法不溯及既往原则的价值诉求,包括法的安定性、信赖利益保护以及平等权保护等。

就法的安定性而言,按照拉德布鲁赫的观点,法的安定性意味着法律不可朝令夕改,其要求避免临时性立法,以实现法律的秩序性价值。[1] 由此可见,法的安定性要求法律所调整的社会秩序处于和谐稳定的状态,而这种状态实现的前提是,依据法律规范所作出的权威性评价必须具有连续性与稳定性[2]。首先,法的连续性要求,已完成行为的结果不因旧法的终止而无效。新法是对以往法律秩序的一种重新确认,但是,如果新法具备当然的溯及力,那么就会导致新的法律秩序对旧的社会关系重新作出评价,从而造成部分原本不违法的结果被置于不合法的状态,进而破坏了社会秩序的和谐。"要保持法的连续性和保护信赖利益,法的溯及力就必须予以限制。"[3]因此,在旧法指导下完成的行为,其有利的结果不应当被新的法律规范所剥夺,即使旧法终止了,对行为的有利结果的评价也要与行为发生时的法律规范所做的评价保持一致。其次,法的稳定性要求,一个人做出的行为可以获得稳定的预期结果。一个人如果不知道今天所做的行为是否会受到明天法律的限制,那么他就无法对自己的行为作出合理的规划,这种无所适从的状态势必会导致社会秩序的紊乱。可见,法律一旦失去可预见性,社会整体就会陷入无序的状态。"人民因相信既存的法律秩序,而安排其生活或处置其财产者,不能因法规之制定或修正,而使其遭受不能预见之损失,因此,禁止行政法规溯及既往,俾维持法律生活之安宁,保障人民之既得权益,并维护法律尊严。"[4]据此,基于法的稳定性,一个人行为所产生的法律后果应当由行为发生时的法律予以确认,不得以事后立法的方式对无法预见法律后果的行为进行不利的处理。综上,法律规范之所以能够可靠、有效地调整社会关系,维持安定的社会秩序,正是基于其原则上对过往的法律事实采取不溯及既往的态度,所以,法不溯及既往原则是法的安定性发挥其秩序价值的关键。

就信赖利益保护而言,耶林认为:"法律所保护的,并非仅是一个已存在

---

[1] 参见邵曼瑶:《论公法上之法安定性原则》,载城仲模主编:《行政法之一般法律原则(二)》,三民书局1997年版,第273-275页。

[2] 博登海默认为:"由于法律力图增进社会的秩序价值,因此它就必定注重连续性和稳定性的观念。"(参见[美]博登海默:《法理学:法律哲学与法律方法》,邓正来译,中国政法大学出版社2004年版,第341页。)

[3] [德]毛雷尔:《行政法学总论》,高家伟译,法律出版社2000年版,第106页。

[4] 林锡尧:《行政法要义》,元照出版公司2006年版,第65页。

的契约关系,正在发生的契约也应包括在内,否则,契约交易将暴露在外,不受保护,缔约一方当事人不免成为他因疏忽或不注意的牺牲品。"[1]在耶林看来,一方当事人出于对契约的信任所做出的积极履行合同的行为,应当受到保护,因此,基于这种善意的行为而遭受的损失也应当由不履行契约的另一方当事人给予赔偿。同理推之,人民出于对法律的信赖,依照与国家订立的契约,如法如理地安排自己的行为,并通过行为获得相应的利益,在法律没有对这种行为或这部分利益作出否定评价之前,这种行为或这部分利益都是一种正当的存在。但是,如果有一天法律宣布了某种行为或某种行为的后果违法,那么人民基于对原有契约的信任所成立的法律事实中受损的部分,也应当受到修改契约一方的"赔偿"。这种"赔偿"的方式借用私法上的概念可以理解为"恢复原状""消除影响"以及"等价赔偿",而法不溯及既往就是为了消除新的法律秩序对旧的法律秩序所确定的社会关系的冲击,让新法生效之前的行为、权利恢复到旧法所确定的秩序当中进行评价,至此,信赖利益保护原则就与法不溯及既往原则建立了必然的联系。所以,法不溯及既往原则实际上是对遵守旧法行为的一种鼓励,体现的是后来立法者对原立法者的一种尊重。须指出的是,既然法不溯及既往原则保护的是过去行为的合法性和既得权利的有效性,那么如果新的法律秩序对过往的行为和权利更为有利,这时法不溯及既往原则也就不再适用了,例如负担行政行为的撤销。

就平等权保护而言,旧的法律秩序与新的法律秩序是根据不同的立法背景事实作出的规范调整,如果相同的行为分别被置于新旧法律秩序中进行评价,那么评价结果的不同就会带来平等权保护的问题。"如果基于相同的事实得出了不同的法律后果,那就违背了追求合理性的立法。"[2]法律体系的和谐统一要求法律规范不允许出现明显的评价矛盾,但是法律的变动性要求法律依据社会形势的变化作出相应的调整,这时如果一个已经完成而未予以评价的行为同时跨越了新旧法律秩序的两个时区,而且新的法律秩序对于这种行为的评价恰恰又是负面的,那么对于做出同样行为的个人而言可能就会产生不同的法律后果,这就违背了法制和谐的平等要求。根据和谐的平等

---

[1] 王泽鉴:《民法学说与判例研究(第1卷)》,中国政法大学出版社1998年版,第89页。
[2] [德]魏德士:《法理学》,丁晓春、吴越译,法律出版社2005年版,第66页。

观,平等的价值重在关注事实上的平等,新旧法律秩序虽然都预设了一个形式平等的标准,但是依据新旧法律秩序作出的评价却有可能导致不同个体所受到的待遇不平等,这时个人间实现平等的条件就因立法者意志的改变而受到侵害,这显然不符合实质平等观的要求。因此,法不溯及既往原则就为这种平等权的实现设置了一种特别的保护,其旨在保障相同法律秩序中所发生的行为、所获得的利益可以得到同一性的评价。

综上所述,法不溯及既往原则是在法的安定性与信赖利益保护原则的基础上形成的一种法律规范适用的规则,法的安定性侧重于法的秩序价值,信赖利益保护原则侧重于法的诚信原则。根据上文中关于社会主义核心价值观中元价值的论证,"和谐"的导控功能在法律所调整的社会关系中表现为一种秩序价值,这种价值体现在人的认知与行为的和谐对社会安宁稳定的重要意义;诚信原则(或称"取信于民")体现的是立法者意志与人民行为的和谐[1];和谐的平等观则要求对平等权采取实质性的保护。因此,法不溯及既往原则的价值诉求可以说是在"和谐"导控下,秩序价值、平等价值以及诚信价值的共同实现。

二、法不溯及既往原则的产生与发展

法不溯及既往原则缘起于公元前74年古罗马法学家西塞罗的《立法学》,确立于公元530年左右的古罗马《查士丁尼法典》。在近代社会,1787年《美国宪法》第一条第九款和第十款分别规定了联邦和州不得制定溯及既往的法律。继后,1793年法国宪法、1794年德国《普鲁士一般邦法》等明确规定了这一原则。在现代社会,法不溯及既往已成为各国宪法和法律普遍采用的一项基本原则。法不溯及既往原则大体上经历了三个阶段的演变:"法因公布而生效"理论、既得权保护理论、"信赖利益保护"原则。"法因公布而生效"理论的代表性人物有阿奎纳、洛克、布莱克斯通等,该学说认为,法律的适用必须以法律发布从而使被规范者知晓为前提,立法者应以确定的、

---

[1] 提请注意的是,根据上文所述的"和谐的诚信观","利"是阻断"诚"与"信"的主要因素,这里的诚信原则限制的是导致人民利益损失的国家失信行为,因此,可以与立法者基于"预测失误"所履行的"改正义务"相兼容,并不会阻滞法律因情势变化而修改的需要。

稳定的法律规范进行统治。[1] 既得权利保护理论的代表人物是德国历史法学派的领军人物萨维尼,他认为,溯及既往是指具有溯及力的法律把过去的法律事实的后果纳入它的管辖范围并因此影响这些后果;不溯及既往原则不具有普遍效力,应建立在"新法不应具有溯及力"与"新法不得影响既得权"两个公式上进行理解。[2] 信赖利益最初是一个私法概念,由德国法学家耶林提出,后经拉德布鲁赫"法的安定性"原则,逐渐进入公法领域,并在德国被视为一项宪法原则。"信赖利益保护"原则认为,人们基于对以往法律的尊重与信赖所做出的行为的后果,应该获得维持。[3] 除此之外,支持法不溯及既往原则的理论还有诚信原则,但这一学说仅在瑞士等少数国家和地区适用,因此不在此处赘述。

从法不溯及既往原则的适用范围来看,西塞罗认为,法不溯及既往原则主要适用于民法领域,在刑法中,如果涉及罪恶重大的犯罪,则不适用这一原则。但是,近代以来,这一原则一反西塞罗的初衷,首先或者主要适用于刑事领域,例如,法国《人权宣言》第八条、《印度宪法》第二十条第一款、《日本宪法》第三十九条等。当然,自萨维尼的既得权保护理论问世之后,美国联邦最高法院大法官斯托里在1814年的福音传播协会案中指出:财产权是自然法赋予人民的权利,政府不得滥权侵害,任何法律只要侵犯了人民的既得权利,皆为溯及既往的法律。[4] 因此,这一原则也适用于民事立法领域。而且,部分国家的宪法关于法不溯及既往的规定,也没有明确局限于刑法领域,例如《德意志联邦共和国基本法》第一百零三条第二款、《俄罗斯宪法》第五十四条第一款和第二款等。

从法不溯及既往原则约束的对象来看,自1787年美国宪法出台以来,法不溯及既往成为各国宪法的一项基本原则,首先约束立法机关,即立法者不得通过溯及既往的法律。例如,《美国宪法》第一条第九款、第十款直接表述为:国会和各州"不得通过溯及既往的法律"。当然,以美、德为代表的大多数

---

[1] 参见[英]洛克:《政府论(下篇)》,叶启芳、瞿菊农译,商务印书馆1964年版,第85—87页。
[2] 参见[德]萨维尼:《法律冲突与法律规则的地域和时间范围》,李双元、张茂、吕国民等译,法律出版社1999年版,第206—211页。
[3] 参见陈新民:《德国公法学基础理论(下册)》,山东人民出版社2001年版,第547—549页。
[4] 参见杨登峰:《法律冲突与适用规则》,法律出版社2017年版,第104页。

西方国家都建立了宪法审查机关,通过抽象性规范审查裁决制定法的合宪性问题,也通过具体性规范审查裁决个案法律的合宪性问题。由此可见,法不溯及既往原则直接约束立法机关和宪法审查机关,也辐射到行政执法和普通司法机关等。

三、溯及法律的识别标准与具体类型

如上所述,法不溯及既往原则所规制的是"不利溯及"。下文从不同视角,对"不利溯及"的法律进行分类,进而讨论"不利溯及"法律的识别问题。

首先,纯粹溯及与不纯粹溯及。这是根据行为发生的时间及延续的状态作出的分类。前者是指新颁布的法律对其生效之前已经完成的行为事实或者已经形成的权利状态具有溯及适用的效力。后者是指新法对过去已经发生而且一直延续到其生效之时或者之后的行为事实(权利状态)具有适用效力。这是对溯及法律的基本分类,首见于公元528年古罗马著名的《查士丁尼法典》。此法典为了抑制民间高利贷,规定依据之前的利率所完成的还本付息不受影响,但本法公布之后,依照契约所生的利息尚没有支付的,依照本法规定的新利率支付。即纯粹溯及被禁止,不纯粹溯及许可适用。近代以来,西方国家继承和发展了这一分类,并确立了法不溯及既往原则适用的基本准则,即对纯粹溯及的法律,在刑事案件中是绝对禁止适用,但在其他案件中是例外适用;对不纯粹溯及的法律,原则上许可适用,例外情况下禁止适用。

其次,补正性溯及与填补性溯及。这是根据旧法存在的状态作出的分类。前者是指新法补充和矫正旧法的不明白性和不确定性,进而溯及适用过去的行为和权利。后者是指旧法存在着法律漏洞或者被裁决违宪无效而产生的法律漏洞,新法填补漏洞并溯及适用过去的行为和权利。尽管立法机关有义务补充和矫正过去的立法错误,也有权依据社会发展变化制定新的法律,但是在刑法领域这两类溯及法律也是被禁止适用的。在其他法律领域,这两类溯及法律的适用也是采用原则许可、例外禁止。

再次,可预见性溯及与危机处理溯及。这是根据溯及法律的可预见性作出的分类。前者是指新法具有溯及适用的效力早在人民的预料之中。例如,

一个理智正常的人通过新闻媒体知道了新法即将公布,但仍然依据旧法实施投机行为。再如,旧法属于临时性法律,具有随时被废止的可能性,立法者制定新法溯及变更人民依据旧法建立的法律关系。后者是指国家为了应对即刻现存的严重危机,出于紧迫公共利益的考量,紧急制定溯及法律,处理危机事件。在1940年的"Veix案"中,美国联邦最高法院认为,国会为了应对大萧条带来的财政危机制定溯及法律废止建筑业依据旧法享有的贷款补贴不违宪。

最后,立法性溯及与裁判性溯及。这是根据溯及法律产生的主体和方式作出的分类。前者是指立法机关在新法条文中明确规定本法具有溯及既往的效力。后者是指在个案审判中法律发生改变时,新法是否溯及适用本案,由法官判断和选择。这种分类涉及的是对溯及法律的判断与选择问题,与法不溯及既往原则的适用没有直接联系。在1974年的"Bradley案"中,美国联邦最高法院认为,如果溯及法律的适用可能导致不公平的结果,法院有权决定是否适用溯及法律。在1994年公布的"Landgraf案"中,美国联邦最高法院率先确认了与立法性溯及相对应的裁判性溯及制度。

四、法不溯及既往原则的适用

从上文关于溯及法律的识别与分类可知,法不溯及既往原则的适用,可归纳为:纯粹溯及法律在刑法领域被绝对禁止适用,在其他法领域可以例外适用;不纯粹溯及法律原则上许可适用,例外情况下禁止适用。下文以美、德两国为例,具体讨论纯粹溯及法律在刑法以外案件中的例外适用以及不纯粹溯及法律的许可适用及其标准问题。

在德国,1949年《德意志联邦共和国基本法》出台之后,德国法学界丁克等教授承继古罗马《查士丁尼法典》溯及法律的两分法,具体讨论了法律的纯粹溯及与不纯粹溯及。德国联邦宪法法院在1960年5月公布的《费用法修正案》的合宪性裁决中首次采用了这种二元论。关于不纯粹溯及法律的许可适用条件问题,克莱教授于1954年撰文指出:基于保障法律安定性,唯有排除法律秩序的不确定性及不明白性时,才许可法律的溯及适用。[1] 德国联

---

[1] 参见陈新民:《德国公法学基础理论(下册)》,山东人民出版社2001年版,第552页。

邦宪法法院在关于 1957 年 10 月的《公务员职务惩罚法》是否违宪的裁判中,采纳了克莱教授的观点。同年 7 月该院在《养狗税法》的合宪性裁判中,提出了溯及税法合宪性的三个条件,即满足可预见性、有正当的理由和对人民的负担轻微等。在 1961 年 12 月关于提高法人税是否合宪的裁判中,德国联邦宪法法院对刑法之外其他纯粹溯及和不纯粹溯及法律的适用条件归纳为四个方面:须有可预见性、消除旧法的不确定性、为了填补法律漏洞、须有极为重要的公共利益。基于此,在大多数情况下,不纯粹溯及的法律是合宪的,只有少数例外情况是违宪的,而且,采用的合宪性基准就是比例原则。

1970 年代之后,美国法学界再度研究法的溯及理论,而且明确采纳了德国法的二元论,也运用在了司法实务中。在美国司法实务中,对于刑法以外的法律是否溯及适用,法院的观点不完全一致。而且,对溯及法律的合宪性一直采用的是合理性原则,类似于德国的比例原则。当然,美国联邦最高法院也通过宪法判例认可了紧急性立法、补正性立法和填补性立法等的溯及适用。但是,同德国的溯及法律相比,美国的溯及法律在理论与实务上有两点不同之处:一是区别刑事实体法与程序法,在刑事实体法中,绝对禁止溯及适用,但在刑事程序法中,则许可溯及适用。二是关于裁量性溯及问题,在 1990 年的 "American Trucking Association, Inc. v. Smith 案" 中,美国联邦最高法院多数法官认为,在法律没有明文规定溯及的情况下,法院可以溯及适用新法的情况有三种:法院认为会造成实质性的不公平、法律授权法院可以行使溯及裁判权、法律变更了程序性规定。

在中国,修订后的《立法法》第九十三条规定:"法律、行政法规、地方性法规、自治条例和单行条例、规章不溯及既往,但为了更好地保护公民、法人和其他组织的权利和利益而作的特别规定除外。"从字面上看,除了"有利溯及"的法律可以适用之外,"不利溯及"的法律、法规、自治条例和单行条例等一律被禁止适用。据孔祥俊教授的研究,"从实际掌握来看,刑事法对不溯及既往执行得较为严格,民事法律相对宽松,具有较多的例外"[1]。由此可见,从立法上看,我们只是规定了禁止"不利溯及"的不同位阶法律的适用,没有规定这一原则在部门法领域的区别适用,也没有规定"不利溯及"法律的适用

---

[1] 孔祥俊:《法律方法论》,人民法院出版社 2006 年版,第 333 页。

例外。因此，在司法实践中，法院对这一原则的适用也十分混乱。从理论上看，有学者认为，在之前已经发生而且延续至新法颁布之时或者之后的行为，当然适用新法，不属于法不溯及既往原则所禁止的范围。[1]

第五节　新法优于旧法原则

一、新法优先与法不溯及既往的和谐分殊

关于新法优于旧法与法不溯及既往二者的关系问题，尤其是二者有无区别，有何区别，目前理论界涉足不多。而且，相关的讨论都是将二者合为一体，似乎二者没有区别。笔者认为：二者的区别是明显的，分别体现了稳定与变化之间不同的和谐视角。

首先，新法优先是因为新旧法律对同一事项的规定出现了冲突，新法排斥旧法的适用。但是，法不溯及既往则是在维护旧法的既定秩序。因此，二者在语义逻辑上就是悖反的。除此之外，后者还进一步强调，新颁布的法律对于过去发生的行为事实和既存的权利状态，即使没有旧法的规定，也有适用的空间，尤其是出现法律空白时，不存在新旧法的冲突问题，但也可以适用法不溯及既往原则。

其次，新法优先适用的条件是，新旧法律为同一机关针对同一事项先后制定的同一位阶的法律，否则，没有新法优先适用的可能。法不溯及既往首先当然是针对同一事项制定的新旧法律，同时不限于同一机关制定的法律，也不限于同一位阶或同一效力等级的法律。例如，我国《立法法》第九条、第七十三条第二款规定的授权性立法[2]，这些授权性立法事项一旦时机成熟

---

[1]　参见杨登峰：《法律冲突与适用规则》，法律出版社2017年版，第204页。
[2]　《立法法》第九条规定，本法第八条规定的事项，国家尚没有制定法律的，全国人大及其常委会有权决定授权国务院制定行政法规；以及第七十三条第二款规定，除了本法第八条规定的事项，其他事项国家没有制定法律和行政法规的，省、自治区、直辖市和设区的市、自治州可以先行制定地方性法规，但国家制定法律和行政法规之后，与之抵触的地方性法规无效。

后,国家就可以制定法律或者行政法规。于是就可能出现新的法律与旧的行政法规之间以及新的行政法规与旧的地方性法规之间的冲突。对这类不同位阶规范的冲突,依据上位法优先原则处理,可能不符合信赖保护原则,当然应该适用法不溯及既往原则。

最后,二者的价值诉求也不完全一样。法不溯及既往意在维护旧法秩序、法律安定性和信赖利益。相反,新法优于旧法旨在排斥旧法的适用,是对旧法安定性的破坏,也是对信赖保护原则的悖反。因此,新法的意义是相对于旧法而言的,只有新法能够更好地反映和处理社会发展中的现实问题,我们才认为新法对于旧法具有优先性。正如德国学者魏德士所说,新法之所以要优于旧法,是因为它被认为是"更加正确的"法,"它无论如何都是更好地符合适用时立法的价值观和调整意图"。[1] 在我国,这"更正确的"立法价值判断则集中体现在以"和谐"为元价值的核心价值观中。例如,最高人民法院《关于适用〈中华人民共和国合同法〉若干问题的解释》(《合同法》于2021年1月1日废止)第三条关于"人民法院确认合同效力,对合同法实施以前成立的合同,适用当时的法律合同无效而适用合同法合同有效的,则适用合同法"的规定,就是基于保护社会秩序的稳定。[2] 所以,我们认为,新法优先原则的价值诉求在于:维护法律的适时变化性,促进立法者适时矫正过去的立法错误,以及应时填补法律漏洞。同时,按照卢梭等人的社会契约论,法律是立法者与人民之间的公约,当同一事项存在先后两次约定时,后约优于前约。这也是私法契约原则在公法理论中的具体运用。

二、新法的识别与优先适用的条件

按照我国《立法法》第九十二条、第九十四条的规定,新法优于旧法、特别法优于一般法的适用条件是一样的,即"同一机关""同一事项""不一致"。但有区别的是:特别法优先强调的是"特别",新法优先强调的是"新"。因此,如何判断新法与旧法,还有一个时间标准问题。目前,理论上比较统一的

---

[1] 参见[德]魏德士:《法理学》,丁晓春、吴越译,法律出版社2005年版,第328页。
[2] 参见孔祥俊:《法律方法论》,人民法院出版社2006年,第351-352页。

观点是,以生效时间为准。但是,关于生效的时间问题也存在着公布即生效、附期限生效、附条件生效等情况。还有一种情况是,法律公布时没有确定生效时间,对于这种情况,被推定为公布即生效。[1] 另外,"新法优先"的适用条件虽然与"特别法优先"基本一致,但也存在一些差异,具体的分析如下。

首先,关于"同一机关"的问题。"新法优先"适用条件中,关于"同一机关"的理解,存在如下的争议。第一个争议是全国人大与全国人大常委会是否为同一机关。根据上文关于特别法与一般法关系的论述,我们认为对于"同一机关"的理解应当严格限制在"同一名称的制定机关",因此,全国人大与全国人大常委会不是立法法意义上的"同一机关"。在新法与旧法的关系中,这一结论同样适用。因为无论是"特别法与一般法的关系",还是"新法与旧法的关系",他们在"优先性"上的判别都基于法制和谐统一的前提。申言之,全国人大与全国人大常委会的关系不是由他们所制定的法律的性质决定的,而是由两者在国家权力配置中的地位决定的,全国人大是全权性的,全国人大常委会是授权性的,因此,两者制定的法律所代表的民主性与重要性有着本质的不同,不可通过时间这一客观标准作适用上的区分。同样的,如果下位法(效力等级低的规范)能够通过时间上的"优势"取得对上位法(效力等级高的规范)的适用优先,那么无疑会增加法律规范适用中下位法借"新法之壳"摆脱上位法控制的情形,所以,在法制和谐统一的价值导控下,新法与旧法的关系形态也应限定于"同一名称制定机关"所制定的法律规范之间。这其实意味着法律冲突处理的基础:为了维持法律规范秩序的统一性,即便有较新的下位阶规定,仍然不能变更其上位阶规范的内容。[2] 第二个争议是,同一机关制定的新旧法之间的冲突,是限于不同的规范性文件之间还是包括同一规范性文件中不同的法条之间(修正案与原条文之间)的冲突?在我国台湾地区有学者认为:新法优于旧法原则只适用于"相冲突的规范以不同的法律为限",因为"同一法律中条文的修正或增订,对其他条文并不构成后法与前法的关系"[3]。这里涉及新旧法识别标准的进一步理解的问题。从法律文件、法律条文与法律规范之间的关系上看:一个法律文件中包含着

---

[1] 参见沈宗灵主编:《法理学》,高等教育出版社1994年版,第340页。
[2] 参见刘幸义:《法律规范之结构及其关联性》,《中兴法学》1986年第22期,第43页。
[3] 参见黄茂荣:《法学方法与现代民法(第5版)》,法律出版社2007年版,第210页。

多个法律条文,有些情形下,一个法律条文构成一个法律规范;有些情形下,两个以上的法律条文才构成一个法律规范;有些情形下,一个法律条文则可能包含多个法律规范。因此,法律规范是指一系列可以作为裁判依据的法律条文的集成,一个法律文件中个别法律条文的修改,可能会导致法律适用的不同结果,当适用上发生竞合时,具体法律条文修订的先后顺序,仍然须考虑。

其次,关于"同一事项"的问题。对"同一事项"的认定,其本质是通过事实构成要件与法益对法律拟定的事实作出规范的理解。而且,特别法与一般法也是相对的,新法有可能成为另一个法律规范的特别法或一般法。因此,无论是"新法与旧法的关系",还是"特别法与一般法的关系",在事项内容或调整对象的比较上,都是对法律规范的事实的提取,两种规范冲突类型在这一认定方法上并无本质区别。综上,"新法优先"的适用规则对"同一事项"的判定方式与判定标准,可以基本参照"特别法优先"的条件进行适用。

最后,关于"不一致"的问题。在"特别法优先"的适用条件中,我们强调了法律后果的排斥性,这主要是从特别法与一般法的关系上进行理解的。因为特别法与一般法之间是彼此相容的,所以须强调法律后果的排斥性作为择一适用的条件。然而,新法与旧法的关系比较复杂。理论上看,新法的生效意味着旧法的废止;但是,从逻辑上看,德国学者齐佩利乌斯认为,新法与旧法之间存在因调整范围不一致而导致旧法部分地与新法继续并存的可能。[1] 因此,新法与旧法的不一致,一是要看新法是否已经明示废止旧法;二是要看新法是否为有意取代旧法而定。例如,《城乡规划法》第三十七条与《行政许可法》第三十六条[2],前者并未规定核发《建设用地规划许可证》应当听证,后者则规定了利害关系人有要求听证的权利。两者相比,《城乡规划法》是 2008 年 1 月 1 日实施的,是新法,《行政许可法》是 2004 年 7 月 1 日实

---

[1] [德]齐佩利乌斯:《法学方法论》,金振豹译,法律出版社 2009 年版,第 51 页。
[2] 《城乡规划法》第三十七条规定:"在城市、镇规划区内以划拨方式提供国有土地使用权的建设项目,经有关部门批准、核准、备案后,建设单位应当向城市、县人民政府城乡规划主管部门提出建设用地规划许可申请,由城市、县人民政府城乡规划主管部门依据控制性详细规划核定建设用地的位置、面积、允许建设的范围,核发建设用地规划许可证。建设单位在取得建设用地规划许可证后,方可向县级以上地方人民政府土地主管部门申请用地,经县级以上人民政府审批后,由土地主管部门划拨土地。"《行政许可法》第三十六条规定:"行政机关对行政许可申请进行审查时,发现行政许可事项直接关系他人重大利益的,应当告知该利害关系人。申请人、利害关系人有权进行陈述和申辩。行政机关应当听取申请人、利害关系人的意见。"

施的,是旧法。此外,两部法律都是全国人大常委会制定通过的,不存在上下位法的关系。如果根据"新法优于旧法"的规则,似乎应当适用《城乡规划法》的有关规定,但事实并非如此。具体原因如下:第一,在效力等级相同的法律规范之间,"无规定"不能形成新法与旧法或特别法与一般法的关系;第二,《行政许可法》作为行政许可领域的整体规定,《城乡规划法》的出台并没有取代《行政许可法》的意思。因此,两者之间应视为旧法与新法并行适用的情形。[1]

三、新法优先原则的限制与例外

新法优先旨在维护法律适时变化的能力。但是,如果一味强调新法优先,势必导致公民和社会组织的信赖利益受损,也与西方法谚"立法者不能违背自己以前的行为"不符。因此,新法优先原则必然会受到限制,也会有适用例外。

首先,新法优先的限制。一是受法不溯及既往的限制。因为,新法优先适用也可能会涉及"不利溯及"的问题,这样就有可能侵害利害关系人基于旧法秩序而享有的既得利益。同时,基于罪刑法定原则,当新的刑法与旧的刑法发生冲突时,原则上不能适用新法优先原则。除此之外,溯及法律的许可条件和标准,如可预见性、补正性溯及、填补性溯及、比例原则等,也是检验新法优先原则的合宪性标准。二是受特别法优先原则的限制。新法优先在与特别法优先规则碰撞时,在德国通常采用"新的普通法不变更旧的特别法"的规则进行处理。杨登峰教授、顾建亚教授也认为,如果要用新的一般规定废止旧的特别规定,就必须在法律文件中予以明确,否则将推定旧的特别规定依然有效。[2] 当然,如果新的一般法吸收了旧的特别法之内容,或者明确废止了旧的特别法,还是应该适用新的一般法。

---

[1] 具体案例"崔凤英等诉邢台市城乡规划局行政许可案",参见邢台市桥西区人民法院(2014)西行初字第55号行政判决、河北邢台市中级人民法院(2015)邢行终字第7号行政判决书。

[2] 参见杨登峰:《法律冲突与适用规则》,法律出版社2017年版,第249页。参见顾建亚:《"后法优于前法"规则适用难题探析》,《哈尔滨工业大学学报(社会科学版)》2008年第2期,第94-95页。

其次,新法优先原则的例外。一是实体从旧程序从新原则,这里的程序从新主要是针对能够对权利实施救济的程序,如果新的程序法影响了信赖利益或导致实体权利的变动,那么程序从新规则就不应适用。二是从新兼从轻原则,对不纯粹溯及的法律,原则上适用新法,但是如果适用旧法处罚较轻的,则可以适用旧法。三是依据《立法法》第九十四条规定,新的一般法与旧的特别法出现冲突,不能确定如何适用时,报请有权机关裁决。另外,还包括从旧兼从轻、行为时法优于审理时法等原则。

四、新旧法的过渡条款

过渡条款是处理新法与旧法关系的特别规定,涉及新法对旧法如何处理的问题。具体内容包括:旧法保留的范围、条件、方式和期限以及新旧法之间冲突的处理等。过渡条款的立法方式有三种:一是制定附则,置于新法的最后一节;二是制定修正案,附在原法典的尾部,新增修正案与被修正的原法条分别独立存在;三是制定施行法,即单独制定一部新法,专门处理旧法的过渡适用问题。采用过渡条款的立法方式的目的是,在政权更迭之后,处理旧的大型法典在新的情况下如何适用的问题。这也是19世纪德国统一之后处理各邦法典适用问题常用的方式。比较而言,前两种是现代各国常用的立法方式,第三种方式现在已经少用。

本 章 小 结

本章讨论的是社会主义核心价值观的另一个释宪功能,即核心价值观的价值法则如何维护法律体系在规范层面的统一。首先,通过核心价值观中的元价值,对上位法与下位法、特别法与一般法、新法与旧法之间的适用规则进行了价值诠释,进而确立了三种规范关系在法律体系内的统和机制。其次,通过上位法与下位法在"控制与实施之间的和谐"导出了效力控制说,进而论证了上下位法之间如何实现和谐的统一。再次,通过特别法与一般法在"求同与存异之间的和谐"导出了特别法与一般法的关系样态,进而论证了特别法与一般法之间如何实现和谐的统一。最后,通过新法与旧法在"稳定与变化之间的和谐"导出了法不溯及既往原则的和谐内涵,以及新法优于旧法原则与法不溯及既往原则之间的区别,进而论证了新法与旧法之间如何实现和谐的统一。

结　　语

　　当今中国社会是一个精神家园亟待重建的社会,西方"普世价值"的话语权的渗入,社会共同信仰的缺失,公民道德观念的滑坡,都在不同程度上冲击着中国社会的价值共识。社会主义核心价值观是道德与法律勾连的桥梁。把社会主义核心价值观融入法治建设,发挥法律的规范引领作用,是域外核心价值理念给我们的启示,也是回应时代道德困境的应有之义。社会主义核心价值观融入法治建设,首先要融入宪法,发挥宪法在法价值秩序中的协调功能与法规范秩序中的统一功能。本书第一章通过对社会主义核心价值观的思想来源进行法理学诠释,为核心价值观的价值释义确定了一个基本的解释立场。第二章通过对社会主义核心价值观规范结构的梳理,梳理了其在宪法条文中的具体体现与属性功能,为价值释义确定了一个规范的解释方向。第三章通过对社会主义核心价值观价值结构的分析,确立了核心价值观在价值一体化过程中的超验地位,并通过分析中国传统文化中"天理"与"人情"的关系,得出核心价值观的价值释义应当将公共文化中反映基本伦理欲求的"情"纳入法的价值秩序当中。此外,为了实现这种价值的整全性,该章还提出了元价值的理论预设,并证成了核心价值观中的元价值当属"和谐"。第四章则针对多元一体的价值结构中整体释义与部分释义的协调问题,提出了元价值整合多元价值的具体路径,并结合前两章的内容,具体论证了在元价值导控下各个核心价值观融入宪法价值体系的规范内涵。第五章则基于规范秩序是协调价值秩序的前提,针对法律规范秩序的统一,对《立法法》的"三个优先原则"与法不溯及既往原则作出了符合社会主义核心价值观的诠释,具体论证了以上四个原则是如何通过元价值的控制,在规范层面实现法制的统一。总之,本书旨在通过对法内外价值秩序的协调与法律规范冲突的控制,构建一个社会主义核心价值观融入法治建设的基本秩序规则。

但是，本书的研究尚有不充分之处，主要体现在以下几个方面。第一，社会主义核心价值观的释宪功能，除了关于价值整全与规范冲突的研究之外，至少还应包括法律竞合优选、法律漏洞填补等方面的内容，但是本书尚未涉及。第二，本书虽然提出了核心价值观在具体的司法适用过程中，应防止其十二个价值分别适用所导致的价值释义的单极扩张，并阐释了在元价值导控下各个价值的宪法内涵，但是核心价值观如何通过元价值的释宪与法律概念、法律规则、法律原则建立规范联系，并形成间接的"辐射效应"，还有待进一步的深入研究。第三，本书基于元价值所构造的"十二个价值"的逻辑关系，虽然在价值判断上对核心价值观的入法入规有一定的意义，但是在立法实践中，仍须与具体的立法技术相结合，进一步细化核心价值观融入立法程序、立法目的以及基本原则条款的方法进路。第四，本书主要从价值秩序的角度，讨论价值与价值之间的融合问题，虽然对调和价值冲突问题有一定的借鉴意义，但是实践中还须结合原则优先、黄金规则、衡平规则、比例原则等确立一套处理具体权利冲突的方法，这也是本书后续的研究方向。总之，把社会主义核心价值观融入法治建设是一个新的重大理论问题，其在宪法视域中的研究上尚处于起步阶段，本书所涉及的也仅是整个理论体系中的冰山一角，还有很多的问题要在将来的学术研究中继续探讨。

参 考 文 献

经典著作与党的文献类

［1］马克思,恩格斯.共产党宣言[M]//马克思恩格斯选集:第一卷.3版.北京:人民出版社,2012.

［2］马克思,恩格斯.德意志意识形态[M]//马克思恩格斯选集:第一卷.3版.北京:人民出版社,2012.

［3］马克思.哲学的贫困[M]//马克思恩格斯选集:第一卷.3版.北京:人民出版社,2012.

［4］马克思.《黑格尔法哲学批判》导言[M]//马克思恩格斯选集:第一卷.3版.北京:人民出版社,2012.

［5］马克思.雇佣劳动与资本[M]//马克思恩格斯选集:第一卷.3版.北京:人民出版社,2012.

［6］马克思.《资本论》第一卷[M]//马克思恩格斯选集:第二卷.3版.北京:人民出版社,2012.

［7］马克思.《政治经济学批判》导言[M]//马克思恩格斯选集:第二卷.3版.北京:人民出版社,2012.

［8］马克思.哥达纲领批判[M]//马克思恩格斯选集:第三卷.3版.北京:人民出版社,2012.

［9］马克思.青年在选择职业时的考虑[M]//马克思恩格斯全集:第一卷.2版.北京:人民出版社,1995.

［10］马克思.1844年经济学哲学手稿[M]//马克思恩格斯全集:第三卷.2版.北京:人民出版社,2002.

［11］马克思.论犹太人问题[M]//马克思恩格斯全集:第三卷.2版.北京:人民出版社,2002.

［12］马克思.政治经济学批判(1857—1858年手稿)[M]//马克思恩格斯全集:第三十卷.2版.北京:人民出版社,1995.

［13］恩格斯.自然辩证法[M]//马克思恩格斯全集:第二十六卷.2版.北京:人民出版

社,2014.

[14] 恩格斯.家庭、私有制和国家的起源[M]//马克思恩格斯全集:第二十八卷.2版.北京:人民出版社,2018.

[15] 恩格斯.弗·恩格斯对英国北方社会主义联盟纲领的修正[M]//马克思恩格斯全集:第二十八卷.2版.北京:人民出版社,2018.

[16] 毛泽东.中国革命和中国共产党[M]//毛泽东选集:第二卷.2版.北京:人民出版社,1991.

[17] 毛泽东.新民主主义论[M]//毛泽东选集:第二卷.2版.北京:人民出版社,1991.

[18] 邓小平.解放思想 实事求是 团结一致向前看[M]//邓小平文选:第二卷.2版.北京:人民出版社,1994.

[19] 邓小平.坚持四项基本原则[M]//邓小平文选:第二卷.2版.北京:人民出版社,1994.

[20] 邓小平.政治上发展民主 经济上实行改革[M]//邓小平文选:第三卷.北京:人民出版社,1993.

[21] 江泽民.始终做到"三个代表"是我们党的立党之本、执政之基、力量之源[M]//江泽民文选:第三卷.北京:人民出版社,2006.

[22] 胡锦涛.坚定不移沿着中国特色社会主义道路前进 为全面建成小康社会而奋斗[M]//胡锦涛文选:第三卷.北京:人民出版社,2016.

[23] 习近平.坚持和运用好毛泽东思想活的灵魂[M]//习近平.习近平谈治国理政.北京:外文出版社,2014.

[24] 习近平.提高国家文化软实力[M]//习近平.习近平谈治国理政.北京:外文出版社,2014.

[25] 习近平.培育和弘扬社会主义核心价值观[M]//习近平.习近平谈治国理政.北京:外文出版社,2014.

[26] 习近平.青年要自觉践行社会主义核心价值观[M]//习近平.习近平谈治国理政.北京:外文出版社,2014.

[27] 习近平.文明因交流而多彩 文明因互鉴而丰富[M]//习近平.习近平谈治国理政.北京:外文出版社,2014.

[28] 习近平.依靠学习走向未来[M]//习近平.习近平谈治国理政.北京:外文出版社,2014.

[29] 习近平.不忘初心 继续前行[M]//习近平.习近平谈治国理政:第二卷[M].北京:外文出版社,2017.

[30] 习近平.加快建设社会主义法治国家[M]//习近平.习近平谈治国理政:第二卷

[M].北京:外文出版社,2017.

[31] 习近平.坚持依法治国和以德治国相结合[M]//习近平.习近平谈治国理政:第二卷[M].北京:外文出版社,2017.

[32] 习近平.携手构建合作共赢新伙伴 同心打造人类命运共同体[M]//习近平.习近平谈治国理政:第二卷[M].北京:外文出版社,2017.

[33] 习近平.共同构建人类命运共同体[M]//习近平.习近平谈治国理政:第二卷[M].北京:外文出版社,2017.

[34] 习近平.决胜全面建成小康社会 夺取新时代中国特色社会主义伟大胜利[M]//习近平.习近平谈治国理政:第三卷.北京:外文出版社,2020.

[35] 中共中央文献研究室.邓小平同志论民主与法制[M].北京:法律出版社,1990.

[36] 中共中央宣传部.习近平总书记系列重要讲话读本[M].北京:学习出版社,2014.

[37] 中共中央文献研究室.习近平关于全面深化改革论述摘编[M].北京:中央文献出版社,2014.

[38] 中共中央文献研究室.习近平关于全面依法治国论述摘编[M].北京:中央文献出版社,2015.

[39] 中共中央文献研究室.习近平关于社会主义文化建设论述摘编[M].北京:中央文献出版社,2017.

[40] 中共中央文献研究室.十六大以来重要文献选编(下)[M].北京:中央文献出版社,2008.

[41] 中共中央文献研究室.十七大以来重要文献选编(上)[M].北京:中央文献出版社,2009.

[42] 中共中央文献研究室.十八大以来重要文献选编(上)[M].北京:中央文献出版社,2014.

[43] 中共中央文献研究室.十八大以来重要文献选编(中)[M].北京:中央文献出版社,2016.

[44] 孙中山.三民主义[M]//孙中山选集.北京:人民出版社,1981.

其他著作类

[1] 鲍宗豪,张华金,等.科学发展观论纲[M].上海:华东师范大学出版社,2004.

[2] 陈新民.德国公法学基础理论:下册[M].济南:山东人民出版社,2001.

[3] 陈兴良.刑法的价值构造[M].北京:中国人民大学出版社,2017.

[4] 陈雄.宪法基本价值研究[M].济南:山东人民出版社,2007.

［5］邵曼瑶.论公法上之法安定性原则［C］//城仲模.行政法之一般法律原则（二）.台北：三民书局，1997.

［6］董皞.论法律冲突［M］.北京：商务印书馆，2013.

［7］董皞.司法解释论［M］.修订版.北京：中国政法大学出版社，2007.

［8］董书萍.法律适用规则研究［M］.北京：中国人民公安大学出版社，2012.

［9］郭建宁.社会主义核心价值观基本内容释义［M］.北京：人民出版社，2014.

［10］黄茂荣.法学方法与现代民法［M］.5版.北京：法律出版社，2007.

［11］黄明涛.公民文化权研究：《宪法》第47条之规范建构［M］.北京：中国政法大学出版社，2015.

［12］黄希庭，张进辅，李红，等.当代中国青年价值观与教育［M］.成都：四川教育出版社，1994.

［13］江必新，梁凤云.行政诉讼法理论与实务［M］.北京：北京大学出版社，2011.

［14］江国华.宪法哲学导论［M］.北京：商务印书馆，2007.

［15］蒋庆.公羊学引论：儒家的政治智慧与历史信仰［M］.福州：福建教育出版社，2014.

［16］蒋庆.广论政治儒学［M］.北京：东方出版社，2014.

［17］蒋庆.儒学的时代价值［M］.成都：四川人民出版社，2009.

［18］蒋庆.政治儒学：当代儒学的转向、特质与发展［M］.修订本.福州：福建教育出版社，2014.

［19］金耀基.从传统到现代［M］.北京：中国人民大学出版社，1999.

［20］孔祥俊.法律方法论［M］.北京：人民法院出版社，2006.

［21］王雪冬.共生、宽容与和谐：构建社会主义和谐社会的实践理念［C］//李崇富，陈熙春，陈章亮.历史唯物主义与构建社会主义和谐社会.上海：上海人民出版社，2007.

［22］李德顺.价值论：一种主体性的研究［M］.3版.北京：中国人民大学出版社，2013.

［23］李金和.马克思主义价值理论与和谐社会价值观建设［M］.北京：知识产权出版社，2016.

［24］李猛.除魔的世界与禁欲者的守护神：韦伯社会理论中的"英国法"问题［C］//李猛.韦伯：法律与价值.上海：上海人民出版社，2001.

［25］李强.自由主义［M］.长春：吉林出版集团有限责任公司，2007.

［26］李震山.人性尊严与人权保障［M］.台北：元照出版有限公司，2001.

［27］梁慧星.民法总论［M］.北京：法律出版社，2001.

［28］廖申白.亚里士多德友爱论研究［M］.北京：北京师范大学出版社，2009.

［29］林来梵.从宪法规范到规范宪法：规范宪法学的一种前言［M］.北京：法律出版

社,2001.
[30] 林锡尧.行政法要义[M].台北:元照出版有限公司,2006.
[31] 林毓生.中国传统的创造性转化[M].北京:生活·读书·新知三联书店,1988.
[32] 刘诚.现代社会中的国家与公民:共和主义宪法理论为视角[M].北京:法律出版社,2006.
[33] 刘志刚.法律规范的冲突解决规则[M].上海:复旦大学出版社,2012.
[34] 刘作翔.迈向民主与法治的国度[M].济南:山东人民出版社,2004.
[35] 牟宗三.从陆象山到刘蕺山[M].长春:吉林出版集团有限责任公司,2010.
[36] 牟宗三.心体与性体[M].上海:上海古籍出版社,1999.
[37] 孙伟平.论社会核心价值观与价值观多元化[C]//潘维,廉思.中国社会价值观变迁30年:1978—2008.北京:中国社会科学出版社,2008.
[38] 钱穆.国史新论[M].北京:九州出版社,2012.
[39] 钱穆.晚学盲言[M].桂林:广西师范大学出版社,2004.
[40] 钱穆.政学私言[M]北京:九州出版社,2010.
[41] 钱穆.中国历史精神[M].北京:九州出版社,2012.
[42] (清)阮元校刻.十三经注疏[M].北京:中华书局,1980.
[43] 沈宗灵.法理学[M].北京:高等教育出版社,1994.
[44] 苏振芳.当代国外思想政治教育比较[M].北京:社会科学文献出版社,2009.
[45] 汪进元.基本权利的保护范围:构成、限制及其合宪性[M].北京:法律出版社,2013.
[46] 王建学.法国式合宪性审查的历史变迁[M].北京:法律出版社,2018.
[47] 王洁.法律语言学教程[M].北京:法律出版社,1997.
[48] 王泽鉴.民法学说与判例研究:第1卷[M].北京:中国政法大学出版社,1998.
[49] 李颖.个人主义思想的历史源流[C]//韦冬.比较与争锋:集体主义与个人主义的理论、问题与实践.北京:中国人民大学出版社,2015.
[50] 吴向东.重构现代性:当代社会主义价值观研究[M].修订版.北京:北京师范大学出版社,2009.
[51] 李晨阳.走向和谐宇宙:儒家关于太平世界的"和"的理想[M]//吴志攀,李玉.东亚的价值.北京:北京大学出版社,2010.
[52] 武树臣.中国传统法律文化[M].北京:北京大学出版社,1994.
[53] 谢立斌.宪法解释[M].北京:中国政法大学出版社,2014.
[54] 邢丽菊.韩国儒学思想史[M].北京:人民出版社,2015.
[55] 杨登峰.法律冲突与适用规则[M].北京:法律出版社,2017.

[56] 杨国荣.善的历程:儒家价值体系研究[M].上海:华东师范大学出版社,2009.

[57] 姚国建,秦奥蕾.宪法学案例研习[M].北京:中国政法大学出版社,2013.

[58] 施皮兹.共和国的黄昏?[M]//应奇,刘训练.共和的黄昏:自由主义、社群主义和共和主义.长春:吉林出版集团有限责任公司,2007.

[59] 余英时.中国思想传统的现代诠释[M].南京:江苏人民出版社,2003.

[60] 余英时.朱熹的历史世界:宋代士大夫政治文化的研究[M].北京:生活·读书·新知三联书店,2011.

[61] 翟泰丰,鲁平,张维庆.邓小平著作思想生平大事典[M].太原:山西人民出版社,1993.

[62] 张春生.中华人民共和国立法法释义[M].北京:法律出版社,2000.

[63] 张根大.法律效力论[M].北京:法律出版社,1999.

[64] 张千帆,朱应平,魏晓阳.比较宪法:案例与评析:下册[M].北京:中国人民大学出版社,2011.

[65] 张千帆.西方宪政体系:上册·美国宪法[M].北京:中国政法大学出版社,2004.

[66] 张千帆.宪法学导论:原理与应用[M].北京:法律出版社,2008.

[67] 张伟胜.科学发展观解读[M].杭州:浙江大学出版社,2008.

[68] 张翔.德国宪法案例选释:第1辑 基本权利总论[M].北京:法律出版社,2012.

[69] 张震,刘泽刚.外国宪法[M].北京:中国人民大学出版社,2014.

[70] 章国锋.关于一个公正世界的"乌托邦"构想:解读哈贝马斯《交往行为理论》[M].济南:山东人民出版社,2001.

[71] 周旺生.立法学[M].北京:法律出版社,2004.

[72] 周叶中,戴激涛.共和主义之宪政解读[M].北京:人民出版社,2005.

[73] 周佑勇.行政法基本原则研究[M].武汉:武汉大学出版社,2005.

[74] 卓泽渊.法的价值论[M].3版.北京:法律出版社,2018.

[75] [奥]凯尔森.法与国家的一般理论[M].沈宗灵,译.北京:商务印书馆,2013.

[76] [德]阿列克西.法概念与法效力[M].王鹏翔,译.北京:商务印书馆,2015.

[77] [德]哈贝马斯.交往行为理论:第一卷:行为合理性与社会合理化[M].曹卫东,译.上海:上海人民出版社,2004.

[78] [德]黑格尔.逻辑学:上卷[M].杨一之,译.北京:商务印书馆,1976.

[79] [德]黑塞.联邦德国宪法纲要[M].李辉,译.北京:商务印书馆,2007.

[80] [德]康德.实践理性批判[M].邓晓芒,译.北京:人民出版社,2003.

[81] [德]拉德布鲁赫.法哲学[M].王朴,译.北京:法律出版社,2005.

[82] [德]拉伦茨.法学方法论[M].陈爱娥,译.北京:商务印书馆,2003.

[83] [德]毛雷尔.行政法学总论[M].高家伟,译.北京:法律出版社,2000.

[84] [德]齐佩利乌斯.法学方法论[M].金振豹,译.北京:法律出版社,2009.

[85] [德]萨维尼.法律冲突与法律规则的地域和时间范围[M].李双元,张茂,吕国民,译.北京:法律出版社,1999.

[86] [德]韦伯.学术与政治:韦伯的两篇演说[M].冯克利,译.北京:生活·读书·新知三联书店,1998.

[87] [德]维亚克尔.近代私法史:下[M].陈爱娥,黄建辉,译.上海:上海三联书店,2006.

[88] [德]魏德士.法理学[M].丁晓春,吴越,译.北京:法律出版社,2005.

[89] [法]托克维尔.论美国的民主:下[M].董果良,译.北京:商务印书馆,1988.

[90] [古希腊]柏拉图.理想国[M].郭斌和,张竹明,译.北京:商务印书馆,1986.

[91] [古希腊]亚里士多德.尼各马可伦理学[M].廖申白,译.北京:商务印书馆,2003.

[92] [古希腊]亚里士多德.政治学[M].吴寿彭,译.北京:商务印书馆,1965.

[93] [美]博登海默.法理学:法律哲学与法律方法[M].邓正来,译.北京:中国政法大学出版社,2004.

[94] [美]德沃金.刺猬的正义[M].周望,徐宗立,译.北京:中国政法大学出版社,2016.

[95] [美]德沃金.法律帝国[M].李常青,译.北京:中国大百科全书出版社,1996.

[96] [美]德沃金.认真对待权利[M].信春鹰,吴玉章,译.上海:上海三联书店,2008.

[97] [美]德沃金.至上的美德:平等的理论与实践[M].冯克利,译.南京:江苏人民出版社,2003.

[98] [美]弗里德曼.法律制度[M].李琼英,林欣,译.北京:中国政法大学出版社,1994.

[99] [美]富勒.法律的道德性[M].郑戈,译.北京:商务印书馆,2005.

[100] [美]赖肖尔.当代日本人:传统与变革[M].陈文寿,译.北京:商务印书馆,1992.

[101] [美]罗尔斯.正义论[M].何怀宏,何包钢,廖申白,译.北京:中国社会科学出版社,1988.

[102] [美]罗尔斯.政治自由主义[M].万俊人,译.南京:译林出版社,2000.

[103] [美]诺内特,塞尔兹尼克.转变中的法律与社会:迈向回应型法[M].张志铭,译.北京:中国政法大学出版社,2004.

[104] [美]庞德.法律史解释[M].邓正来,译.北京:中国法制出版社,2002.

[105] [美]庞德.通过法律的社会控制[M].沈宗灵,译.北京:商务印书馆,2010.

[106] [美]萨托利.民主新论[M].冯克力,阎克文,译.2版.北京:东方出版社,1998.

[107] [美]桑德尔.公正:该如何做是好?[M].朱慧玲,译.北京:中信出版社,2012.

[108] [美]桑德尔.自由主义与正义的局限[M].万俊人,唐文明,张之锋,译.南京:译林出版社,2011.

[109] [美]斯坦,香德.西方社会的法律价值[M].王献平,译.北京:中国人民公安大学出版社,1989.

[110] [美]孙隆基.中国文化的深层结构[M].北京:中信出版社,2015.

[111] [美]塔玛纳哈.法律工具主义对法治的危害[M].陈虎,杨洁,译.北京:北京大学出版社,2016.

[112] [美]托克维尔.论美国的民主[M].董果良,译.北京:商务印书馆,2009.

[113] [日]芦部信喜.宪法[M].高桥和之,增订;林来梵,凌维慈,龙绚丽,译.北京:北京大学出版社,2006.

[114] [新加坡]李元瑾.林文庆的思想:中西文化的汇流与矛盾[M].新加坡:亚洲研究学会,1991.

[115] [以]塔尔蒙.极权主义民主的起源[M].孙传钊,译.长春:吉林人民出版社,2011.

[116] [意]卡佩莱蒂,等.当事人基本程序保障权与未来的民事诉讼[M].徐昕,译.北京:法律出版社,2000.

[117] [意]彭梵得.罗马法教科书[M].黄风,译.北京:中国政法大学出版社,1992.

[118] [英]柏克.自由与传统:柏克政治论文选[M].蒋庆,王瑞昌,王天成,译.北京:商务印书馆,2001.

[119] [英]波普.开放社会及其敌人[M].杜汝楫,戴雅民,译.太原:山西高校联合出版社,1992.

[120] [英]伯林.自由论[M].胡传胜,译.南京:译林出版社,2003.

[121] [英]拉兹.法律的权威:法律与道德论文集[M].朱峰,译.北京:法律出版社,2005.

[122] [英]格雷.伯林[M].马俊峰,杨彩霞,路日丽,译.北京:昆仑出版社,1999.

[123] [英]哈耶克.个人主义与经济秩序[M].贾湛,文跃然,等译.北京:北京经济学院出版社,1989.

[124] [英]哈耶克.自由秩序原理[M].邓正来,译.北京:生活·读书·新知三联书店,1997.

[125] [英]霍布斯.利维坦[M].黎思复,黎廷弼,译.北京:商务印书馆,1985.

[126] [英]拉兹.法律的权威:法律与道德论文集[M].朱峰,译.北京:法律出版社,2005.

[127] [英]拉兹.公共领域中的伦理学[M].葛四友,译.南京:江苏人民出版社,2013.

[128] [英]洛克.政府论:下篇[M].叶启芳,瞿菊农,译.北京:商务印书馆,1964.

[129] [英]穆勒.论自由[M].马文艳,译.武汉:华中科技大学出版社,2016.

[130] [英]斯密.国民财富的性质和原因研究.下卷[M].郭大力,王亚南,译.北京:商务印书馆,1974.

[131] [英]韦德.行政法[M].徐炳,等译.北京:中国大百科全书出版社,1997.

[132] [英]休谟.人性论:下册[M].关文运,译;郑之骧,校.北京:商务印书馆,1980.

[133] [英]伊格尔顿.马克思为什么是对的[M].李杨,任文科,郑义,译.北京:新星出版社,2011.

[134] Manning D J. Liberalism[M]. London: Dent & Sons LTD, 1976.

[135] Sandel M J. Democracy's Discontent: America in Search of A Public Philosophy[M]. Cambridge: Harvard University Press, 1996.

[136] Strauss L. The Political Philosophy of Hobbes: Its Basis and Its Genesis[M]. Chicago: University of Chicago Press, 1952.

期刊、学位论文、报纸类

[1] 蔡圣伟.从刑总法理检视分则的立法[J].月旦法学杂志,2008(157):264-293.

[2] 陈翠玉.中西诚信传统比较及其对我国政务诚信建设的启示[J].北方法学,2019(1):35-44.

[3] 陈道英,秦前红.对宪法权利规范对第三人效力的再认识:以对宪法性质的分析为视角[J].河南省政法管理干部学院学报,2006(2):49-55.

[4] 陈金钊."社会主义核心价值观融入法治建设"的方法论诠释[J].当代世界与社会主义,2017(4):19-27.

[5] 陈金钊.对法治作为社会主义核心价值观的诠释[J].法律科学(西北政法大学学报),2015(1):3-17.

[6] 陈融.社会主义核心价值观入法的理论基础、现实需求及实现路径[J].毛泽东邓小平理论研究,2018(10):51-57,108.

[7] 陈学明.社会主义和谐社会的基本内涵是实现共同富裕[J].马克思主义研究,2005(4):14-15.

[8] 陈征.我国宪法中的平等权[J].中共中央党校学报,2010(5):87-90.

[9] 戴木才,田海舰.论社会主义核心价值体系与核心价值观[J].中国党政干部论坛,2007(2):36-39.

[10] 戴木才.科学揭示中国特色社会主义核心价值观的四个维度(下):中国特色社会主义核心价值观探索之三[J].南昌航空大学学报(社会科学版),2011(4):1-10.

[11] 邓世豹.法律位阶与法律效力等级应当区分开[J].法商研究(中南政法学院学报),

1999(2):57-59.

[12] 邓晓芒.伯林自由观批判[J].社会科学论坛,2005(10):18-34,161.

[13] 董皞.判定法律冲突之问题研究[J].法律科学(西北政法大学学报),2014(1):47-57.

[14] 樊崇义,冯举.新《律师法》的实施及其与《刑事诉讼法》的衔接[J].中国司法,2008(5):18-22.

[15] 范进学.宪法价值共识与宪法实施[J].法学论坛,2013(1):10-20.

[16] 冯晓青.知识产权法的价值构造:知识产权法利益平衡机制研究[J].中国法学,2007(1):67-77.

[17] 冯玉军.习总书记为何强调"用法律推动核心价值观建设"[J].人民论坛,2017(12):102-103.

[18] 甘阳.自由的敌人:真善美统一说[J].读书,1989(6):121-128.

[19] 顾建亚."特别法优于一般法"规则适用难题探析[J].学术论坛,2007(12):124-128.

[20] 顾建亚.法律位阶划分标准探新[J].浙江大学学报(人文社会科学版),2006(6):42-50.

[21] 郭道晖.近代自由主义思想的中国先知:严复自由观的法理解读[J].中国法学,2006(6):3-13.

[22] 郭建宁.核心价值观:社会共识"最大公约数"[J].人民论坛,2014(24):24-26.

[23] 韩大元.全国人大常委会新法能否优于全国人大旧法[J].法学,2008(10):3-16.

[24] 韩大元.宪法与社会共识:从宪法统治到宪法治理[J].交大法学,2012(1):7-21.

[25] 韩震."民主、公正、和谐"体现了社会主义的核心价值追求:兼论社会主义核心价值观的凝练及其原则[J].红旗文稿,2012(6):8-12,1.

[26] 韩震.公平正义的和谐社会与核心价值观念[J].中国社会科学,2009(1):44-50,205.

[27] 侯猛.从《公务员法》看新修订的《法官法》:以法官管理制度为主线[J].法律适用,2019(9):20-26.

[28] 胡建淼.法律规范之间抵触标准研究[J].中国法学,2016(3):5-24.

[29] 胡庆亮.从社会主义现代化建设新时期到中国特色社会主义新时代[J].贵州大学学报(社会科学版),2018(5):7-11.

[30] 胡玉鸿.法治社会与和谐社会:能否共存及何以共存?[J].法治研究,2007(1):5-20.

[31] 胡玉鸿.试论法律位阶划分的标准:兼及行政法规与地方性法规之间的位阶问题[J].中国法学,2004(3):22-32.

[32] 胡玉鸿.试论法律位阶制度的前提预设[J].浙江学刊,2006(2):140-145.

[33] 黄明理,程璐.国家核心价值观之"富强"[J].当代中国价值观研究,2016(5):20-33.

[34] 黄明理.友善之为社会主义核心价值观论析[J].广西大学学报(哲学社会科学版),2015(5):29-36.

[35] 黄明涛."最高国家权力机关"的权力边界[J].中国法学,2019(1):104-121.

[36] 黄巧莲.法治视野下社会主义核心价值观培塑的三个维度[J].福州党校学报,2018(3):41-45.

[37] 黄鑫.宪法秩序中的精神文明建设[J].上海政法学院学报(法治论丛),2015(4):1-10.

[38] 黄宇骁.论宪法基本权利对第三人无效力[J].清华法学,2018(3):186-206.

[39] 江畅,张景.论社会主义核心价值观的法制化[J].思想理论教育,2015(10):4-11.

[40] 江国华.行政转型与行政法学的回应型变迁[J].中国社会科学,2016(11):129-142.

[41] 江国华.论司法的道德能力[J].武汉大学学报(哲学社会科学版),2019(3):77-79.

[42] 姜国峰.社会主义核心价值观的流变、维度和践行[J].大连海事大学学报(社会科学版),2018(5):114-119.

[43] 姜明安.新世纪行政法发展的走向[J].中国法学,2002(1):61-73.

[44] 金梦.核心价值观入法的立法样态研究[J].江海学刊,2019(2):155-161,255.

[45] 劳东燕.价值判断与刑法解释:对陆勇案的刑法困境与出路的思考[J].清华法律评论,2016(1):138-158.

[46] 劳东燕.刑事政策刑法化的宪法意涵[J].中国法律评论,2019(1):34-41.

[47] 雷磊.适于法治的法律体系模式[J].法学研究,2015(5):3-27.

[48] 李炳辉,周叶中.论我国宪法与社会主义核心价值体系建设:寻找当代中国的共识基础[J].法学论坛,2012(7):51-58.

[49] 李桂林.论良法的标准[J].法学评论,2000(2):13-22.

[50] 李建华.社会主义核心价值观的提炼[J].红旗文稿,2012(5):9-11,1.

[51] 李建华.友善何以成为一种核心价值观[J].伦理学研究,2013(2):1-3.

[52] 李寿初.论现代国家权力的合法性[J].浙江大学学报(人文社会科学版),2010(3):97-106.

[53] 李文阁.论社会主义核心价值观的形成、内涵与意义[J].北京师范大学学报(社会科学版),2015(3):5-13.

[54] 李岩.公序良俗原则的司法乱象与本相:兼论公序良俗原则适用的类型化[J].法学,2015(11):54-68.

[55] 梁三利.全国人大和全国人大常委会制定法冲突的问题与出路:刘家海诉交警部门行政处罚案引发的思考[J].法治论丛(上海政法学院学报),2008(5):68-72.

[56] 梁西圣.斯卡利亚的文本原意主义宪法解释论[J].法律方法,2018(2):146-161.

[57] 廖小平.改革开放以来价值观的变迁及其双重后果[J].科学社会主义,2013(1):87-91.

[58] 林来梵,张卓明.论权利冲突中的权利位阶:规范法学视角下的透析[J].浙江大学学报(人文社会科学版),2003(6):6-14.

[59] 刘风景.社会主义核心价值观入法的理据与方式[J].当代世界与社会主义,2017(4):28-36.

[60] 刘家海.论《道路交通安全法》与《行政处罚法》的抵触[J].法治论丛(上海政法学院学报),2009(3):121-130.

[61] 刘康,韩建旭.国外培育核心价值观的实践及其启示:以美国、韩国和新加坡为例[J].探索,2015(4):175-179.

[62] 刘茂林,秦小建.论宪法权利体系及其构成[J].法制与社会发展,2013(1):31-43.

[63] 刘清平."道德理性"是否可能?[J].天津社会科学,2017(3):28-34.

[64] 刘擎.面对多元价值冲突的困境:伯林题的再考察[J].华东师范大学学报(哲学社会科学版),2005(6):43-53,125.

[65] 刘权.目的正当性与比例原则的重构[J].中国法学,2014(4):133-150.

[66] 刘书林.论社会主义核心价值观的几个重要关系[J].思想理论教育导刊,2014(9):60-67.

[67] 刘晓虹.从群体原则到整体主义:中国传统价值体系中的群己观探析[J].文史哲,2002(4):112-119.

[68] 刘晓洲.价值多元论与价值相对主义之辨:兼论列奥·施特劳斯对自由主义导致相对主义和虚无主义的批判[J].东南大学学报(哲学社会科学版),2018(2):22-30,146.

[69] 刘幸义.法律规范之结构及其关联性[J].中兴法学,1986(22):43.

[70] 刘振宇.宪法视域中的社会主义核心价值观[J].学习与探索,2017(8):89-100.

[71] 刘作翔.权利冲突:一个应该重视的法律现象[J].法学,2002(3):76-82.

[72] 陆卫明,曹芳,吕菲.论习近平对社会主义核心价值观的新阐析[J].西安交通大学学报(社会科学版),2015(5):99-103,109.

[73] 骆郁廷.论社会主义的核心价值[J].马克思主义研究,2014(8):102-111,160.

[74] 马洪伦.美国联邦最高法院对堕胎权的确认:罗伊诉韦德案[J].苏州大学学报(法学

版),2017(2):135-160.
[75] 马岭.权利冲突与权利位阶[J].云南大学学报(法学版),2008(5):28-32.
[76] 马普德,王敏.价值多元论与自由主义:论伯林遇到的挑战及晚年思想的转变[J].政治学研究,2012(3):41-49.
[77] 马普德.价值多元论与普遍主义的困境:伯林的自由思想对自由主义政治哲学的挑战[J].天津师范大学学报(社会科学版),2001(6):11-17,59.
[78] 孟融.中国法院如何通过司法裁判执行公共政策:以法院贯彻"社会主义核心价值观"的案例为分析对象[J].法学评论,2018(3):184-196.
[79] 莫纪宏.法安天下 德润人心:把社会主义核心价值观融入法治建设[J].中国特色社会主义研究,2017(5):12-20.
[80] 宁凯惠.我国宪法序言的价值构造:特质与趋向[J].政治与法律,2019(6):60-77.
[81] 庞卫国.价值多元与主导价值观[J].求索,2003(1):129-131.
[82] 秦小建.价值困境、核心价值与宪法价值共识:宪法回应价值困境的一个视角[J].法律科学(西北政法大学学报),2014(5):25-34.
[83] 秦小建.精神文明的宪法叙事:规范内涵与宪制结构[J].中国法学,2018(4):23-43.
[84] 秦小建.宪法对社会道德困境的回应[J].环球法律评论,2014(1):73-87.
[85] 史云贵.公平正义:社会主义和谐社会构建的价值基础:兼论公平与自由、平等价值的相关性[J].江苏社会科学,2008(2):109-115.
[86] 孙国华,方林.公平正义是化解社会矛盾的根本原则[J].法学杂志,2012(3):51-58.
[87] 孙伟平.论作为核心价值观的"富强"[J].学习与探索,2015(6):1-4.
[88] 汪进元,戴激涛.西方宪政的文化底蕴[J].武汉大学学报(社会科学版),2003(6):755-760.
[89] 汪进元.法治的价值选择与价值的法制建构[J].法商研究,2001(1):50-56.
[90] 汪进元.论宪法的平等保护原则[J].武汉大学学报(哲学社会科学版),2004(6):827-832.
[91] 汪进元.宪法个案解释基准的证成逻辑及其法律控制[J].中国法学,2016(6):55-72.
[92] 汪进元.宪法认同的文化分析[J].中国法学,2005(1):28-37
[93] 汪全胜."特别法"与"一般法"之关系及适用问题探讨[J].法律科学(西北政法学院学报),2006(6):50-54.
[94] 王本存.狄骥对现代公法理论的重构:从主权到公共服务[J].现代法学,2009(5):9-13.
[95] 王怡.社会主义核心价值观如何入法:一个立法学的分析框架[J].法学,2019(9):

57-66.

[96] 王绎亭,顾维熊.狄骥的社会联带主义反动国家观[J].法学研究,1965(4):24-27.

[97] 魏建国.自由:社会主义核心价值观的一个基本要素[J].理论学刊,2014(3):89-93.

[98] 吴恩玉.上下位法间的效力优先与适用优先:兼论自治法规、经济特区法规和较大市法规的位阶与适用[J].法律科学(西北政法大学学报),2010(6):29-37.

[99] 吴弘.诚信价值观融入信用立法研究[J].东方法学,2018(1):81-90.

[100] 吴家清,宁凯惠.论宪法序言的价值构造及其功能[J].法学论坛,2019(3):38-47.

[101] 夏勇.民本与民权:中国权利话语的历史基础[J].中国社会科学,2004(5):4-23,205.

[102] 向朝阳,马静华.刑事和解的价值构造及中国模式的构建[J].中国法学,2003(6):3-15.

[103] 徐凤.柏拉图正义观的本质、特征及现代启示[J].求索,2014(12):85-89.

[104] 徐显明.公平正义:当代中国社会主义法治的价值追求[J].法学家,2006(5):16-19.

[105] 许崇德.新宪法是建设社会主义精神文明的强大武器[J].法学研究,1983(1):1-6.

[106] 许德风.法教义学的应用[J].中外法学,2013(5):937-973.

[107] 许纪霖.现代中国的家国天下与自我认同[J].复旦学报(社会科学版),2015(5):46-53.

[108] 薛军.权利的法律与道德根基:权利的道德基础与现代权利理论的困境[J].法学研究,2009(4):187-188.

[109] 杨登峰.核心价值观"诚信"融入法治政府建设的几个问题[J].南京师大学报(社会科学版),2018(5):98-106.

[110] 杨登杰.执中行权的宪法比例原则:兼与美国多元审查基准比较[J].中外法学,2015(2):367-390.

[111] 杨忠文,杨兆岩.法的效力等级辨析[J].求是学刊,2003(6):74-80.

[112] 姚大志.分配正义:从弱势群体的观点看[J].哲学研究,2011(3):107-114.

[113] 姚大志.共和主义的自由观:无支配的自由[J].社会科学,2018(5):109-116.

[114] 姚大志.论拉兹的至善主义及其得失[J].求是学刊,2007(2):39-44.

[115] 姚大志.佩蒂特与当代共和主义[J].江苏行政学院学报,2015(4):5-11.

[116] 姚大志.平等:自由主义与社群主义[J].文史哲,2006(4):135-140.

[117] 叶卫平.反垄断法的价值构造[J].中国法学,2012(3):135-146.

[118] 易小明.分配正义的两个基本原则[J].中国社会科学,2015(3):4-21,205.

[119] 于洋.论社会主义核心价值观的司法适用[J].法学,2019(5):60-74.

[120] 袁久红,甘文华.社会主义核心价值观与"中国精神"的新生[J].东南大学学报(哲学社会科学版),2013(5):5-16,134.

[121] 翟志勇.中华民族与中国认同:论宪法爱国主义[J].政法论坛,2010(2):3-19.

[122] 张国清.分配正义与社会应得[J].中国社会科学,2015(5):21-39,203,204.

[123] 张立文.弘扬传统和合思想 建构现代和谐社会[J].人民论坛,2005(2):49-50.

[124] 张明楷.法条竞合中特别关系的确定与处理[J].法学家,2011(1):29-46,177.

[125] 张庆熊."劳动光荣":以马克思劳动价值理论建构社会主义核心价值观[J].毛泽东邓小平理论研究,2015(1):62-68,92.

[126] 张伟.国外加强社会核心价值观建设的做法及启示[J].当代世界与社会主义,2011(2):158-162.

[127] 张翔.基本权利冲突的规范结构与解决模式[J].法商研究,2006(4):94-102.

[128] 张智辉.论刑法的公平观[J].法学家,1995(1):64-71.

[129] 郑贤君.宪法与精神文明建设[J].法学杂志,1997(3):3-4.

[130] 郑永流.经由民主商谈的合法性:《哈贝马斯〈在事实与规范之间〉导读》的导言[J].法哲学与法社会学论丛,2010(1):255-271.

[131] 郑玉双.价值一元论的法政困境:对德沃金《刺猬的正义》的批判性阅读[J].政法论坛,2018(6):153-160.

[132] 钟桂荣.当代中国社会主义法治价值构造论[J].福建论坛(人文社会科学版),2012(3):165-169.

[133] 周光权.法条竞合的特别关系研究:兼与张明楷教授商榷[J].中国法学,2010(3):158-171.

[134] 周江洪.惩罚性赔偿责任的竞合及其适用:《侵权责任法》第 47 条与《食品安全法》第 96 条第 2 款之适用关系[J].法学,2010(4):108-115.

[135] 周顺玲.社会主义核心价值观的结构分层初探[J].求实,2013(S1):94-97.

[136] 周维栋.枪支入刑标准的合宪性审查[J].苏州大学学报(法学版),2018(3):113-125.

[137] 周叶中.与时俱进 继往开来:谈我国现行宪法的第四次修改及其意义[J].思想理论教育导刊,2004(4):11-16.

[138] 朱哲,何林.马克思劳动价值论中的劳动主体性思想及当代价值[J].当代经济研究,2019(7):15-22.

[139] 陈运生.法律冲突解决的方法论研究[D].威海:山东大学,2017.

[140] 谢小飞.儒家文化与东亚国家政党政治:以日本、韩国和新加坡为例[D].济南:山

东大学,2018.

[141] 中共中央办公厅,国务院办公厅.关于进一步把社会主义核心价值观融入法治建设的指导意见[N].人民日报,2016-12-26(01).

[142] 中共中央,国务院.新时代公民道德建设实施纲要[N].人民日报,2019-10-28(01).

[143] 人民日报社.十、发展社会主义民主政治[关于习近平新时代中国特色社会主义思想学习纲要(11)]:关于新时代中国特色社会主义政治建设[N].人民日报,2019-08-05(06).

[144] 人民日报社.进一步彰显法律法规的社会主义核心价值观导向:中央有关部门负责人就《社会主义核心价值观融入法治建设立法修法规划》答记者问[N].人民日报,2018-5-8(03).

[145] 陈虹伟.陈光中:律师法不是刑诉法的下位法[N].法制日报,2008-8-3(04).

[146] 韩振峰.社会主义核心价值观体现社会主义的本质要求[N].光明日报,2015-5-7(16).

[147] 胡锦光,蒋正翔,宋雅娟.法治与核心价值观的关系[N].光明日报,2014-12-6(10).

[148] 江必新.为良法善治发声:《人民法治》发刊词[N].法制日报,2015-1-21(10).

[149] 江勇.以社会主义核心价值观引领道德建设[N].光明日报,2017-4-21(11).

[150] 李志明,杨思涛.日本核心价值体系的构建[N].学习时报,2015-6-22(02).

[151] 蒲晓磊.核心价值观应是立法灵魂所在[N].法制日报,2016-7-19(12).

[152] 汤维建.把握社会主义核心价值观的法治维度[N].检察日报,2016-3-22(03).

[153] 吴向东.社会主义核心价值观的意义自觉[N].光明日报,2013-9-14(011).

[154] 肖北庚.社会主义核心价值观入法入规立法审查机制的构建[N].光明日报,2018-7-25(11).

[155] 杨知文.把社会主义核心价值观融入指导性案例编撰[N].光明日报,2018-7-25(11).

[156] 周叶中.新中国宪法历程与社会主义核心价值观入宪[N].光明日报,2018-9-13(05).